王芷章（1903—1982），字伯生，号二渠，河北省平山县人，戏剧史学家。20世纪30年代曾在国立北平图书馆任馆员；新中国成立前受聘于西安西北大学，任教授，讲授文学、戏剧史学；新中国成立后主要受聘于中国戏曲研究院，从事戏剧史研究工作。代表作有《腔调考原》《清代伶官传》《北平图书馆藏升平署曲本目录》《清升平署志略》《中国京剧编年史》等。

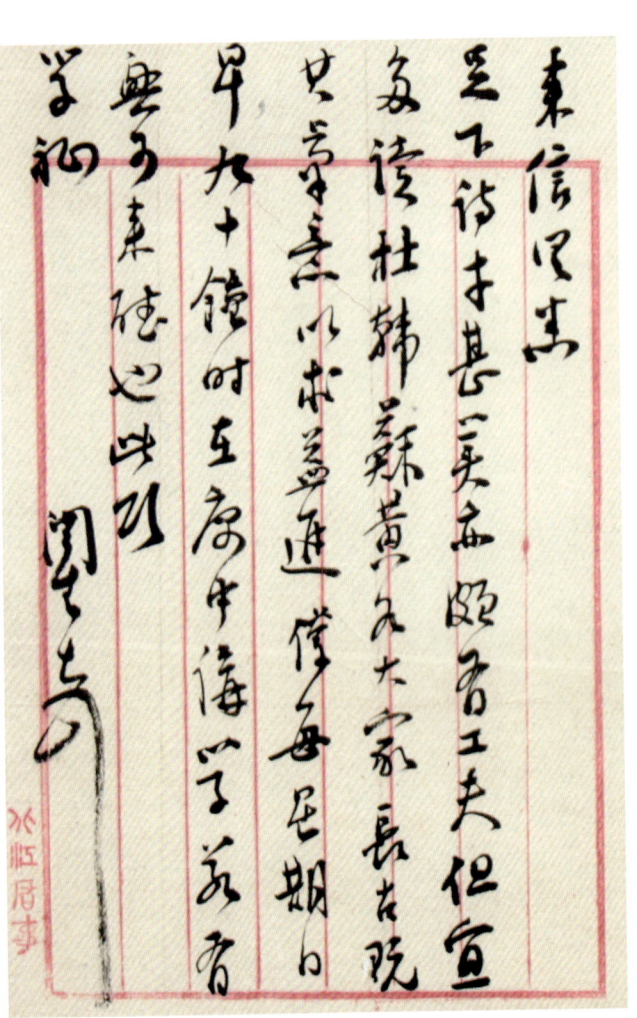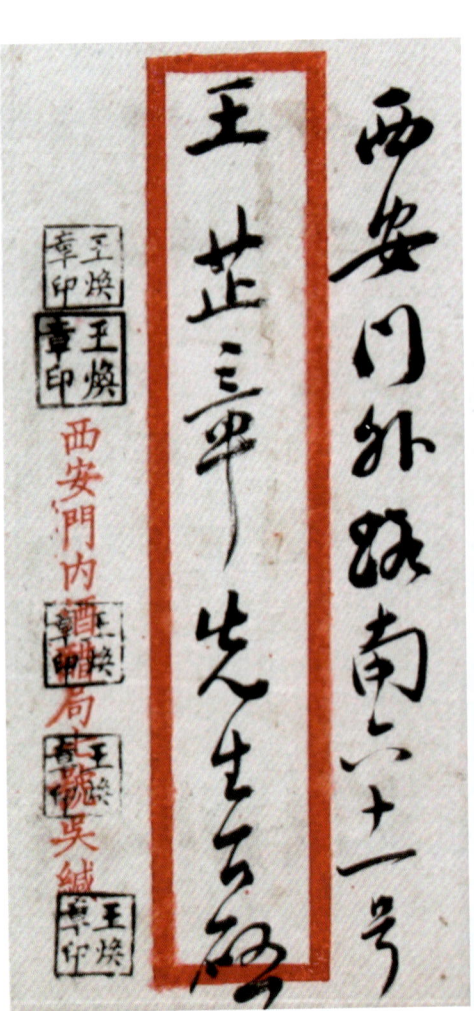

王芷章大学期间，师从晚清桐城派著名文学家吴北江先生。图为吴北江先生给王芷章先生的回函。

江村曉霽

破曉江村霽色加，布穀聲四鄰欣樂笑一雨喚春耕。
叱犢攜犁出，泥帶露行郊原人語滿旭日未充明。

雨後郊行

雨後郊原潤，閒遊趁好風，林間猶滴瀝，草際尚空濛。
柳色三分翠，桃花一倍紅，欣欣生意滿，造化豈無功。

山居

萬壑青山環小村，清流白石對紫門，鶯啼掃曙如相約，獨步尋花向水源。

游中央公園

共喜名花上苑開，嬉遊士女並肩來，迴廊曲榭俱顏色，社稷壇空唯綠苔。

偶興

日暮晚風清，夜涼吹不斷，月明樓鳥起，露滴圓珠散。
即此愜幽懷，澹然興非淺。

詩筆清秀 多感慨處也

夜經戰場有感 在保定時所經者 王芷章

中原兵革不曾停，鬼泣神號苦衆生（句由俚），壹月照戰場堆骨何宵。
深野戍聚燐青，譜纓無路馨南越喋血何人掃北庭萬里。
江山寥落甚，更聞罵豫盡鐘腥。

甲子春感

兵戈滿地天宇問，廊廟無人事可知，愁眼看花先有淚連
朝風雨益淒其，

遇舊友從軍者

燕市相逢舊酒樓，樽前一笑看吳鉤，少年意氣粗豪甚，說中原早晚收。

諸般大方研究有素，唯須留心杜工部及二蘇黃陸元遺大家之作，尤工于其肆，挂帆檣于滄溟，以豪宕入硬健之境。

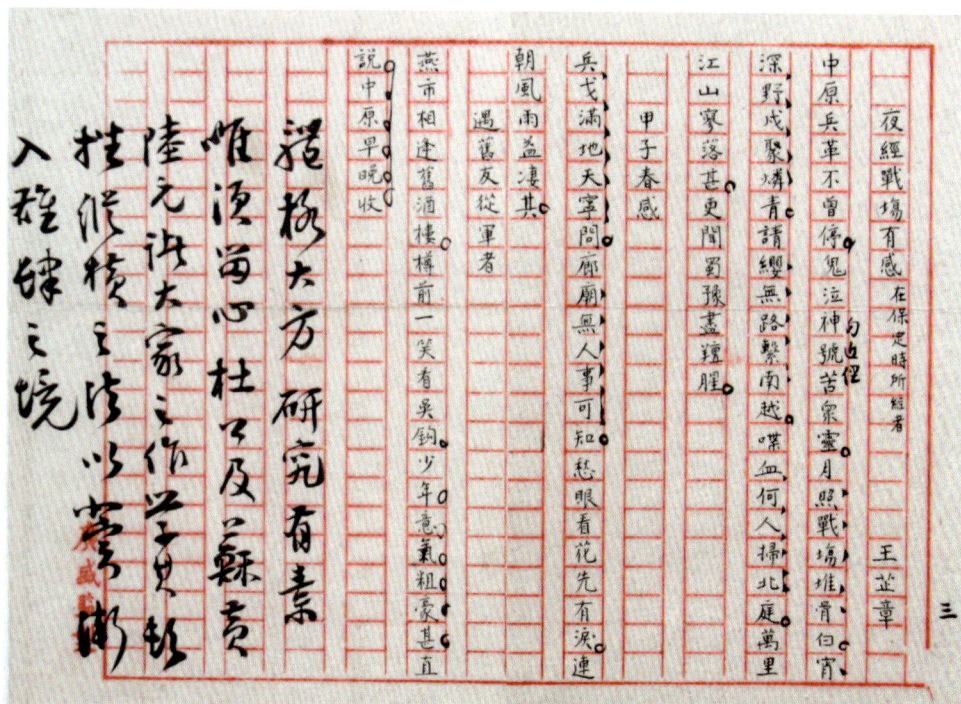

吳北江先生批閱王芷章先生的詩文。

1962年,王芷章在中国戏曲研究院工作期间,与夫人张松影女士(左)、女儿王维丽女士合影(摄于北京)。

2004年,王芷章的女儿王维丽(高级工程师)、女婿李庆元(高级工程师)与著名戏剧家、文学家马少波(中)商议再版王芷章著作《清代伶官传》时的合影(摄于马宅乐耕园)。

中国京昆艺术家传记丛书
谢柏梁　主编

清代伶官传

王芷章　著

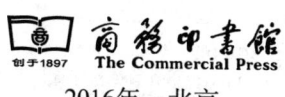

2016年·北京

图书在版编目(CIP)数据

清代伶官传/王芷章著.—北京：商务印书馆，2014
（2016.3重印）
（中国京昆艺术家传记丛书）
ISBN 978-7-100-08699-8

Ⅰ.①清… Ⅱ.①王… Ⅲ.①京剧—艺术家—列传—中国—清代 Ⅳ.①K825.78

中国版本图书馆CIP数据核字(2011)第217785号

项目支持单位：北京市教育委员会
项目承担单位：中国戏曲学院
项目承担人：谢柏梁

所有权利保留。

未经许可，不得以任何方式使用。

清代伶官传
王芷章　著

商 务 印 书 馆 出 版
（北京王府井大街36号　邮政编码　100710）
商 务 印 书 馆 发 行
三河市尚艺印装有限公司印刷
ISBN 978-7-100-08699-8

2014年8月第1版　　　开本710×1000　1/16
2016年3月北京第2次印刷　印张34　彩插4
定价：98.00元

"中国京昆艺术家传记丛书"
指导支持单位与编纂委员会名单

指导单位：

中华人民共和国文化部
中国人民政治协商会议全国委员会京昆室
中国文学艺术界联合会
中国戏剧家协会

财政支持与直接领导单位：

北京市教育委员会
北京市财政局
中国戏曲学院

顾问委员会：

徐中玉　齐森华　黄天骥　龚和德
廖　奔　季国平　吕育中

编纂委员会：

主　任：杜长胜　张　凡　王兴康
副主任：李世英　巴　图　周　龙　赵伟民

主编：谢柏梁

总　序

谢柏梁

一

在宇宙的浩瀚星空中，我们人类所居住的地球，无疑是最有灵性的星球之一。

人类作为地球的主人，其源远流长的创造与发展变化的历史，主要由各行各业的杰出人物来代表，各色各样的奋斗历程来体现。

在美丽地球的东方世界，在古老而又年轻的中国，历朝历代的历史大家们，一向以对各式各类人物事迹的记述与描摹为己任。我国的人物传记体裁丰富多样，大约可以分为纪传（皇家大事记）、文传（文学化传记）、史传（历史家所写人物传记）、志传（各地方志中所记载的本地人物传记）这四大类别。四类传记彼此发明，互为补充，构成了中国传记文化的多元谱系。

从左史记言、右史记事的专业化分工，到《左传》《国语》《战国策》式的整体氛围感的描述，最后由司马迁振臂一呼，以人物传记体为中心的宏伟《史记》横空出世。该书记载了地球东方的上自传说中的黄帝时代，下至汉武帝元狩元年（公元前122年）共三千多年的历史。概述历代帝王本末的十二本纪、记录诸侯国和汉代诸侯兴废的三十世家、描摹重大历史人物的七十列传，都使之成为号称"史家之绝唱，无韵之离骚"的中国历史上第一部纪传体通史。

在《史记》的《孔子世家》中所记的夹谷会盟中，孔夫子面对"优倡侏儒为戏而前"的表演场面，在非常严肃而力图情绪有所放松的外交场合下，作出了特别粗暴野蛮的极端化处置。这也成为历代梨园界对孔子不够恭敬的源头。此后历代史书方志，都不同程度地涉及优伶们的言行事迹。

魏晋以降，文史两家由混成到分野，自一体而两适。文者重藻饰心曲，史家认材料事实，各臻其至，泾渭分明。隋唐而后，碑铭行传，五花八门，高手喜作，佳作如云。韩愈《祭十二郎文》情深委婉，柳宗元为慧能作碑文机趣横生。

北宋乐史作《太平寰宇记》，分地区而织入姓氏人物，因人物详及诗词官职。"后来方志必列人物艺文者，其体皆始于史……于是为州县志书之鉴觞。"（《四库全书总目》）

太平世界，因人物而繁盛；梨园天地，赖优伶而生存。

美妙绝伦的中华戏曲艺术从唐代的梨园开始，至少存在了漫长的十个世纪。千百年以来，戏曲艺术一直在蓬勃兴旺地发展，成为中国人民雅俗共赏的朵朵奇葩、民族文化中不可忽视的重要部类、戏剧天地内中华文化的闪亮名片、国际社会审美天地中的东方奇观。

较早在史书中对优伶进行分类撰述的史书，是宋代大文学家欧阳修的《新五代史》。该书包含了分类列传四十五卷，这种分类列传的体例较有特色，其中就包括了《伶官传》。

一向被人们所津津乐道、甚至还被收入中学教科书的《五代史伶官传序》云："《书》曰：'满招损，谦受益。'忧劳可以兴国，逸豫可以亡身，自然之理也。故方其盛也，举天下豪杰，莫能与之争；及其衰也，数十伶人困之，而身死国灭，为天下笑。夫祸患常积于忽微，而智勇多困于所溺，岂独伶人也哉！"尽管欧阳修的本意是说祸患之起乃多方面的原因所累积爆发而成，但还是给表演艺术家们带来了较大的负面影响。

与东土中国的情形完全不同，西方世界中对于戏剧艺术家的看法与评价完全不一样。对以埃斯库罗斯、索福克勒斯、欧里庇得斯三大悲剧家和阿里斯托芬一大喜剧家为代表的古希腊戏剧家，对以莎士比亚、歌德、席勒等的西方戏剧界灿烂明星，西方人给予了无限崇敬和由衷热爱。

中晚清以来最早"睁开眼睛看世界"的中国人，是那些在西方世界出使、考察或者游学的官员士子。当他们观赏到西洋剧院建筑艺术之华美绝伦、内部装饰之金碧辉煌之后，不由得发出由衷的赞美，感叹西洋剧院其"规模壮阔逾于王宫"；特别是舞台上机关布景之生动逼真，变幻无穷，"令观者若身历其境，疑非人间"；至于西方的戏剧艺术家地位之高贵，更是令国人叹为观止，所谓"英俗演剧者为艺士，非如中国优伶之贱"，"优伶声价之重，直与王公争衡"！

人类的艺术天地，原本可以共同分享的。何以东西方对于戏剧艺术家的认同度与景仰度，相差之大犹若天壤之别呢？泱泱中华，文明古国，难道就没有有识之士站出来振臂一呼，为戏剧艺术家们说几句公道话吗？

二

江山代有才人出，是非终有识者论。

我国历史上对戏曲艺术家们首度给予全方位高度评价的文人，是元代的钟嗣成（约1279—约1360年）。这位祖籍大梁（今河南开封）的人士，长期生活在素有天堂之称的杭州城。他先在杭州官学读书，师从邓文原、曹鉴、刘濩等名家宿儒，又与对戏曲有着共同爱好的赵良弼、屈恭之、刘宣子、李齐贤等人同窗攻书，其乐融融。有记载说，钟嗣成一度在江浙行省任掾史。他自己写过《寄情韩翊章台柳》《讥货赂鲁褒钱神论》《宴瑶池王母蟠桃会》《孝谏郑庄公》《韩信泜水斩陈余》《汉高祖诈游云梦》《冯驩烧券》等七种杂剧，但不知为何皆已散佚。

真正使得钟嗣成开宗立派、名传青史的著作，还是其为中华民族有史以来第一代剧作家描容写心、传神存照、树碑立传的《录鬼簿》。

《录鬼簿》上卷分："前辈已死名公有乐府行于世者""方今名公""前辈已死名公才人有所编传奇行于世者"三类。这三类名公才人之情形，乃其友陆仲良从"克斋吴公"处辗转所得，故"未尽其详"。下卷分为："方今已亡名公才人余相知者为之作传，以【凌波曲】吊之""已死才人不相知者""方今才人相知者，纪其姓名行实并所编""方今才人闻名而不相知者"四类。这上下两卷书大体依据时代之先后加以排列，一共记述了一百五十二位元杂剧及散曲作家的基本情况，同时也记录了四百余种剧目。

我很欣赏钟嗣成的"不死之鬼"说。在他看来，天地开辟，亘古及今，自有不死之鬼在，何则？圣贤之君臣，忠孝之士子，小善大功，著在方册者，日月炳焕，山川流峙，及乎千万劫无穷已，是则虽鬼而不鬼者也。

不死之鬼，是为不朽之神或曰永恒之圣。在钟氏的神圣谱系中，那些门第卑微、职位不振的剧作家，那些高才博识、俱有可录梨园才人，都值得传其本末，叙其姓名，述其所作，吊以乐章，使之名传青史，彪炳千秋，泽及后世。

因此，写作《录鬼簿》更为重要而直接的意义，还在于其对后学的直接指导和充分激励。"冀乎初学之士，刻意词章，使冰寒于水，青胜于蓝，则亦幸矣。名之曰录鬼簿。"惟其如此，则杂剧戏文创作之道，才可能被一代代年轻的才人们所自觉自愿地衣钵相传，推陈出新，生生不已，得到更加健康的发展。

元杂剧作为中国戏剧史上第一个黄金时代，需要有人进行认真的归纳和总结。从此意义上言，钟嗣成在中国的地位，因为其成书于至顺元年（1330）的《录鬼簿》之横空出世，甚至可以与西方的大学问家亚里士多德等人的《诗学》等书相提并论。

有明一代，在贾仲明所增补的天一阁蓝格钞本《录鬼簿》之后，又附有约成书于洪熙、宣德（1425—1435）年间的《录鬼簿续编》一卷。该书直接受到《录鬼簿》的影响，以相同的体例记述了元、明之间一些戏曲家、散曲家的大致事迹，接续前贤，踵事增华，令人欣慰。

自兹之后，从总体上对于当代戏曲作家进行专门记载和研究的著作，从明清两代以至中华民国，皆未得见。中华人民共和国成立以来，王安奎的《当代戏曲作家论》和谢柏梁的《中国当代戏曲文学史》等相应的专著，都属于《录鬼簿》的悠远传统在新时代的传承、示范和发展。

三

与《录鬼簿》蔚为双璧的元代重要戏曲典籍，是生于元延祐年间、卒于明初的华亭（今上海松江）人夏庭芝所撰的《青楼集》。前者论作家，后者集演员，正好勾勒出元代戏曲艺术家中两个最为重要部类的旖旎景观和绰约风采。

《青楼集》成书于元至正乙未十五年（1355），该书记述了从元大都到山东、从湖广武昌到金陵、淮扬以及江浙其他地方的歌妓、艺人共一百一十余人的简约事迹。这些女演员各自身怀绝技，有的在杂剧、院本、诸宫调方面负有盛名，有的在嘌唱、乐器和舞蹈等项目上造诣颇深。有的演员如珠帘秀的弟子赛帘秀在双目失明之后，依然能在舞台上正常表演，"出门入户，步线行针，不差毫发"，脚步地位，规范犹在，这是多么高深的艺术造诣！

也正是因为她们的色艺双绝，声名鹊起，所以才引起了社会各界的热切关注和诸多应酬往还。书中除了记载与她们有过合作关系的二十多位男伶之外，还记录了她们与诸多文人士子的深厚交情。甚至连达官贵人、明公士大夫五十多人，都与这些女演员有着广泛交往。《青楼集》作为第一部简练而系统的表演艺术家史传，对研究元代演剧、表演艺术、演员行迹与时代风尚等，都具备非常重要的史料价值和文化意义。

与明清以来关于戏曲剧作家的记录相对寂寥的研究局面不一样，类似明代潘之恒《鸾啸小品》之类关于演员与表演艺术的文献，相对较多。表演艺术家们的优美声容及其较大的社会影响力，使之留下了较多的关注和充盈的记载。

清代的演员记录蔚为大观。《清代燕都梨园史料》中所收录的《燕兰小谱》《日下看花记》等几十种书目中，都对演员予以了主体性的关注。比方小铁笛道人序其做传源起云：

> 唐有雅乐部。宋时院本始标花旦之名，南北部恒参用之。每部多不过四、三人而已。有明肇始昆腔，洋洋盈耳。而弋阳、梆子、琴、柳各腔，南北繁会，笙磬同音，歌咏升平，伶工荟萃，莫盛于京华。往者，六大班旗鼓

相当，名优云集，一时称盛。嗣自川派擅场，蹈跶竞胜，坠髻争妍，如火如荼，目不暇给，风气一新。迩来徽部迭兴，踵事增华，人浮于剧，联络五方之音，合为一致，舞衣歌扇，风调又非卅年前矣。……录成一稿，名之曰《日下看花记》。梨园月旦，花国董狐，盖其慎哉。余别有《杨柳春词》一册，备载芳名，以志网罗无俾遗珠之叹。凡不登斯录者，毋怼予为寡情也。噫！

这段序言，既有史识在，又见人情浓，令人为之莞尔首肯。

近代以来，出版业的发达与报刊传媒业的勃兴，又使得关于演员的记载、评选和评论蔚为大观。例如王芷章（1903—1982）的《清代伶官传》（中华书局1936年版）辑录清代曾在宫廷内当差演剧的"内廷供奉"演员、乐师及检场、衣箱等人的小传；由徐慕云编著的《中国戏剧史》（上海世界书局1938年版）卷一专列《古今优伶戏曲史》，以编年体形式，研究家的眼光，纵述自先秦以来直到中华民国戏曲演员的大的历史线索与知名演员，颇具史家眼光。

近些年来，北京学者孙崇涛、徐宏图等人合著的《戏曲优伶史》（文化艺术出版社1990年版）和上海学者谭帆的《优伶史》（上海文艺出版社1995年版）先后问世，这都是关于中国历代戏曲演员事迹的研究著作。

本套丛书所收人物的时间跨度，大抵在中华民国和中华人民共和国期间。某些独传与合传之人物，也可以上溯到明清两代。

四

中华人民共和国成立以来，戏剧艺术家的社会地位得到了前所未有的提高。在全国政协委员和全国人大代表的席位中，戏剧家特别是戏曲表演艺术家都占有一定的名额。

与此同时，关于戏曲表演艺术家的各种传记资料更加繁盛。最负盛名的自传性著作，是梅兰芳的《舞台生活四十年》。关于盖叫天的《粉墨春秋》，也激励过业内外的诸多读者。

20世纪末以来,关于戏曲艺术家的传记蔚为大观。诸如河北教育出版社、中国戏剧出版社、中国青年出版社、文化艺术出版社等多家单位,都出版过不少戏曲家传记。

有鉴于目前出版的一些戏曲家传记,还存在着收录偏少、体例不全的遗憾。随着新资料的发现,新人物的涌现,社会各界迫切需要一套相对系统完整的戏曲人物传记资料。这既是对于钟嗣成、夏庭芝等人开拓曲家与伶人传记之风的现代传承,也是在国学与民族艺术学越来越受到全民重视的前提之下,从戏曲艺术家传记方面所作出的积极呼应。

在中国已经崛起为世界第二大经济体的今天,在中国商品出口多、文化输出少的不相称的背景下,在国际社会与世界戏剧界关于中国民族戏剧的热切关注下,一部系统的中国戏曲家传记丛书呼之欲出。

作为中国戏曲人才培养与学术研究的最高学府,中国戏曲学院理所当然地担当起编纂"中国戏曲艺术家传记丛书"的重任。而且今天的"戏曲艺术家丛书",既包括了演员与编剧,也不会遗漏著名的戏曲音乐家和舞美设计家等不同专业的代表人物。

中国戏曲学院的表导音舞美等不同系科,都对本专业的佼佼者了如指掌。在教师、研究生和本科生三结合的编纂模式下,在文献资料收集、当事人采访调查、专辑文本写作修改等较为漫长的过程中,学院都有着较为雄厚的人才基础。有道是铁打的校园流水的学生,也只有学院才能一直具备较为丰富而新鲜的专业化人力资源。

在北京市财政局的大力支持下,在北京市教育委员会的慧眼关照下,在中国戏曲学院领导与师生的有效指导与大力参与下,在社会各界贤达众人相帮、共襄盛举的高尚姿态下,"中国戏曲艺术家丛书"终于正式立项,并从2010年开始,由上海古籍出版社推出丛书中的首批三十二种人物传记。2014年,本丛书从第三十三种起,转由商务印书馆出版。

五

"中国京昆艺术家传记丛书"已经出版的三十二种传记和即将推出的二十八种传记，已经构成了有史以来最成规模的京昆人物传记丛书。

昆曲，既是京剧之前最具备代表意义的"前国剧"，又是戏曲剧本文学性较强、表演艺术趋于典范精美的大剧种，还是2002年起首批被联合国教科文组织列入"人类口头与非物质文化遗产名录"、具备较大国际影响的古典型剧种。

从1917年开始，吴梅先生在北大开辟了戏曲教学的先例。在他的指导、启发和参与下，由上海的实业家穆藕初赞助，昆曲传字辈在苏州正式开班。涉非如此，兰苑遗音，古典仙音，险些儿做"广陵散"，斯人去矣，芳踪难寻。至于北昆的韩世昌、白云生等人，也都是正式拜过吴梅先生的嫡传徒弟。这些人，这些事，不可不写，不可不传。

京剧被公认为中国戏曲最具备代表性的剧种，海内外的不少人索性将其称之为国剧，也能得到社会大众的认同。京剧表演艺术家，流派纷呈，各呈其盛，具备非常广泛的群众基础，在世界各国也都具备较高的知名度。这些角儿，这些流派，不可不述，不可不歌。

因此，昆曲类传记中，首先推出的是近代戏曲学术大师吴梅、昆曲表演大师俞振飞和素负盛名的传字辈老艺人；京剧类传记中，梅尚程荀等四大名旦的传记当然也会名列前茅。王卫民、唐葆祥和李伶伶等戏曲传记方家，给了我们莫大的支持，在此致以衷心谢忱。

细心的读者，很快将会发现，在本套丛书中，既有世所公认的戏曲界名家大师，也有正处在发展过程中的正当胜年的代表人物。或许有人要问：既然曰传，树碑立传，盖棺才能论定，中年才俊尚处于发展过程之中，缘何仓促为之写传？

此问有理，但又不全正确。须知任何一时代较有影响的人物，首先是被同时代的人们所热爱。举例说来，于魁智、李胜素和张火丁等人都还处在发展前进的艺术路上，可是他们也确实拥有大量的观众群。那些忠实的粉丝，迫切需要知道他们心中偶像的更多情形。那么，为同时代人们的戏曲界偶像树碑立传，实属必要。再比方今天我们的诸多梅兰芳传记，实际上更多的是具备历史文献的意义，因为现存的大部分观众，再也无缘得睹梅大师演出的现场风采了。

更有甚者，我们与《中国京剧》杂志的朋友们，老是在计划某月某日去采访某一位德高望重的艺术家。可是当我们如期去实地采访时，常常会发现老人家年事已高，对于昔日的风采与精彩的艺术，已经很难清楚地加以表述了。英雄暮年，情何以堪？

至于有时候看到讣告上的名家，原本已经列入我们要拜访的日程表，但是拜访者尚未成行，受访者却已驾鹤，远行至另外一个遥远而不可即的世界！天人永隔，沟通万难，那就更属于永远的遗憾了。

有鉴于此，我们提倡两次写传法或曰多次写传法。此次先写名家的壮年时期，未来再补足传主的晚年事迹，这样的传记，也许更加齐备可靠一些。必要年老而可写，若等盖棺而论定，但后人对前辈艺术家知之甚少，叙之渺渺，称之信史，恐难采信。

我们打算用三年时间，首先推出京昆艺术家当中的重要评传。三年之后，评传工程将向着越剧、黄梅戏和豫剧、粤剧等地方戏的各大剧种之领军人物华丽转型，持续推进。积之以时日，继之以心力，依靠梨园界各方贤达和社会各界有识之士的支持，中国戏曲艺术家的系列评传就一定能够在太平盛世积少成多、聚沙成塔，共同托举出中华文化中戏曲艺术家的辉煌群像。

评传的生命力所在，正在于其讲述一个个真实的故事，演示一出出人生的大戏。但是如何讲好故事，怎样使得故事讲得精彩动人，令人读后余香满口，味道袭人，实属不易。《史通》说："夫史之称美者，以叙事为先。至若书功过，记善恶，文而不丽，质而非野，使人味其滋旨，怀其德音，三复忘返，百遍无致。"

戏曲艺术家们在舞台上创造了富于美感的各色人物形象，但在生活中还是一位凡人，或者说往往更是一位烦恼颇多的凡人。如何使得生活中的凡人和舞台上具备各色美感的佳人才子、英雄豪杰和其他各色人等有机地对接起来，更是亟须在传记写作过程中不断探索的难关。

传记包括家族身世、教育承传、艺术人生和舞台创造等部分，也酌选精彩而有历史价值的照片，以期图文并茂，赏心悦目。评传强调文献记载、口述历史与适度评述相结合。附录包括大事年表、研究篇目等。每位传主的评传大约十八万字，俱以单行本方式出版印行。至于清代伶官传和昆曲传字辈等一些合传，丛书也予以了部分收纳。

戏曲天地，风云变幻；梨园人间，名家辈出。区区一套丛书，尽管编者力图使之相对完整系统一些，但挂一漏万、沧海遗珠的现象，还是会时有发生。即便收入本丛书中的名家大师，由于多侧面历史的诸多误会以及材料的相对匮乏，由于诸多热情有余、经验不足的年轻人的参与，错讹之处，在所难免。尚求方家不吝指正，遂使学问一道，有所长进，梨园群星，光芒璀璨。这也正好呼应了马克思的人物传记理想，那就是写人物应当从感情气势上具备"强烈色彩"、"栩栩如生"，力求达到恩格斯关于人物形象应当"光芒夺目"的审美理想。

尽管为梨园界的艺术家们作传，从理论上看厥功甚伟，但是要做好任何事情常常会举步维艰。甚至梨园界的一些同仁乃至某些传主的家属学生，也都会存在着这样那样的想法。尽管前路漫漫，云雾遮蔽，坎坷难行，但是坚定的追求者和行路人还是会历经千辛万苦，拂去一路风尘，汇聚文章锦绣，迎来晨曦微明。

彼时彼刻，仰望戏曲艺术的长天之上，那一颗颗晶莹的晨星正在深情地闪烁着动人的光华。晨钟暮鼓，芳馨远播，那正是全体传记写作人和得以分享传记的读书人，以及关心本套丛书的戏迷和社会各界朋友们的无量福音。

（本文作者为中国戏曲学院戏文系主任，北京市特聘教授，享受国务院政府特殊津贴的专家，中国戏剧文学学会副会长，国际剧评协会中国分会副理事长）

2013 年 12 月 25 日

前　言

在 20 世纪前期的中国戏剧史研究中，王芷章教授无疑是很值得瞩目的人物之一。王芷章先生（1903—1982），字伯生，号二渠，河北省平山县人。他毕生与同时期的史学界学者求教交往，勤奋耕耘，严谨治学，不仅探书海积文献，而且访民间作调查，相辅相成，铸为佳作。

1934 年，王芷章先生撰写出版了第一部专著《腔调考原》（1934 年 5 月，北京双肇楼图书部初版，线装本）。之后，在北京图书馆工作期间，相继出版《清代伶官传》（1936 年 10 月，中华印书局出版）、《北平图书馆藏升平署曲本目录》（1936 年，中华印书局再版），1937 年整理编著出版《清升平署志略》（国立北平研究院史学研究会 1937 年出版，商务印书馆印刷发行；1991 年 12 月，上海书店再版；2006 年，商务印书馆再版发行）。其后，又继数十年的调查研究，精心编撰，到 1982 年逝世之前一年，完成了巨著《中国京剧编年史》与《中国戏曲声腔丛考》、《京剧名艺人传略集》（均为 2002 年 8 月中国戏剧出版社出版发行）。从芷章先生的上述著作中，可以领略到他专攻中国戏剧史学的重点领域有四个方面：一是考证戏曲腔调的渊源与流变；二是为清代伶官、京剧名艺人系统地编写传记；三是全面系统地著述清升平署（清代管理戏曲的衙门）的成立、职责、管理制度及其演变过程，这体现了王芷章先生鲜明的立足于民间的戏剧史观；四是系统性、全面性地研究论证京剧艺术的渊源、形成与改良发展至成熟鼎盛的历史发展过程。这些业绩丰富了戏曲及其历史研究的宝库，对清代、中华民国年间的戏曲研究尤为珍贵。

王芷章先生为什么能有这样的业绩？首先在于先生自己。诚如刘复（刘半农）先生在《腔调考原·序一》所称赞的，他在治学上有一种"披沙炼金的功夫"和"不怕难的精神与勇气"。这种敢于克服困难的治学精神，是首先值得人们学习与景仰的根本所在。

为清代伶官（即戏曲艺人，包括演员、鼓师、琴师、管箱、检场等）系统地编写传记，王芷章先生是最早的学者之一。其《清代伶官传》一书，自20世纪30年代出版以来，一直成为中国戏剧史研究和京剧史研究的必读书。

但今已甚为罕见，今日再版对学界治史（包括清史及中国文化史、艺术史、戏剧史、京剧史）大有裨益。

《清代伶官传》全书共分三卷：以在乾隆、嘉庆、道光三朝所选者为上卷；咸丰、同治两朝所选者为中卷；光绪、宣统两朝所选者为下卷。系统地记述了近四百位主要戏曲艺人的身世际遇、艺术生涯；艺人在宫中演戏及参加戏曲班社组织及艺人师承关系的戏曲活动情况；艺人在宫中演出所承应的戏目、时间和地点，艺人在戏曲班社演出的流行剧目、时间、地点；艺人表演艺术的风格、流派及品评咏赞；书中还涉及一些戏曲声腔、剧种的流变、融会及其相互影响等。该书的素材来源主要以清升平署档案资料为依据，并有作者旁征博引大量的戏曲史料及亲自调查访问戏曲艺人后代的第一手材料，故书中内容翔实可靠。正如作者在《清代伶官传》"例言"中讲到的"其事略则多方征求，用期详实，于拣取材料，更几费斟酌，慎重去留，而后乃作定稿，或有未尽者，则尚待异日之加入"。

在此，值得一提的有：一是该书在记述戏曲艺人的身世际遇和艺术生涯时，体现了他们从艺历程中的艰难辛苦。艺人们生活的浮沉悲欢之际，多少也反映出当时的人情世态和社会现实。即也从这一侧面反映出那一历史时期社会生活的立体面貌，不仅对京剧研究，而且对社会科学、人文科学、民俗科学等方面的研究都提供了宝贵的参考资料。二是可以体现出艺人的唱工、念白、做派、武打四工的戏剧表演活动，也常常是主宰着戏曲技术的发展。演员是传播发扬戏曲文学之最有力者，读剧本者少，而看演戏者多。往往有因一二演员的表演技术风格与艺术流派擅长等原因而变更了听众的嗜好与风尚，从而推进了戏曲艺术的发展。《卖马》《捉放曹》《四郎探母》等诸剧的流行，程长庚、谭鑫培是极有贡献的。谭鑫培在《卖马》

中秦琼的一段唱词"店主东带过了黄骠马……"当时最受欢赏，社会人士皆效法其唱，皓首童颜，尽晓"叫天儿"之别号，京师俗谚"有字皆书垿（王垿），无腔不学谭"之说。三是在记述戏曲艺人的戏剧活动情况的同时，体现了王芷章先生对戏剧、戏剧艺术（包括京剧艺术）含义的深刻认识，他认为："戏剧即是最完美的综合艺术；中国戏剧即是中国民族艺术的重要遗产；中国戏剧即也应当是广大人民群众的大众艺术了。""京剧艺术即为完美的综合艺术，因为它能集绘画、建筑、音乐、舞蹈、诗词等各种艺术之美到一个体系里边。试看京剧中的身段台步做派，就具有舞蹈之美；注重化妆，就是具有绘画颜色之美；有许多乐器配演，就是具有音乐之美；有时加入布景，就是建筑之美；而其唱词又有诗词文学之美。京剧艺术即是中国民族艺术重要遗产之一，即也是为广大人民群众所爱好与习惯的大众艺术了。"四是进一步引深，芷章先生是如何理解京剧艺术的形成、改良、发展、成熟的历史过程，可体现为"声腔、音乐（包含乐器）、剧种、剧目之流变、融会；名伶、行当、班社、美术之更新、递代"。如艺人沈星培为京剧音乐的大革新家，星培安徽人，行六，人多称为沈六；习文场，以撇笛称，自咸丰朝即为三庆班笛师。徽部所唱二簧调，本为用双笛伴奏，沈星培乃首创为唱黄腔（楚调唱腔）时废去双笛，而改用胡琴。又讲二簧伴奏，除双笛外尚用弦子，双笛为一正一副，自星培改正笛为胡琴后，又将副笛改为月琴，成为胡琴、月琴、弦子三种并用，这对黄腔乐器来说，是一个大的发展。又如京剧艺术起源于清乾隆五十五年，高朗亭在北京成立三庆徽班，即"徽班时期"演变至道光九年湖北艺人王洪贵、李六、范四宝等进京加入大徽班（三庆、春台、四喜、和春），即"楚调进京"（从此就慢慢形成京剧），演变至道光三十年后，经逐步改良、发展成为"京剧皮黄"（京剧）；又如行当的更新，在徽班时期，徽班是以花旦、小丑为首，其次是武小生、大花面（为武二花），虽有正生、正旦、正净、老旦，但不占重要地位。到楚调进京时期，楚调戏班占优势的，正是正生、正旦、正净几行，从而促进了行当体制的发展与完善，形成现在京剧生、旦、净、丑的基本模式。

综上所述，可以领会到芷章先生在中国戏剧史研究领域的成果，他的鲜明的戏剧史观与戏剧理念，无疑对后来学者们研究、开拓戏剧史论、宫廷演剧、京剧史、声腔剧种等都具有指导意义。

　　经过近八十年的历史变迁、社会发展，如今京剧事业兴盛空前，人才辈出，今日再版《清代伶官传》一书，以温故而知新，再鉴前辈诸先生的学术见识与艰苦创业的旅程，对于传承和推动京剧事业的发展有一定的意义，也有激励后者的作用。

　　本书是以1936年，北平中华印书局出版的《清代伶官传》版本为底本再版的，在编辑出版工作中，我们基本保持了原书的排版格式，将繁体竖排改为简体横排，将原有标点改为现代标点符号，力求便于读者阅读。对原书中的一些异体字、文句和段落的误植与错讹，也作了初步的校勘。对其中的缺字，凡一时不能考订的，仍以"□"来表示。需要说明的有以下几点：

　　1. 该书增加了王芷章先生补充、修正原书中的"杨小楼""杨长福""王桂花""陆华云""冯蕙林""孙怡云""王瑶卿""于庄儿""钱金福""訾得全"等条目的部分内容。如在"杨小楼"条目中补充了"后以民国二十七年正月十五日卒，年六十二岁"的内容。

　　2. 在该书的最后附加了由王芷章先生的女儿王维丽先生、女婿李庆元先生撰写的《王芷章先生生平》。

　　3. 该书中增加了陈志明先生修正"时小福""周如奎""陈得林"条目中的部分内容，在此表示感谢。

　　4. 对于该书中出现的同一剧名的音同字不同之类的情况，如《回龙阁》《回龙鸽》，《挑滑车》《挑华车》，《鱼肠剑》《鱼藏剑》等，因当时曾为戏班、戏报所混用，为能察其沿习，我们未作改动。

　　5. 对于该书中出现的同一名伶的音同字不同之类的情况，同一名伶的不同称号之类的情况，如"谭鑫培""谭金培"，"陈德霖""陈得林"等等，是当时名伶选入宫中应差时，有的是自行更改的，有的为宫中更改的，如"张瑞香"改为"张桂香"，是因选入宫中应差时，"瑞"字犯讳，遂改为"桂"字。

　　由于我们水平所限，谬误当在所难免，切盼得到专家学者和读者们的指正。

例　言

一、本书为各伶立传，皆取升平署档案为据，共分三卷：以在乾嘉道三朝者为上卷，咸同两朝所选者为中卷，光宣所选者为下卷。

一、上卷为南府时期，各伶皆来自苏扬，专供内职，聚族而居，子孙相继；在城住南府附近及景山之内，在圆明园则住太平村，门禁綦严，与外绝少往还，且以年代久远，故个人事迹，无从搜辑。其所习，概属昆弋，用遂不再一一加注为唱何种腔调。又当嘉道之间，虽屡次裁减外学，但其存者，仍不下三四百之谱，兹编所录，以曾演主戏，可以断定系习何项角色为条件，余外之只充小军将士者，则概行删去。

一、乾嘉供奉，于道光七年，悉行裁退，故升平署成立之初，仅有太监，而无民籍。咸丰末，因署中乐工凋谢，时有不足支配之虞，乃开始由在京各戏班挑选，或曰学生，或充教习，赏月俸则悉依旧数。此际皮黄骤兴，昆曲衰微，选入各伶，所工已非一调，乃不得不于各伶传下，加以区别。按各自清中叶以还，一般士夫学者，每以昆山腔为雅乐，其他则概以乱弹目之；但其后以西皮二黄为最普遍，于是乱弹二字，似又可为指皮黄之专称，近百年来，久已相沿成习，为简便计，遂采用乱字，以为二腔代称，用示与昆曲异调，若武旦一色，以乱弹戏为多，不加分别，亦能自明，故即从略不注焉。

一、咸丰朝所选诸伶，至同治二年，又悉裁退，惟留随手十二名未去，迨后时有死亡，亦不断挑补。迄光绪九年，为预备慈禧太后五旬大庆，遵照旧规，再事外选，名义则概曰教习。时皮黄极盛，昆曲不绝如缕，膺选诸人，十九属于乱弹，用是不为另行加注；惟习昆腔者，则加昆字以别之，习弋腔，则加弋腔以别之，后又选梆子小旦生丑数人，亦皆逐一标明，以免混杂。其事略则多方征求，用期详实，于拣取材料，更几费斟酌，慎重去留，而后乃作定稿，或有未尽者，则尚待异日之加入。

一、书中各伶演戏地方，当嘉道咸之时，以在同乐园为多；园在圆明园中路曲院风荷之北，咸丰十年，毁于兵燹。宫中演戏，常在漱芳斋，斋在重华宫内，故或书重华宫，或作漱芳斋，其实一也。逢大典则演于宁寿宫畅音阁上，则同乐园毁后之事矣。迨慈禧当国，始常有于长春宫承应之举，台址今存，尚可考也。咸丰庚申，文宗避乱，北幸热河，是年冬下谕召升平署内宗外人等，往行宫供职。其中演戏之处三：一曰烟波致爽，在澹泊敬诚殿后，常时承应用之；二曰福寿园，在德汇门内勤政殿之前，其规模较同乐园宁寿宫尚称宏丽，遇庆寿大典用之；三曰如意洲，当芝径云堤东北，戏台位置在一片云，系水座，炎夏用之。此其大略也。慈禧自还政德宗后，即日以宴乐为务，故阅戏之地，又增数处；计在颐和园者曰颐乐殿，位于东偏之德和园内；曰听鹂馆，在排云殿之西，在中南海者曰颐年殿，曰纯一斋，亦系水座。以上地非一域，境有变迁，因恐读者费解，故于此并说明之。

目录 Contents

上卷

生

钮彩 / 3

潘五 / 6

祥庆 / 8

如山 / 10

沈五福 / 12

得魁 / 14

得庆 / 16

陈双全 / 18

顺儿 / 19

生儿 / 20

招林 / 21

陆得明 / 21

得福 / 22

七猫 / 23

得立 / 23

套住 / 24

武生

陆福寿 / 25

如意 / 27

永寿 / 29

末

天禄 / 32

顺喜 / 33

小生

玉喜 / 34

春福 / 35

汪成 / 36

华南 / 37

三喜 / 39

春喜 / 41

张景元 / 41

百福 / 43

海寿 / 44

双喜 / 45

保麟 / 45

福寿 / 47

寿龄 / 47

老旦

如喜 / 48

元福 / 50

祥安 / 51

旦

长寿 / 52

玉福 / 53

兰香 / 55

四喜 / 58

倪四官 / 59

玉簪 / 60

松年 / 62

徐瑞 / 63

七代 / 64

闰儿 / 65

喜庆 / 65

喜瑞 / 68

延寿 / 68

小延寿 / 70

胡金生 / 73

百庆 / 75

沈寿 / 76

董明耀 / 77

邹桂官 / 78

松龄 / 79

顺心 / 80

副

沈秀 / 84

得升 / 85

双保 / 87

净

大庆 / 88

张福 / 90

姚二 / 92

寿官 / 95

长生 / 98

鸣凤 / 102

隆寿 / 104

得顺 / 105

全顺 / 106

目录

小双喜 / 107

小得顺 / 108

永泰 / 109

丑

增福 / 110

幡绰 / 114

周寿 / 115

周文达 / 117

百岁 / 118

二狗 / 119

中卷

生

费瑞生 以下昆 / 123

黄春全 / 126

黄得喜 以下乱 / 131

陈嵩年 / 132

张三元 / 134

陈长寿 / 136

董文 / 137

张三福 兼武生 / 139

钱喜禄 / 143

小生

陈金雀 以下昆 附陈寿山 / 145

产金传 / 148

陈连儿 / 151

阿金 / 156

钱得庆 / 157

汪竹仙 以下乱 / 158

朱阿三 / 160

陆双玉 / 161

老旦

范得保 昆 / 163

杨瑞祥 昆兼乱 / 167

正旦

许殿山 以下昆 / 170

陈双喜 / 171

吴寿生 / 172

陈金桂 / 173

郭禄寿 / 174

钱阿四 兼昆 / 175

叶中兴 / 177

3

翠香 / 178

曹玉秀 兼小旦 / 180

小旦

张云亭 以下昆 / 181

张芷荃 / 185

严福喜 / 186

严宝麟 / 190

杨小兰 / 193

杜步云 / 194

杜亦云 / 199

张多福 / 199

张瑞云 / 200

郝玉福 以下乱 / 201

陶贵喜 / 201

玉香 / 201

乌松寿 以下武旦 / 203

孙四多 / 204

孙小云 / 205

陈连生 兼小旦 / 207

净

周双喜 昆 / 210

吴关喜 以下乱 / 213

孙保和 / 214

侯福堂 昆 / 217

吴全禄 乱 / 219

冯双德 武 / 220

赵广发 武 / 223

方瑞祥 昆 / 225

方镇泉 / 226

郭三元 武 / 229

丑

李兴 / 230

张开 以下昆 / 231

陈永年 / 234

沈长儿 兼乱 / 238

陈四保 兼乱 / 242

陈九儿 兼乱 / 246

副

王瑞芳 / 248

潘五 / 251

武丑

韩双盛 / 253

妥一 / 254

目 录

随手

殷钟林 以下鼓 / 255

陈瑞 / 256

陈益庭 / 256

潘来喜 / 257

唐阿招 / 257

张松林 / 259

杨玉福 / 259

刘兆奎 / 260

郝春年 / 261

方国祥 以下笛 / 262

潘荣 / 264

赵坤祥 / 267

钱明德 / 268

钱三寿 / 268

沈湘泉 兼胡琴 / 269

方秉忠 / 270

唐宝山 / 273

陆得升 以下打家伙 / 273

钱恩福 / 275

钱恩寿 / 275

朱桂林 / 276

朱喜保 / 276

李福寿 / 276

孟大元 / 277

刘双全 / 277

唐宝海 / 277

钱祥瑞 / 278

郭顺儿 梳水头 / 278

下卷

生

陈寿峰 昆 / 281

殷荣海 昆 / 288

刘长喜 弋 / 289

李顺亭 / 291

孙菊仙 / 294

杨月楼 / 301

谭金培 / 303

王福寿 / 314

龙长胜 / 315

曹永吉 / 316

汪桂芬 / 317

王凤卿 / 325

李六 / 327

孙培亭 梆子 / 327

武生

张长保 / 328

杨隆寿 / 331

瑞得宝 / 332

周如奎 / 333

杨小楼 / 334

董生 / 336

杨长福 / 336

小生

王阿巧 昆 / 337

王桂花 兼昆 / 350

鲍福山 / 360

陆华云 / 363

朱素云 / 363

陆库 / 365

冯蕙林 梆子 / 365

马全禄 梆子 / 366

李玉福 梆子 / 367

旦

乔蕙兰 昆 / 367

纪长寿 弋腔 / 385

惠成 弋腔 / 388

时小福 / 391

陈德林 / 396

孙怡云 / 401

王瑶卿 / 405

相九霄 梆子 / 407

侯俊山 梆子 / 409

老旦

孙秀华 / 418

熊连喜 / 419

周长顺 / 420

龚云甫 / 421

谢宝云 / 422

花旦

张桂香 / 423

于庄儿 / 424

李子山 / 428

杨得福 / 430

李宝琴 / 435

武旦

彩福禄 / 437

许福英 / 438

李燕云 / 438

杨永元 / 440

目 录

朱四十 / 441

朱裕康 / 444

净

袁大奎 昆 / 444

穆长寿 / 445

刘永春 / 447

穆长久 / 449

郎得山 / 450

金秀山 / 452

裘荔荣 / 454

武净

李永泉 / 454

李连仲 / 456

李七 / 458

高得禄 / 460

沈小金 / 460

钱金福 / 461

李顺德 / 462

范福泰 / 462

丑

姚阿奔 昆 / 463

罗寿山 / 464

钱长永 / 468

訾得全 / 469

张文斌 / 469

陆金桂 / 470

刘七儿 梆子 / 470

王子实 梆子 / 471

武丑

许福雄 / 472

王长林 / 472

傅恒泰 / 474

随手

沈立成 以下鼓 附刘永顺 / 474

沈永和 附刘加福 / 476

李奎林 附李春泉 韩明儿 / 477

唐春明 / 479

郭得顺 / 480

鲍桂山 / 480

侯双印 梆子 鼓 / 481

何斌清 同上 / 482

樊景泰 以下笛 / 483

浦阿四 / 483

贾成祥 / 484

钱锦源 附曹沁泉 / 485

清代伶官传

路昌立 附沈星培 / 486
傅荣斌 / 487
陈嘉樑 / 488
浦长海 / 489
李玉亭 以下胡琴 / 489
柏如意 / 489
孙光通 / 490
谢双寿 附戴韵芳 / 491
梅雨田 / 493
耿永清 弦子 附耿永山 / 494
沈景丞 以下打家伙 / 495
张三远 / 496
张富有 / 496
杨长庆 / 497
吴永明 / 497
钱树琪 / 498
潘寿山 附何永福 / 498
郝玉庆 / 500

汪福海 / 500
沈福顺 / 501
陈祥瑞 附王景福 / 502
罗文翰 / 502
武奎斌 以下梆子 呼呼 / 503
王玉海 / 503
武奎保 以下梆子 笛 / 504
傅振廷 / 504
杜山 以下看管 / 504
朱廷贵 / 505
阎定 以下检场 / 505
阎福 / 506
徐生儿 梳水头 / 506
张七 以下管箱 / 507
杜四 / 507
陈祥 / 508
王福 / 508

王芷章先生生平 / 510

上　卷

卷一

生

钮彩

钮彩习正生，嘉庆末已升至官职学生，食月银四两，其演戏时地及所得赏赐如下：

道光二年十一月十六日	重华宫
勘问吉平	
二十三日	同
月下追信	赏貂皮二张
三年正月初二日	同
灏不服老	
二月十三日	同
张公扫松	赏貂皮一张　小刀一把
四月初八日	同乐园
头段铁旗阵	赏扇套一个　香袋二个
二十五日	同
二段铁旗阵	赏本色葛一个
五月初一日	同
闸道除邪	赏酱色纱袍料一件
七月初七日	同
孙膑诈疯	赏祁阳葛一件
十月初九日	同
灏不服老	赏瑽璁一个
十五日	重华宫

　　　　打棍出箱　　赏袍料一件
十一月十五日　　同
　　　　卖子养亲　　赏月白漳绒一件
二十一日　　　　同
　　　　翰卿投水　　赏貂皮一张
四年正月初一日　　同
　　　　膺受多福　　饰福星　赏小卷江绸袍料一件
初二日　　　　　同
　　　　胡迪醒梦　　赏貂皮一张
十六日　　　　　同乐园
打棍出箱 春喜　　赏绿绫一个
二月初六日　　　同
头段 征西异传　　赏回子荷包二个
二十五日　　　　同
二段 征西异传　　在四五出饰唐太宗
三月十二日　　　同
三段 征西异传　　在一二三出饰唐太宗
十五日　　　　　同
　　　　狱中寄子　　赏银一两
四月初十日　　　同
五段 征西异传　　扇子一把
十五日　　　　　同
　　　　夜断碧桃　　赏绿纱袍料一件
六段 征西异传　　小刀一把　香袋二个
五月初一日　　　同
　　　　阐道除邪　　波罗蒻一个
初五日　　　　　同

阐道除邪 二本	赏胶纱一件	
六月十五日	同	
秉烛待旦	赏白罗一匹	
七月十五日	同	
征西异传 九段	香串一串	
八月初五日	补八品首领缺	
十月初一日	重华宫	
小宴却物	赏表一个	朝珠一盘
初八日	同乐园	
九九大庆	赏小荷包一对	
初九日	同	
勘问吉平	赏酱色八丝缎一件	
十二月十五日	重华宫	
打棍出箱 春喜	赏氇氆一个	
二十九日	同	
夜看春秋	赏氇氆一个	
七年正月初一日	同	
膺受多福	饰都福星	赏酱色江绸袍料一件
初二日	同	
勘问吉平	赏一两银锞一个	
十五日	同乐园	
乐庆春台	饰喜神	赏缕子一包

　　按钮彩有子顺喜，亦在内应差，系于道光三年选入者。迄是岁二月，南府改制，遂俱被裁退，附粮舟南下，后事遂无闻焉。

潘五

潘五习正生，艺兼文武，其技之精，为署中仅有人物；嘉庆末，已擢升为官职学生，食月银四两；计演戏时地及所得赏赐如下：

道光二年十二月三十日	重华宫
白袍诉功	
三年五月初一日	同乐园
阐道除邪	赏漆纱一件
初五日	同
阐道除邪 二本	香袋一个
又斗龙舟演太平有象	赏茶叶一瓶　手巾一条
十七日	同
皇后寿戏	扇一把　香袋一个
六月初一日	同
三段 铁旗阵	扇一把　香袋二个
八月初十日	万寿行礼　赏一两银锞三个
九月初一日	同
五段 铁旗阵	赏银一两
十月初二日	同
七段 铁旗阵	赏缎子一包
二十日	重华宫
九段 铁旗阵	赏银一两
十二月初一日	同
十一段 铁旗阵	赏褂料一件　又分永祥当利钱三贯四百
二十三日	同
剪卖发 徐瑞	赏银五钱

二十九日	同	
铁旗阵 ^{十二段}	洋钱一个	又黄钱一贯
四年正月初九日	同	
白袍诉功 ^{增福}	银一两	
十四日	同乐园	
别母乱箭	赏酱色五丝缎袍料一件	
二月初六日	同	
侠试	赏小刀一把	
四月二十一日	同	
谒师	扇子一把	香串一个
五月初五日	同	
阐道除邪 ^{二本}	赏制钱三百	
十七日	同	
百子呈祥 螽斯衍庆	深色葛一个	
七月初一日	同	
征西异传 ^{八段}	扇一把	
闰七月初一日	同	
扫松	波罗葛一件	
十月初八日	同	
九九大庆 ^{头本}	银五钱	
十二月十五日	重华宫	
后索 ^{天禄}	小刀一把	
七年正月初二日	同	
对刀步战 ^{汪成}	石青江绸褂料一件	
天官祝福	饰喜神	赏洋钱一个
十五日	同乐园	
乐庆春台	饰喜神	赏缨子一包

按潘五尚有子三儿，初唱小生，后改场面，即潘荣是。是岁二月被裁退，携眷属回南，卒于家，其曾孙则至今犹在云。

祥庆

祥庆习昆生，艺称精博，嘉庆末食月俸至二两五钱，其演戏时地及所得赏赐如下：

道光二年十一月初十日	重华宫
吃茶 沈秀	
十二月十七日	同
云阳法场	
三年正月十一日	同
大宴	
二月初一日	同
二探 徐瑞	
三月十二日	同乐园
兴隆会	赏银一两
四月十五日	同
出罪府场 徐瑞	赏香袋二个 荷包一个
五月初一日	望瀛洲
赛龙舟演效学线偶	赏五钱银锞一个
初五日	同乐园
阐道除邪 二本	分钱一百文
十四日	祭地坛回同乐园演
访普	赏小刀子一把

	七月初一日	同乐园
四段 铁旗阵		扇子一把 扇套二个
	九月初一日	同
五段 铁旗阵		小刀一把
	十一日	同
	写 本	赏缎子一包
	十二月初一日	重华宫
回 猎 保林		
	二十三日	同
	醒 妓	赏洋钱一个
	四年正月十二日	同乐园
	兴隆会	赏回子荷包二个
	十五日	同
	写 本	纺绸一件
	十六日	同
大宴小宴 张福 汪成		赏荷包一个
	二月初四日	重华宫
	双冠诰	当洋钱一个
	三月初一日	同乐园
	云阳法场	银一两
	十二日	同
三段 征西异传		在第四出饰王禅
	四月初一日	同
杀 惜 沈寿		银五钱
	十八日	同
议 剑 沈秀		赏葛布一个
	二十日	重华宫

二 探 徐瑞	洋钱一个	
九月十五日	同乐园	
陷京杀允	赏银五钱	
十月初十日	同	
九九大庆 三本	赏小荷包一个	

七年二月被裁退，携眷回南，不详所终。

如山

如山唱生，昆弋兼长，嘉庆末食钱粮至二两五钱，其演戏时地及所得赏赐如下：

道光三年四月二十五日	同乐园	
二段 铁旗阵	赏香袋二个	
五月初五日	同	
阐道除邪 二本	赏香袋二个	
又	望瀛洲	
赛龙舟演杠子	赏葛布一个	一两银锞一个
八月初三日	同乐园	
万寿祥开	香串一串	
十二日	同	
九九大庆	赏银五钱	
九月初一日	同	
五段 铁旗阵	银一两	
十月初一日	重华宫	

	怒斩丁香	赏泽绸褂料一件
十二月二十九日		同
	勘问吉平	赏驼绒一个
四年十月初六日		同乐园
	^头段^ 征西异传	回子荷包二个
二十五日		同
	^二段^ 征西异传	在二四五六出饰尉迟宝庆 赏银五钱
四月初一日		同
	怒斩丁香	缫子一卷
二十一日		同
	^六段^ 征西异传	小刀一把
五月初五日		同
	阐道除邪 ^二本^	分钱二百文
二十二日		同
	^七段^ 征西异传	扇一把
七月初一日		同
	^八段^ 征西异传	扇一把
初七日		同
	包公上任	赏增城葛一件
闰七月十五日		同
	^十段^ 征西异传	赏纱褂料一件
八月初八日		同
	九九大庆 ^头本^	银一两
十二日		同
	九九大庆 ^三本^	茧绸半个 又银五钱
九月十五日		同
	^十段^ 征西异传	银五钱

十月初二日	同	
十二段 征西异传	银五钱	
初十日	同	
九九大庆 三本	小荷包一个	
十一日	重华宫	
怒打高童	银五钱	
七年正月初二日	同	
年年康泰	饰将官赏五钱银锞一个	又国王一两银锞一个
十九日	同乐园	
包公罢职	赏缎子一匣	

是岁二月，因南府改制被裁退，携眷回南，不知所终。

沈五福

五福习昆正生，嘉庆末已食至月银二两五钱，其演戏时地及所得赏赐如下：

道光二年十二月十八日	重华宫
倒铜旗	赏洋钱一个
三年三月初六日	同
金主行围	赏银一两
五月初一日	望瀛洲
赛龙舟演效学线偶	得五钱银锞一个
初五日	同乐园

阐道除邪 二本	赏香袋一个 分钱三百五十文	
六月初一日	同	
三段 铁旗阵	扇一把 香袋一个	
九月十七日	重华宫	
六段 铁旗阵	一两银锞一个	
四年三月十二日	祭先农坛回同乐园演	
三段 征西异传	在一二出饰姜兴霸 四五出护山力士 赏荷包二个	
五月二十二日	同乐园	
七段 征西异传	扇子一把	
七月初一日	同	
八段 征西异传	扇一把	
十五日	同	
九段 征西异传	扇一把	
闰七月十五日	同	
十段 征西异传	扇一把 香袋二个	
八月初一日	同	
天开寿域	赏波罗葛一件	
十二日	同	
九九大庆 三本	赏茧绸半个	
十五日	同	
神州会	银五钱	
九月十五日	同	
十一段 征西异传	赏缫子一卷	
十月初八日	同	
九九大庆 头本	银五钱	
初十日	同	

	九九大庆 二本	小荷包一个
	十五日	重华宫
十三段	征西异传	小刀一把
	十二月初一日	同
	倒铜旗	赏泽绸袍料一件
	初八日	同
十四段	征西异传	赏洋钱一个
	三十日	同
	当 酒	赏一两银锞一个

按五福有子得魁及侄孙寿龄，亦皆在内当差，及七年二月初裁退，一同南下，即终老于故乡焉。

得魁

得魁姓沈氏，为沈五福之子，幼从其父习正生，嘉庆末已食钱粮至二两五钱，计演戏时地及所得赏赐如下：

道光三年正月十一日	重华宫
疑 谶	
二十八日	同乐园
洪门寺	因误场被责四十板
五月初一日	望瀛洲
赛龙舟演福禄天长	赏五钱银锞一个
初五日	同
赛龙舟演太平有象	赏茶叶一瓶 手巾一条

	又	同乐园
阐道除邪 二本	香袋一个 分钱三百五十文
六月初一日	同
三段 铁旗阵	赏扇一把 香袋一个
十月二十四日	重华宫
傅廷观山	赏泽绸袍料一件
十一月廿二十二日	同（冬至）
黄竹赋诗	赏洋钱一个
四年正月初一日	同
月下追信	赏银一两
十四日	同乐园
傅廷观山	银一两
三月二十日	同
三段 征西异传	在第六出饰罗通
二十七日	同
四段 征西异传	银一两
五月初五日	同
阐道除邪 二本	分钱二百文
二十二日	同
七段 征西异传	香串一串
六月十五日	同
不第投井 元福	赏波罗葛一件
七月初一日	同
八段 征西异传	扇一把
十五日	同
九段 征西异传	香串一串
闰七月十五日	同

十段 征西异传		纱褂料一件
八日十二日		同
九九大庆 三本		茧绸半个
九月十五日		同
十一段 征西异传		线绉袍料一件
十月初一日		同
商鞅考试		漳绒一件
初九日		同乐园
敬德钓鱼		䩞子一卷
初十日		同
九九大庆 三本		小荷包一个
十一日		重华宫
富贵绵长		银五钱
十五日		同
诱叙别兄 玉簪 张开		赏洋钱一个
十二月二十三日		同
傅廷观山		
七年正月初二日		同
年年康泰	饰贼将	赏一两银锞半个

是岁二月被裁退，偕其父及侄寿龄等，一同附舟南下，后事遂无考。

得庆

得庆不详其姓，习昆生，嘉庆末食月银至二两五钱，其演戏时地及所得赏赐如下：

道光三年三月初一日		同乐园
	神州会	赏银一两
五月初一日		同
	阐道除邪	分钱三百五十文
九月初一日		同
	铁旗阵（五段）	赏回子荷包二个
四年四月二十一日		同
	征西异传（六段）	小刀一把
五月初五日		同
	阐道除邪（二本）	分钱二百文
十五日		同
	逼婚（华南）	香袋二个
二十二日		同
	征西异传（七段）	香串一串
七月初一日		同
	征西异传（八段）	扇一把
十五日		同
	征西异传（九段）	香串一串
八月十五日		同
	神州会	银一两
九月十五日		同
	征西异传（十一段）	银一两
十月初二日		同
	征西异传（十二段）	银五钱

七年二月被裁退，携眷回南，不知所终。

陈双全

陈双全者，习昆正生，其在宫内演戏之时地及所得赏赐如下：

道光三年五月初五日	同乐园	
阐道除邪 二本	赏香袋一个　分钱三百五十文	
十月二十四日	重华宫	
打　子 春喜	赏洋钱一个	
四年正月十二日	同乐园	
兴隆会	赏回子荷包二个	
三月十二日	同	
三段 征西异传	在第五出饰薛青	
十五日	同	
批斩见都 天禄	赏银一两	
二十七日	同	
四段 征西异传	银一两	
四月二十一日	同	
六段 征西异传	小刀一把	
五月二十二日	同	
七段 征西异传	赏香串一串	
七月初一日	同	
八段 征西异传	扇一把	
十五日	同	
九段 征西异传	香串一串	
八月初一日	同	
天开寿域	赏银五钱	
初八日	同	

九九大庆 头本	银一两	
十二日	同	
九九大庆 三本	茧绸半个	
十五日	同	
神州会	银五钱	
十月初二日	同	
征西异传 十二段	银五钱	
七年正月十五日	同	
乐庆春台	饰喜神	赏缕子一包

是岁二月，因南府改制被裁退，遂携眷南下，不知所终。

顺儿

顺儿习正生，与其父多寿，同在府内当差，其演戏时地及所得赏赐如下：

道光三年三月初六日	重华宫
写　本	
五月初五日	同乐园
阐道除邪 二本	赏手巾一条
八月十二日	同
九九大庆 三本	赏银一两
四年三月十五日	同
傅廷观山	赏银一两
十七日	同
百子呈祥　螽斯衍庆	赏增城葛一个

八月十二日	同
九九大庆 三本	赏银五钱

七年二月被裁退，父子俱南下，后事遂无考。

生儿

生儿为昆末天禄之子，习昆腔正生兼小生，计演戏时地及其所得赏赐如下：

道光三年七月初七日	同乐园
观 画 福寿	
四年五月初五日	同
阐道除邪 二本	分赏钱二百文
十七日	同
百子呈祥 螽斯衍庆	赏香串一串
八月初八日	同
九九大庆 头本	赏银一两
十二日	同
九九大庆 三本	银五钱
十二月初八日	重华宫
泼 水 松年	赏银五钱
十八日	同
反 诳 松龄	赏洋钱一个

七年二月被裁退，随家属南下，不知所终。

招林

招林姓刘氏，为刘云祥之子，以嘉庆十九年甲戌，生于南府官舍；幼习正生，年十岁即挑选差事，道光三年六月初一日见帝于同乐园中，赏月银一两，白米五口，其演戏时地及赏赐如下：

三年八月初八日	同乐园	
缑山控鹤	饰仙童	赏银五钱
四年五月初五日	同	
阐道除邪 二本	赏手巾一条	
二十二日	同	
侠 试	扇一把 香袋一个	
八月十二日	同	
九九大庆	分钱一百五十文	
十月初一日	重华宫	
访 普	赏洋钱一个	
十二月三十日	同	
疑 谶		

七年二月被裁退，与其父俱返原籍，不知所终。

陆得明

得明为总管陆福寿之季子，以嘉庆二十一年丙子，生于南府官舍；五六岁习艺为正生，道光三年六月，挑选入府，赏食月银一两，白米五口，自后之演戏时地及所得赏赐如下：

四年七月初一日	同乐园
牧羊	赏银一两
闰七月初一日	同
三挡	赏加月银一两共食二两之数
八月十二日	同
九九大庆	分钱一百五十文
十二月初一日	重华宫
议剑	赏一两银锞一个
七年正月初一日	同
议剑 永泰	

是岁二月被裁退，偕其父兄，一并回江苏原籍，遂老于乡里而不返矣。

得福

得福为万喜之子，以嘉庆二十年乙亥，生于南府官舍；道光三年六月初一日，用正生挑选入府，赏月银一两，白米五口，其演戏时地及所得赏赐如下：

四年五月十七日	同乐园
百子呈祥 螽斯衍庆	当夏布一个 香串一串
八月十二日	同
九九大庆 三本	分钱一百五十文
十二月十五日	重华宫
卸甲 顺喜	赏洋钱一个
七年正月十九日	同乐园
闹界求灯 得儿	赏泽绸一件

是岁二月被裁退，随其父附舟南下，后事遂无考。

七猫

七猫为外学首领寿喜之侄，嘉庆二十年乙亥，生于南府官舍；幼习昆生，九岁入府，道光三年六月初一日见宣宗于同乐园中，赏月银一两，白米五口，其演戏时地及所得赏赐如下：

三年八初八日	同乐园
缑山控鹤	饰仙童　赏银五钱
四年四月十五日	同
吃　茶	赏加月银一两共二两之数
五月初五日	同
闸道除邪 头本	赏手巾一条
八月十二日	同
九九大庆 三本	分钱一百五十文
十五日	同
神州会	荷包二个
十二月二十三日	重华宫
追　信	

七年二月被裁退，随父回南，后事无考。

得立

得立为武生永寿之子，以嘉庆二十一年丙子，生于南府官舍；幼习昆生，道光三年六月初一日，引见于同乐园中，赏月银一两，白米五口，其演戏时地及所得赏赐如下：

三年八月初八日	同乐园	
缑山控鹤	饰仙童	赏银五钱
四年三月初一日	同	
六国封相	赏绫子一个	
五月初一日	同	
封　相	赏波罗葛一个	
初五日	同	
阐道除邪 二本	赏手巾一条	
十七日	同	
百子呈祥　螽斯衍庆	赏夏布一个	又香串一串
七月十五日	同	
达摩渡江	赏银一两	扇一把
八月十二日	同	
九九大庆	分钱一百五十文	
十五日	同	
神州会	赏荷包二个	
十月初八日	同	
六国封相	赏银一两	

七年二月，因南府改制被裁退，随其父返苏，后遂不知所终。

套住

套住姓唐氏，为唐三之子，嘉庆二十三年戊寅，生于南府官舍；年六岁即以昆生挑选入府，道光三年六月初一日，引见于同乐园中，赏月银一两，白米五口，其演戏时地及赏赐如下：

  三年八月初八日 同乐园
    缑山控鹤 饰仙童 赏银五钱
  四年五月初五日 同
    阐道除邪 二本 分钱五十文
  闰七月十五日 同
    假　癫 赏加月银一两共食二两之数
  八月十二日 同
    九九大庆 分钱一百五十文
  十二月初八日 重华宫
    封　相 赏一两银锞一个

七年二月被裁退，随其父回南，不知所终。

武生

陆福寿

  陆福寿习武生，嘉庆末已渐擢至外学总管，等级与如喜同，共掌管外三学一切事宜，或时上场，则必受重赏，计承应时地及所得恩赐如下：

  道光二年十一月十五日 重华宫
    蜈蚣岭 赏袍料一件

	预颁端阳节	赏同如喜之数（见如喜传内）
	五月初一日	同乐园
	阐道除邪	赏同如喜之数
	七月初一日	同
	八佾舞虞廷	赏同如喜之数
	八月初十日	
	万寿行礼	赏与如喜同
	十二日	同
	九九大庆	赏与如喜同
	十月初十日	敷春堂
	皇太后万寿行礼	赏同如喜之数
	十二月初一日	重华宫
	显魂杀嫂	赏表一个 朝珠一盘 又分永祥当利钱八贯
四年正月十六日		同乐园
	飞云浦 鸳鸯楼	赏线绉袍褂料二件
	四月二十七日	同
	端阳节	赏与三年同而多扇五柄
	五月初五日	同
	阐道除邪	赏蓝色大卷纱一匹
	八月初十日	同
	九九大庆	赏大卷江绸袍料一件

　　七年二月，南府改制，将民籍人等，悉行裁退，福寿亦携其二子得升得明，及阖家眷口回南。得升以嗓败，改习场面，后再至京师，以咸丰六年，复行入署，同治二载十二月二十日卒，嗣绝，故其后遂无闻以。

如意

如意为食三两学生,初唱小旦,以道光二年十二月十四日,由永得送知会,令改演武生,计前后承应时地及赏赐如下:

道光二年十一月十五日	重华宫
懒妇烧锅　增福(旦)	
十二月二十三日	同
混元阵　改武生	赏小刀一把　银锞一张
三年三月十五日	同
蜈蚣岭	赏银一两
五月初一日	望瀛洲
赛龙舟演八角鼓	赏五钱银锞一个
初五日	同乐园
阐道除邪 二本	赏香袋二个
又	望瀛洲
赛龙舟演杠子	赏葛布一个　一两银锞一个
六月初一日	同乐园
三段 铁旗阵	赏扇一把　香袋一个
十五日	同
飞云浦　鸳鸯楼	赏纱袍料一件
八月十二日	同
九九大庆	赏银五钱
十五日	同
天香庆节	五钱银锞一个
九月初一日	同
五段 铁旗阵	银一两

十月十五日		重华宫
	十字坡	赏貂皮一张　洋钱一个
十一月二十二日		同
	飞云浦　鸳鸯楼	银一两　缨子一匣
二十九日		同
	⁽末段⁾铁旗阵	小刀一把
四年正月初九日		同
	蜈蚣岭	耷耷一个
二月初六日		同乐园
	⁽头段⁾征西异传	回子荷包二个
二十五日		同
	⁽二段⁾征西异传	在二四五六出饰秦怀玉　赏银五钱
四月十五日		同
	显魂杀嫂	赏纱袍料一件
十八日		原食二两五钱至是加五钱共食三两之数
五月初五日		同
	闯道除邪⁽二本⁾	分钱二百文
二十二日		同
	⁽七段⁾征西异传	扇一把
六月十五日		同
	被劫复恨　寿官	赏波罗葛一件　银一两
七月初一日		同
	⁽八段⁾征西异传	扇一把
初七日		同
	曹庄劝妻　董明耀　玉簪	赏波罗葛一件
十五日		同
	⁽九段⁾征西异传	香串一串
闰七月十五日		同

征西异传 _{十段}	扇一把 香袋二个	
八月初八日	同	
九九大庆 _{头本}	银五钱	
十二日	同	
九九大庆 _{三本}	茧绸半个 又银五钱	
九月十五日	同	
征西异传 _{十一段}	银五钱	
十月初二日	同	
征西异传 _{十二段}	银五钱	
初八日	同	
十字坡 顺心	线绸袍料一件	
初十日	同	
九九大庆 _{三本}	小荷包一个	
七年正月初二日	重华宫	
显魂杀嫂	赏酱色硾绸一件	
天官祝福	饰福神 赏一两银锞一个	
年年康泰	饰国王 赏一两银锞一个	
十六日	同乐园	
混元阵	赏缕子一卷	
十九日	同	
飞云浦 贺鸯楼 寿官	赏酱色线绸袍料一件	

是岁二月被裁退，携眷回南，不知所终。

永寿

永寿习武生，为内学教习长贵之子，嘉庆末食钱粮至二两五钱，其演戏时地及所得赏赐如下：

道光二年十二月二十九日	重华宫
显魂杀嫂	赏洋钱一个
三年五月初一日	望瀛洲
赛龙舟演把势卖艺	赏茶叶一瓶
初五日	同乐园
阐道除邪 二本	赏香袋一个　分钱三百五十文
七月初一日	同
铁旗阵 四段	赏香串一串　手巾一条
八月初三日	同
万寿祥开	香串一串
十二日	同
九九大庆	赏银五钱
四年二月初六日	同
征西异传 头段	赏回子荷包子二个
二十五日	同
征西异传 二段	在第三五六出饰杨方
四月二十一日	同
怒打桃园　喜庆　寿官	赏深色葛一个
五月初五日	同
阐道除邪 二本	扇一把　香袋二个
二十二日	同
征西异传 七段	香串一串
六月十五日	同
别母乱箭　董明耀	赏实地纱一件　手巾一条
七月初一日	同

⁽⁸⁾段 征西异传	扇一把	
初七日	同	
打虎	赏波罗葛一件	
十五日	同	
⁽⁹⁾段 征西异传	香串一串	
八月初一日	同	
天开寿域	赏纱褂料一件	
初八日	同	
九九大庆 ⁽头本⁾	银五钱	
十二日	同	
九九大庆 ⁽三本⁾	茧绸半个	
九月十五日	同	
⁽十一⁾段 征西异传	银五钱	
十月初二日	同	
⁽十二⁾段 征西异传	银五钱	
十二月十七日	重华宫	
⁽十五⁾段 征西异传	一两银锞一个	
十八日	同	
激秦三挡	一两银锞一个	
七年正月初一日	同	
怒打桃园 喜庆 寿官	赏洋钱一个	
初二日	同	
年年康泰	饰将官及国王	赏一两及五钱银锞各一个

按永寿尚有子名得立，系于道光三年六月挑选入署者，祖孙三代，同时供奉，亦属难得之事，不幸于是岁二月，因南府改制，被裁退，俱附舟南下，后遂不知所终。

末

天禄

天禄习末,其姓不详;嘉庆末,所食钱粮,已增至月银三两,计演戏时地及所得赏赐如下:

道光三年五月初五日	同乐园	
阐道除邪 二本	赏手巾一条 分钱四百文	
七月初七日	同	
前 索 华南		
十二月二十三日	重华宫	
遣青杀德 幡绰	赏五钱银锞一个	
四年正月十九日	同乐园	
破 谋 幡绰	赏荷包二个	
二月初四日	重华宫	
双冠诰	赏洋钱一个	
二十五日	同乐园	
二段 征西异传	在第四出中饰报子	
三月十五日	同	
批斩见都 陈双全		
收罗成	银	
换监代戮	赏增城葛一件	
七月初一日	同	
八段 征西异传	扇子一把	
十月初十日	同	
九九大庆 三本	赏小荷包一个	

十二月初一日	重华宫	
后 索_{潘五}	小刀一把	
七年正月初一日	同	
打 差_{张福}		
十五日	同乐园	
乐庆春台	饰喜神 赏缑子一包	

是岁二月被裁退，携眷回南，后事今无考。

顺喜

顺喜为钮彩之子，以嘉庆十九年甲戌，生于南府官舍；年五六岁，即学艺为昆末，道光三年六月初一日，挑选入内，引见于同乐园中，赏月银一两，白米五口，其演戏时地及所得赏赐则如下列：

四年四月初十日	祭围兵坛回同乐园演
送 杯	赏雷葛一件
五月初五日	同乐园
阐道除邪_{二本}	分钱五十文
十七日	同
百子呈祥 螽斯衍庆	赏夏布一个
八月十二日	同
九九大庆	分钱一百五十文
十二月十五日	重华宫
卸 甲_{得福}	赏洋钱一个

七年二月被裁退，随其父回南，后遂不知所终。

小生

玉喜

玉喜习小生，嘉庆末已食至三两钱粮，其演戏时地及所得赏赐如下：

道光三年二月十三日	重华宫
逼婚	
五月初一日	望瀛洲
赛龙舟演把势卖艺	赏茶叶一瓶
初五日	同
赛龙舟演太平有象	赏茶叶一瓶　手巾一条
又	同乐园
阐道除邪 二本	钱四百文
八月初三日	同
万寿祥开	赏香袋一个　香串一串
十二月初八日	重华宫
交账送礼 喜庆	赏银五钱
四年正月十二日	同乐园
兴隆会	赏回子荷包二个
三月十二日	同
三段 征西异传	在第四第五出中饰薛丁山　赏荷包二个
二十七日	同
四段 征西异传	银五钱
四月初十日	同
五段 征西异传	漆纱一件

五月初一日	同	
阐道除邪 头本	深色葛一个	
初五日	同	
阐道除邪 二本	扇一把	香袋二件
七月初一日	同	
八段 征西异传	增城葛一条	
十五日	同	
九段 征西异传	大卷胶纱一件	
闰七月十五日	同	
十段 征西异传	波罗葛一件	
八月初十日	同	
九九大庆 三本	茧绸半个	
十五日	同	
神州会	银五钱	
十月初十日	同	
九九大庆 三本	小荷包一个	
十二月初八日	重华宫	
十四段 征西异传	五钱银锞一个	
十七日	同	
十五段 征西异传	一两银锞一个	

七年二月，因南府改制被裁退，携眷回南，不知所终。

春福

春福习小生，有子保麟，亦在内当差，嘉庆末已食月俸至三两，其演戏时地及所得赏赐如下：

道光二年十二月三十日　　重华宫
　　　扯本监放
三年五月初一日　　　　　望瀛洲
赛龙舟演福禄天长　　　　赏五钱银锞一个
　　　初五日　　　　　　同乐园
阐道除邪二本　　　　　　分钱三百五十文
八月十二日　　　　　　　同
四年正月十四日　　　　　同
　　　扯本监放　　　　　赏银一两
五月初五日　　　　　　　同
阐道除邪二本　　　　　　扇一把　香串一串
七年正月十五日　　　　　同
　　　乐庆春台　饰喜神　赏缕子一包

是岁二月被裁退，携眷回南，后遂终于乡里。

汪成

汪成习小生，嘉庆末食月银至二两五钱，其演戏时地及所得赏赐如下：

道光二年十二月十七日　　重华宫
　　　看　状
三年正月十一日　　　　　同
　　　小　宴
四月十五日　　　　　　　同乐园

卖 兴 周寿	
五月初一日	望瀛洲
赛龙舟演设法取水	赏茶叶一瓶
初五日	同乐园
闸过除邪 二本	分钱一百文
九月十五日	驾由西陵回重华宫演
龙凤呈祥	赏三钱银锞一个
十月二十日	重华宫
见 娘	洋钱一个
十一月二十一日	祭圜丘坛回重华宫演
断 桥 喜庆	赏洋钱一个
四年十月十五日	重华宫
征西异传 十三段	赏小刀一把
十二月初一日	同
倒铜旗 沈五福	洋钱一个
三十日	同
梳妆掷戟 玉福	赏硖绸一个
七年正月初二日	同
对刀步战 潘五	赏石青江绸袍料一件

是岁二月被裁退，携眷回籍，不详所终。

华南

华南习小生兼旦，嘉庆末已食钱粮至二两五钱，其演戏时地及所得赏赐如下：

道光三年五月初五日　　同乐园

阐道除邪 二本　　分钱三百五十文

七月初七日　　同

前　索 天禄

九月初一日　　同

五段 铁旗阵　　赏回子荷包二个

四年正月十二日　　同

兴隆会　　回子荷包二个

二月初六日　　同

头段 征西异传　　回子荷包二个

二十五日　　同

二段 征西异传　　在一四五出饰薛仁贵　赏小刀一把

三月十二日　　同

三段 征西异传　　饰薛仁贵　赏纺绸一件

十五日　　同

小　逼 姚二　　赏银五钱

四月二十一日　　同

劈　棺 倪四官　　赏胶纱一件

收罗成　　银

逼　婚　　扇子一把　香袋二个

二十二日　　同

七段 征西异传　　手巾一条

七月初一日　　同

八段 征西异传　　增城葛一件

十五日　　同

九段 征西异传　　本色葛一件

闰七月十五日　　同

十段 征西异传　　扇一把　香袋二个

	八月十二日	同
九九大庆 三本		茧绸半个
	九月十五日	同
十一段 征西异传		缕子一卷
	十月初二日	同
十二段 征西异传		泽绸一件
	十五日	重华宫
十三段 征西异传		洋钱一个
	十二月初八日	同
十四段 征西异传		洋钱一个
	十七日	同
十五段 征西异传		泽绸袍料一件
	七年正月初二日	同
	天官祝福	饰绸神　赏洋钱一个
	年年康泰	饰贼将　赏一两银锞半个
	十五日	同乐园
	乐庆春台	饰喜神　赏缕子一包

是岁二月被裁退，携眷回南，余事遂无考。

三喜

三喜习小生，嘉庆末年，食月俸至二两五钱，其演戏时地及所得赏赐如下：

道光三年五月初五日　　望瀛洲
赛龙舟演杠子　　赏葛布一个　一两银锞一个

又	同乐园	
阐道除邪 二本	分钱二百五十文	
七月初七日	同	
访 素		
八月十二日	同	
九九大庆	银五钱	
四年三月十二日	同	
三段 征西异传	一二出饰将官六出饰薛丁山	
五月二十二日	同	
七段 征西异传	赏香串一串	
七月初一日	同	
八段 征西异传	扇一把	
八月初八日	同	
九九大庆 头段	银一两	
十二日	同	
九九大庆 三本	银一两	
十五日	同	
祥云捧月　神州会	纺绸一件	银一两五钱
十月初二日	同	
十二段 征西异传	银五钱	
十五日	重华宫	
万花献寿	小刀一把	
七年正月初二日	同	
年年康泰	饰贼将	赏一两银锞半个

是岁二月南府改制，被裁退，携眷回南，不知所终。

春喜

春喜习小生，嘉庆末食月俸至二两五钱，其演戏时地及所得赏赐如下：

道光三年正月初二日	重华宫
讲书落园　沈秀	
五月初五日	同乐园
阐道除邪（二本）	分钱二百五十文
十月二十四日	重华宫
打子　陈双全	赏银五钱
四年正月十六日	同乐园
打棍出箱　钮彩	赏小刀一把
七月初一日	同
征西异传（八段）	赏香串一串
八月十五日	同
神州会	银五钱
十二月初一日	重华宫
交账送礼　喜瑞	赏洋钱一个

七年二月被裁退，携眷回南，不详所终。

张景元

景元习小生，其演戏时地及所得赏赐如下：

道光三年五月初五日	同乐园

阐道除邪 二本		分钱三百五十文
十二月二十九日		重华宫
独 占 百庆		赏回子荷包二个
四年正月十四日		同乐园
酒 楼 幡绰		赏荷包二个
二月二十五日		同
二段 征西异传		在一二四五六出中饰将官
三月十二日		同
三段 征西异传		在一二出中饰将官
五月初五日		同
阐道除邪 二本		分钱二百文
七月初一日		同
八段 征西异传		赏香串一串
十五日		同
九段 征西异传		香串一串
闰七月十五日		同
十段 征西异传		扇一把 香袋二个
九月十五日		同
十一段 征西异传		缥子一卷
十月十五日		重华宫
十三段 征西异传		小刀一把
七年正月初二日		同
年年康泰	饰将官	赏五钱银锞一个

是岁二月，因南府改制被裁退，携家属回南，后事遂无考矣。

百福

百福习小生，各色兼工，艺称上选，其能演之戏甚多，计承应时地及所得赏赐如下：

道光二年十二月初一日	重华宫	
六国封相	赏五钱银锞一两	
三年十月初一日	同	
亭　会　小延寿	赏五钱银锞一个	
五月初一日	望瀛洲	
赛龙舟演瑞雨禾丰	赏五钱银锞一个	
初五日	同	
演瑞雨禾丰	赏五钱银锞一个	
又	同乐园	
阐道除邪二本	分钱一百文	
七月初七日	同	
琴　挑　延　寿		
八月十二日	同	
九九大庆	银一两	
十一月二十二日	重华宫	
藏　舟　胡金生	赏三钱银锞一个	
十二月初一日	同	
错梦	洋钱一个	
四年二月十五日	同乐园	
卖兴	银五钱	
三月初一日	同	
猜书		
五月二十二日	同	

寄柬		扇一把
七月初七日		同
园会	小延寿	扇一把
八月初一日		同
梳妆掷戟	小延寿 隆寿	赏银五钱
十二日		同
九九大庆 三本		银五钱
十二月二十九日		重华宫
乔醋		赏洋钱一个

七年二月被裁退，附舟南下，后事无考。

海寿

海寿习昆腔小生，其演戏时地及所得赏赐如下：

道光三年五月初五日	同乐园
阐道除邪 二本	赏香袋一个
八月十二日	同
九九大庆 三本	赏银一个
四年五月初五日	同
阐道除邪 二本	分钱五十文
八月十二日	同
九九大庆 三本	银五钱
十月初二日	同
访素	赏绫子一件
七年正月初一日	重华宫
亭会 胡金生	

是岁二月被裁退，附舟南下，不详所终。

双喜

双喜姓朱氏，为走场朱福之子，幼习小生，随其父在内供职，计其演戏时地及所得赏赐如下：

道光三年五月初一日	望瀛洲
赛龙舟演瑞雨禾丰	赏五钱银锞及香袋各一
初五日	同
演瑞雨禾丰	赏五钱银锞一个
又	同乐园
阐道除邪 二本	分钱一百文
七月十五日	同
廊 会 胡金生	赏香串一串
八月十二日	同
九九大庆	赏银一两
七年正月初一日	重华宫
宫花报喜	

是岁二月被裁退，附粮舟南下，后遂不知所终。

保麟

保麟为春福之子，幼随其父在南府习艺，为昆腔小生，承应时地及所得赏赐如下：

道光三年五月初五日	同乐园
阐道除邪 二本	分钱二百文
十二月初一日	重华宫
回　猎 祥庆	
四年正月初九日	同
梳妆掷戟 喜庆	赏银五钱
二月十五日	同乐园
赶　车	
二十五日	同
二段 征西异传	在一二四五六出饰将官
三月十二日	同
三段 征西异传	在一二出饰将官四出饰清风六出饰秦梦
五月初五日	同
阐道除邪 二本	分钱二百文
二十二	同
七段 征西异传	赏扇一把
七月初一日	同
八段 征西异传	扇一把
九月十五日	同
回　猎	赏银一两
七年正月初一日	重华宫
起　布	

是岁二月，因南府改制被裁退，附舟南下，不详所终。

福寿

福寿不详其姓，习小生，其演戏时地及所得赏赐如下：

道光三年五月初一日	望瀛洲
赛龙舟演躲端五儿	分钱一贯
七月初七日	同乐园
观　画（生儿）	
四年五月初五日	同
阐道除邪 二本	分钱一百五十文
十七日	同
百子呈祥　螽斯衍庆	赏夏布一个
八月十二日	同
九九大庆 三本	赏银五钱

七年二月被裁退，附舟南下，后事无考。

寿龄

寿龄姓沈氏，为沈五福之侄孙，以嘉庆十九年甲戌，生于南府官舍；年五六岁，即习艺为小生，十岁挑差事，道光三年六月初一日，引见于同乐园中，赏月银一两，白米五口，其演戏时地及所得赏赐如下：

三年十二月二十三日	重华宫
琴　挑 小延寿	赏银鼠二张
四年五月初五日	同乐园

阐道除邪 二本		赏手巾一条
六月十五日		同
扫花三醉 小延寿		赏银五钱
八月十二日		同
九九大庆		分钱一百五十文
十五日		同
神州会		荷包二个
十二月十七日		重华宫
回　猎		赏加月银一两共食二两
七年正月初一日		同
琴　挑 迎喜		

是岁二月被裁退，随家人回南，后事遂无考。

老旦

如喜

如喜唱正旦兼老旦，嘉庆间已擢升至外学七品总管，管理外三学一切事务，遇岁时令节，万寿庆典，则只行礼视事，不必上演，而所得赏赐乃可与南府内学总管均等，计其恩赏与所演之戏，有如下列：

道光二年十二月十五日		重华宫
刘氏望乡		赏袍料一件
三年四月二十五日		同

预颁端阳节	赏大卷纱一匹　小卷纱一匹　波罗葛一件　祁阳葛一件　香袋五个　甜香珠三串　线络香珠一匣　又一串甜香宫佩五个
五月初一日	望瀛洲
赛龙舟	
又	同乐园
阐道除邪	赏酱色纱袍料一件　石青纱褂料一件
七月初一日	同
八佾舞虞廷	赏小刀子一把　香串一串　手巾一条　又肉一盘
八月初十日	同
万寿行礼	赏江绸袍料一件　春绸一件
十二日	同
九九大庆_{三本}	赏五丝缎袍料一件
十月初十日	敷春堂
皇太后万寿行礼	赏袍褂料二件
十二月初一日	重华宫
花园盟誓	赏八丝缎袍料一件　又分永祥当利钱八贯
四年正月十五日	同乐园
文姬归汉	赏线绉袍料一件
四月二十七日	同
端阳	赏如三年之数而多扇五柄
五月初五日	同
阐道除邪	赏蓝色大卷纱一匹
八月初十日	同
九九大庆	赏大卷江绸袍料一件

七年二月，宣宗下谕将南府改名曰升平署，民籍人等，一律裁撤，给资遣回苏扬，如喜以三朝旧臣，亦无法挽回天意，不获已，乃携其子成林，及阖家眷口，附粮艘南下，终老故乡，得正首丘，亦皇恩之至厚者，其后事则不可知矣。

元福

元福唱老旦，昆弋兼长；嘉庆末已增至月俸三两，其演戏时地及所得赏赐如下：

道光二年十二月二十九日		重华宫
	探监法场 董明耀	赏五钱银锞一个
三年二月初九日		同
	长板坡	赏洋钱一个
五月初一日		望瀛洲
	赛龙舟演躲端午儿分	赏钱一贯
初五日		同乐园
	阐道除邪 二本	分赏钱二百五十文
十月初一日		重华宫
	宫花报春	赏洋钱一个
四年三月十二日		同乐园
	三段 征西异传	在第五出中饰柳氏
四月十八日		同
	苦过滑油	赏深色葛一件
五月初五日		同
	阐道除邪 二本	分赏钱二百文

十七日	同
百子呈祥　螽斯衍庆	赏扇一把
十月初二日	同
刘氏望乡	赏银一两

道光七年二月，南府改制，民籍人等，一律遣回原籍，后遂不知所终。

祥安

祥安习老旦，其演戏时地及所得赏赐如下：

道光三年五月初五日	同乐园
阐道除邪 二本	分钱三百五十文
十一月十五日	重华宫
思饭羊肚　幡绰	赏牙签套二个
四年五月二十二日	同乐园
七段 征西异传	赏香串一串
七月初一日	同
八段 征西异传	香串一串
八月初八日	同
九九大庆 头本	赏银一两
十月初二日	同
十二段 征西异传	赏银五钱

七年二月被裁退，携眷回籍，后遂不详所终。

旦

长寿

长寿习正旦,为南府外学八品首领,除管事以外,仍不时上场,计演戏时地及所得赏赐如下:

道光三年三月初六日	重华宫
金主行围	饰麻克新　赏银鼠一张
四月二十五日	同
预颁端阳节	小卷纱波罗麻一件　扇子二柄　香袋二个　甜香珠一串　线络香珠四串　甜香宫佩二个
五月初一日	同乐园
阐道除邪	赏月白纱袍料一件
初五日	同
阐道除邪 二本	赏石青纱褂料一件
八月初十日	同
万寿行礼	赏江绸袍料一件
十五日	同
天香庆节	酱色江绸袍料一件
十月初十日	敷春堂
太后万寿行礼	赏袍料一件
十一日	同乐园
九九大庆 三本	春绸一件
二十四日	重华宫
相梁　刺梁	泽绸一件

四年正月十五日	同乐园
哑老驮妻	线绉袍料褂料二个
三月十五日	同
刺　虎	纺绸一件
四月二十七日	同
端阳节	赏与去年同
五月初日	同
阐道除邪 二本	酱色大卷纱一匹
十月初八日	同
九九大庆	小荷包一对
七年正月初二日	重华宫
打　棍	赏漳绒一件

是岁二月，因南府改制被裁退，携眷回南，后事遂无考。

玉福

玉福习小旦，嘉庆末已为官职学生，食月俸四两，其演戏时地及所得赏赐如下：

道光二年十二月初八日	重华宫
盗　令	
三年二月初一日	同
瑶　台	
三月初一日	同乐园
神州会	赏荷包一对
初六日	重华宫

	金主行围	饰麻克新　赏银鼠一张
五月初一日	同乐园
	阐道除邪	赏漆纱袍料一件
初五日	同
	阐道除邪 三本	赏葛布一个
七月初一日	同
	八佾舞虞廷	饰佾士　赏手巾一条　香串一串
八月初三日	同
	万寿祥开	香串一串　香袋一个
十二日	同
	九九大庆	赏纺绸一件
十五日	同
	天香庆节	赏五钱银锞一个
九月十七日	同
	六段 铁旗阵	赏一两银锞一个
十月十一日	同
	九九大庆 三本	赏线绉挂料一件
二十日	重华宫
	九段 铁旗阵	春绸一件
十一月初一日	同
	十段 铁旗阵	银鼠一张　牙签套二个
十二月初一日	同
	十一段 铁旗阵	赏刮鳔代二个
四年二月初四日	同
	瑶　台	银五钱
四月二十一日	同乐园
	六段 征西异传	小刀一把
五月初五日	同

阐道除邪 二本	赏红小卷纱一件
二十二日	同
征西异传 七段	扇一把
七月初一日	同
征西异传 八段	香串一串
十五日	同
征西异传 九段	香串一串
八月初一日	同
天开寿域	赏波罗葛一件
十二日	同
九九大庆 三本	绫子一个
九月十五日	同
征西异传 十一段	银五钱
十月初一日	重华宫
点将	赏石青绸褂料一件
初八日	同乐园
九九大庆 头本	银五钱
十二月三十日	重华宫
梳妆掷戟 汪成	赏硪绸一个

七年二月被裁退，携眷回南，不详所终。

兰香

兰香习正旦，盖为于乾隆末入宫者，嘉庆间已擢至官职学生，其演戏时地及所得赏赐如下：

道光二年十二月十七日	重华宫	
杀解		
二十三日	同	
混元阵	赏小刀一把	银鼠一张
三年三月初一日	同乐园	
神州会	荷包一对	
初六日	重华宫	
金主行围	在内饰麻克新	赏银鼠一张
五月初一日	同乐园	
阐道除邪	赏漆纱袍料一件	
七月初一日	同	
八佾舞虞廷	饰佾士 得手巾一条	香串一串
八月初三日	同	
万寿祥开	银五钱	
十五日	同	
天香庆节	小荷包一个	
十月十一日	同	
九九大庆 三本	赏春绸一件	
十二日	重华宫	
八段 铁旗阵	银一两	
二十日	同	
九段 铁旗阵	春绸一件	
十一月初一日	同	
十段 铁旗阵	赏银鼠一张	牙签套一个
四年二月二十五日	同乐园	
二段 征西异传	在一二出饰军士四出饰小军	
三月十二日	同	

三段 征西异传	一二出饰军士五六同	
二十七日	驾由香山回同乐园演	
杀 解	赏绸手巾一条	
四月二十一日	同乐园	
六段 征西异传	赏小刀一把	
五月二十二日	祭地坛回同乐园演	
七段 征西异传	赏扇子一把	
七月初一日	同乐园	
八段 征西异传	香串一串	
初七日	同	
昭君出塞	赏实地纱一件	
十五日	同	
九段 征西异传	香串一串	
八月初一日	同	
天开寿域	赏波罗葛一件	
九月十五日	同	
十一段 征西异传	银五钱	
十月初九日	同	
阵 产	泽绸一件	
十五日	同	
转杀四门 周双喜	酱色缎袍料一件	
七年正月十六日	同	
混元阵	赏紫氆氇一个	

是岁二月，南府改制，被裁退，携眷属回南，后遂不详所终。

四喜

四喜习正旦，嘉庆末已食月银至三两，其演戏时地及所得赏赐如下：

道光二年十二月二十三日	重华宫
混元阵	赏小刀一把　银鼠一张
三年三月初六日	同
金主行围	饰麻克新　赏银鼠一张
八月初三日	同
万寿祥开	赏香袋一个　香串一串
十五日	同
天香庆节	小荷包一个
十月十一日	同
九九大庆 三本	小刀一把
十一月初一日	同
十段 铁旗阵	赏洋钱一个
十二月二十九日	同
相约讨钗	赏银鼠一张　银五钱
四年正月十五日	同乐园
刺汤	赏钱五钱
四月二十一日	同
六段 征西异传	小刀一把
五月初五日	同
阐道除邪 二本	赏胶纱一件
七月十五日	同
九段 征西异传	香串一串
九月初二日	同

借　扇	赏银一两
七年正月十六日	同
混元阵	赏石青鐟氇一个

是岁二月被裁退，附舟南下，后事遂无考。

倪四官

四官习正旦，嘉庆末已食月俸至三两钱粮，其演戏时地及所得赏赐有如下列：

道光三年十月初一日	重华宫
说亲回话　大　庆	赏一两银锞一个
十一月十五日	同
水　斗　邹桂官	赏石青褂料一件
十二月二十三日	同
剪卖发	银五钱
四年正月十六日	同乐园
水　斗　邹闹官	赏纺绸一件
二月初四日	同
双冠诰	银五钱
四月初一日	同
说亲回话　姚二官	赏花绸手巾一条　缫子一卷
二十一日	同
做　亲　华　南	胶纱一件
七月初一日	同

八段征西异传	扇一把
十五日	同
九段征西异传	花机纱一件
闰七月十五日	同
十段征西异传	扇一把　香袋二个
九月十五日	同
十一段征西异传	绫子一件
十月初二日	同
十二段征西异传	縩子一卷
十五日	重华宫
十三段征西异传	小刀一把
十二月七五日	同
说亲回话　大庆	洋钱一个
十七日	同
十五段征西异传	一两银锞一个

七年二月被裁退，携眷回南，不知所终。

玉簪

玉簪不详其姓，习昆旦，文武俱精，计所演之戏与其赏赐有如下列：

道光三年三月初一日	同乐园
神州会	赏荷包一对
五月初五日	同
阐道除邪 二本	赏一两银锞一个

八月十五日	同	
天香庆节	五钱银锞一个	
十一月二十一日	重华宫	
翰卿投水 钮 彩	赏洋钱一个	
十二月二十九日	同	
末段铁旗阵	赏小刀一把	
四年三月十二日	同	
三段征西异传	在第五出饰薛金莲	
四月初一日	同	
排风打棍 彩 凤	赏花手巾一条	
五月初五日	同	
阐道除邪 二本	扇一把 香袋二个	
七月初一日	同	
八段征西异传	扇一把	
初七日	同	
曹庄劝妻 董明耀 如意	扇一把	
十五日	同	
九段征西异传	赏花机纱一件	
闰七月十五日	同乐园	
十段征西异传	扇一把 香袋二个	
八月初一日	同	
天开寿域	纱褂料一件	
九月十五日	同	
十一段征西异传	绫子一件	
十月初二日	同	
十二段征西异传	缥子一卷	
十五日	重华宫	

诱叔别兄	得魁 张开	银五钱
十三段 征西异传		小刀一把
十二月十七日		同
十五段 征西异传		赏洋钱一个

七年二月被裁退，携眷回南，不详所终。

松年

松年其姓不详，习昆腔正旦，能戏至广博，计所演时地与赏赐如下：

道光三年三月初一日		同乐园
跌 包	小延寿	
二十八日		同
痴 梦		
四月二十五日		同
荣 归	小延寿	
五月初五日		同
阐道除邪 二本		赏一两银锞一个
六月初一日		同
认 子		赏手巾一条 香袋一个
十月十五日		重华宫
阳 告		赏荷包二个
四年正月初九日		同
痴 梦		银一两
二月二十五日		同乐园
养 子		赏荷包二个

　　　　五月初五日　　　　　同
　　　　阐道除邪 二本　　　赏扇一把　香袋二个
　　　　十五日　　　　　　同
　　　　　　阴　告　　　　赏手巾一条　香串一串
　　　　十七日　　　　　　同
　　　百子呈祥　螽斯衍庆　赏夏布一个
　　　　九月初二日　　　　同
　　　　　　羞　父
　　　　十二月初八日　　　重华宫
　　　　泼　水 生儿　　　赏五钱银锞一个

七年二月被裁退，携眷南下，后事遂无考。

徐瑞

　　徐瑞习正旦，入府年较深，故每与祥庆合演，计其承应时地及所得赏赐如下：

　　　　道光三年二月初一日　重华宫
　　　　　二　探 祥庆
　　　　四月十五日　　　　同乐园
　　　　出罪府场 祥庆　　赏香袋二个
　　　　五月初五日　　　　同
　　　　阐道除邪 二本　　分钱一百文
　　　　十二月二十三日　　重华宫
　　　　剪卖发 潘五　　　赏洋钱一个
　　　　四年二月初四日　　同
　　　　　　双冠诰　　　　赏洋钱一个

四月二十日　　同
　　二探 祥庆　　赏银五钱
　　八月初八日　　同乐园
　　九九大庆 头本　赏银一两

七年二月被裁退，携眷回南，不详所终。

七代

七代为五代之弟，习昆腔正旦，其演戏时地及所得赏赐如下：

　　道光三年五月初一日　　望瀛洲
　　赛龙舟演善才三恭　　赏五钱银锞一个
　　初五日　　同
　　演善才三恭　　赏茶叶一瓶
　　八月十二日　　同乐园
　　九九大庆　　赏银一两
　　四年五月十七日　　同
　　百子呈祥　螽斯衍庆　　赏夏布一个
　　七月初七日　　同
　　悔嫁 双保
　　八月初八日　　同
　　九九大庆 头本　赏银五钱
　　十二日　　同
　　九九大庆 三本　银五钱
　　七年正月初二日　　重华宫
　　年年康泰　　饰小军　赏五钱银锞一个

是岁二月被裁退出，另谋生理，后遂不详所终。

闰儿

闰儿为首领马喜之子，嘉庆二十年乙亥，生于南府官舍；幼习昆旦，九岁挑差事，道光三年六月初一日，引见同乐园中，赏月银一两，白米五口，其演戏时地及所得赏赐如下：

四年四月十八日	同乐园	
登　程	赏银五钱	
五月初五日	同	
阐道除邪 二本	赏手巾一条	又分钱五十文
十七日	同	
百子呈祥　螽斯衍庆	赏夏布一个	又香串一一串
八月十二日	同	
九九大庆	分钱一百五十文	
十五日	同	
神州会	荷包二个	

七年二月被裁退，随其父一并离府，后遂不知所终。

喜庆

喜庆不详其姓，习昆腔小旦兼武旦，嘉庆末食钱粮至二两五钱，其演时地及所得赏赐如下：

道光三年三月初六日　　重华宫

　　金主行围　　饰麻克新　赏银鼠一张

　　五月初五日　　同乐园

　　闸道除邪 二本　　分钱三百五十文

　　七月初七日　　同

　　阵　产　　赏本色葛一个

　　九九大庆　　赏纺绸一件

　　十五日　　同

　　天香庆节　　五钱银锞一个

　　十月初一日　　重华宫

　　鸹儿赶妓 增福　　赏貂皮一张

　　十一月二十一日　　同

　　断　桥 汪成　　赏洋钱一个

　　十二月二十九日　　同

　　末段铁旗阵　　赏小刀一把

　　四年正月初九日　　同

　　梳妆掷戟 保麟　　银五钱

　　二月初四日　　同

　　查　关 增福　　赏漳绒褂料一件

　　三段征西异传　　赏银一两

　　二十七日　　同

　　探亲相骂 张开　　赏绫子一个

　　四月十五日　　同

　　昭　君　　赏江纱袍料一件

　　十八日　　赏加月银五钱共食三两

　　二十一日　　同

　　怒打桃园 永寿 寿官　　赏深色葛一个

收罗成	银
卖　果	赏增城葛一个
二十二日	同
⁷段征南异传	扇一把
十月初一日	同
⁸段征南异传	银五钱
十五日	同
⁹段征西异传	大卷胶纱一件
闰七月初一日	同
锯　缸　姚二	赏花机纱一件
十五日	同
¹⁰段征西异传	扇一把　香袋二个
九月十五日	同
¹¹段征西异传	线绉袍料一件
十月十五日	同
¹³段征西异传	泽绸袍料一件
十二月初一日	同
李鬼断路　寿官　增福	赏洋钱一个
初八日	同
¹⁴段征西异传	五钱银锞一个
三十日	同
昭　君	
七年正月初一日	同
怒打桃园　寿官　永寿	赏一两银锞一个
十六日	同乐园
混元阵	缳子一卷

是岁二月被裁退，附舟南下，不知所终。

喜瑞

喜瑞其姓不详，在府习昆腔小旦，计演戏时地及所得赏赐如下：

道光三年五月初五日	同乐园
阐道除邪 二本	分钱一百文
十二月初八日	重华宫
交账送礼　玉喜	赏银五钱
四年三月十二日	同乐园
三段 征西异传	在第五出饰梅香
七月初一日	同
八段 征西异传	赏香串一串
十二月初一日	重华宫
交账送礼　春喜	赏洋钱一个

七年二月被裁退，携眷回南，后事遂无考。

延寿

延寿唱旦兼小生，系乾嘉旧人，迄道光初，仍不时上场；计演戏时地及所得赏赐如下：

三年五月初日	同乐园

	阐道除邪 二本	分赏钱一百文
	七月初七日	同
琴　挑　百　福（小生）		
	十二月二十三日	重华宫
	扫花三醉	赏洋钱一个
	四年三月十二日	同乐园
	征西异传 三段	在第六出饰罗章
	五月二十二日	同
	征西异传 七段	扇子一把
	七月十五日	同
	征西异传 九段	扇子一把
	闰七月十五日	同
	征西异传 十段	扇一把　香袋二个
	八月十二日	同
	九九大庆 三本	银五钱
	十五日	同
	神州会	银五钱
	九月十五日	同
	征西异传 十一段	缕子一卷
	十月十五日	重华宫
	征西异传 十三段	小刀一把
	十二月十五日	同
	亭会　胡金年（旦）	赏洋钱一个
	十七日	同
	征西异传 十五段	五钱银锞一个

七年二月被裁退，携眷南下，遂不详所终。

小延寿

小延寿者，不详其姓，所习为小旦，以府中已有一前辈同姓名，亦唱旦，故加小以别之；在嘉道之际，正当妙龄，故其承应独繁，计可知者，有如下列：

道光三年二月初一日　重华宫
　亭　会 百福　赏五钱银锞一个
　十五日　同
　寄　柬　赏洋钱一个
　三月初一日　同乐园
　跌　包 松年
　初六日　重华宫
　胖　姑　赏洋钱一个
　十二日　同乐园
　火云洞　银一两　牙签攀指套各一个
　四月二十五日　同
　荣　归 松年
　五月初一日　望瀛洲
　赛龙舟演善才三恭　赏五钱银锞一个
　初五日　同乐园
　阐道除邪 二本　赏香袋一个　分钱二百文
　　　又　望瀛洲
　赛龙舟演善才三恭　赏茶叶一瓶
　六月十五日　同乐园
　花　鼓　赏罗一匹　桂花干一包　翠花一对
　七月十五日　同
　烧　窑　一两银锞一个　香袋二个

八月十二日	同	
九九大庆	银一两	
九月十一日	同	
昭君	赏纺绸一件	
十月初一日	重华宫	
思凡	赏洋钱一个	
二十日	同	
花鼓	赏泽绸一件	
十一月初一日	同	
烧窑	银一两	荷包一个
十五日	同	
花鼓	赏银鼠二张	
二十一日	同	
下山相调 周寿	赏洋钱一个	
十二月初八日	同	
胖姑	赏泽绸一件	
二十三日	同	
琴挑	赏银鼠二张	
三十日	同	
阵产	赏氆氇一个	
四年正月初九日	同	
公子打围	赏洋钱一个	
十九日	同乐园	
昭君	银一两	
二月初四日	重华宫	
双冠诰	银五钱	
二十五日	同乐园	

征西异传 二段		银五钱
四月初一日		同
	阵产	赏花手巾一条
十八日		同
	瑶台	縏子一卷
二十日		重华宫
下山相调 张开		赏银一两
五月二十二日		同乐园
	寄柬	赏增城葛一个
六月十五日		同
	扫花三醉	赏手巾一条
七月初七日		同
	园会 百福	縏子一小匣
八月初一日		同
	梳妆掷戟	银五钱
十二日		同
	九九大庆 三本	银五钱
十月初八日		同
	九九大庆 头本	银五钱
初九日		同
	昭君	赏泽绸一件
十二月三十日		重华宫
	下山相调	

七年二月被裁退，以故留京。按张亭甫《金台残泪》记载："丙戌冬，内务府散供奉梨园，南返，有不返者，仍入春台部。今春余居樱桃斜街，三月望后，夜招□□□□饮寓庐，携某郎来，即其未返者也。"余尝于春台部旧乐工家中，

获见署名小延寿者之曲本多种，则延寿必为搭入春台班者之一人，若其他事，则不得而知矣。

胡金生

金生为外学教习祥福之子，幼习昆腔小旦，嘉道之间，年华正富，故承应亦极频繁，计其时地及所得赏赐如下：

道光三年五月初一日	望瀛洲
赛龙舟演躲端五儿	分钱二贯
又	同乐园
阐道除邪	赏手巾一条　香袋一个
初五日	同
阐道除邪 二本	赏一两银锞一个
六月初一日	同
绣　房 周寿	赏扇子一把　香袋二个
七月十五日	同
廊　会 双喜	赏香串一串　又银五钱
八月十二日	同
九九大庆	赏银一两
十五日	同
天香庆节	赏五钱银锞一个
九月初一日	同
学　堂	赏银五钱
十月二十日	重华宫
拷　红	赏银一两
十一月二十二日	同

藏　舟 _{百福}	赏洋钱一个	
十二月三十日	同	
阵　产	回子荷包一个	牙签套一个
四年五月初一日	同乐园	
阐道除邪 _{二本}	香串一串	
初五日	同	
阐道除邪 _{二本}	扇一把　香袋二个	
七月初七日	同	
佳　期	扇一柄　手巾一条	
闰七月十五日	同	
妆台窥柬	赏波罗蒿一件	
八月十二日	同	
九九大庆 _{三本}	银五钱	
十五日	同	
神州会	银五钱	
十月初一日	重华宫	
痴　诉 _{周寿}	银五钱	
十一日	同	
幸　恩	赏银五钱	
十二月十五日	同	
亭　会 _{延寿}	洋钱一个	
二十三日	同	
寄　柬		
七年正月初一日	同	
亭　会 _{海寿}		
十九日	同乐园	
婆媳顶嘴 _{顺心}	赏茧绸一件	

是岁二月，与其父同被裁退，附舟南下，后遂不知所终。

百庆

百庆习昆腔小旦，其演戏时地及所得赏赐如下：

道光三年五月初五日	同乐园	
阐道除邪 ^{二本}	分钱二百五十文	
八月十五日	同	
天香庆节	赏五钱银锞一个	
十二月二十九日	重华宫	
独　占 张景元	回子荷包二个	
四年四月二十一日	同乐园	
^{六段}征西异传	赏小刀一把	
五月二十二日	同	
^{七段}征西异传	香串一串	
七月初一日	同	
^{八段}征西异传	银五钱	
十五日	同	
^{九段}征西异传	花机纱一件	
闰七月十五日	同	
^{十段}征西异传	扇一把　香袋二个	
八月初一日	同	
天开寿域	纱褂料一件	
初八日	同	
九九大庆 ^{头本}	银一两又五钱	

　　　　　九月初二日　　　同
　　　　　　　白蛇盗草　　赏泽绸一件
　　　　　十五日　　　　　同
　　　　十一段 征西异传　　绫子一件
　　　　　十月初二日　　　同
　　　　十二段 征西异传　　绫子一卷
　　　　　十五日　　　　　重华宫
　　　　十三段 征西异传　　小刀一把
　　　　　十二月十七日　　同
　　　　十五段 征西异传　　赏洋钱一个

七年二月被裁退，附舟南下，不知所终。

沈寿

　　沈寿习昆旦，为手锣沈祥之子，父子俱在府内当差，其演戏时地及所得赏赐如下：

　　　　道光三年五月初五日　　同乐园
　　　　　　阐道除邪 二本　　赏一两银锞一个
　　　　四年四月初一日　　　　同
　　　　　　杀惜 祥庆　　　　赏绸手巾一条
　　　　　七月初一日　　　　　同
　　　　　八段 征西异传　　　赏香串一串
　　　　　八月十五日　　　　　同
　　　　　　神州会　　　　　　绫子一件　又银五钱
　　　　　九月十五日　　　　　同

十一段 征西异传		银五钱
十月初二日		同
十二段 征西异传		银五钱

七年二月被裁退，与其父及阖家人等，俱附粮艘回南，遂终老于乡。

董明耀

明耀习小旦兼唱老旦，计其演戏时地及所得赏赐如下：

道光二年十二月二十九日		重华宫
探监法场 元福		
三年五月初一日		望瀛洲
赛龙舟学八角鼓		赏五钱银锞一个
初五日		同
赛龙舟搬演戏法		赏葛布一个 五钱银锞一个
又		同乐园
阐道除邪 二本		分钱二百文
十二月二十九日		重华宫
相约讨钗 四喜		赏洋钱一个
四年正月初九日		同
拷红 庆瑞		赏银五钱
二月二十五日		同乐园
二段 征西异传		在第二出中执纛
三月十二日		同
三段 征西异传		在二六出中执纛
六月十五日		同

别母乱箭	永寿	赏扇子一把　香袋二个
七月初一日		同
^八段 征西异传		赏香串一串
初七日		同
曹庄劝妻	如意　玉簪	赏波罗葛一件
八月十五日		同
神州会		赏银一两

七年二月被裁退，携眷回南，不知所终。

邹桂官

桂官习昆旦，其演戏时地及所得赏赐如下：

道光三年五月初五日	同乐园
阐道除邪^二本	分钱二百五十文
八月十五日	同
天香庆节	赏五钱银锞一个
十一月十五日	重华宫
水斗　倪四官	赏石青褂料一件
四年正月十六日	同乐园
水斗　倪四官	纺绸一件
四月二十一日	同
^六段 征西异传	小刀一把
五月二十二日	同
^七段 征西异传	小刀一把

七月初一日	同
八段 征西异传	香串一串
十五日	同
九段 征西异传	香串一串
九月十五日	同
十一段 征西异传	银五钱
十月初二日	同
十二段 征西异传	银五钱

七年二月被裁退，附舟南下，不知所终。

松龄

松龄初习小生，至道光三年十一月二十一日，上谕令改唱小旦，自后其所演戏之能见于档案者，则有如下列：

四年四月二十日	因进实录重华宫演
狐 思	赏银一两
五月初日	同乐园
阐道除邪 二本	扇一把 香袋二个 分钱一百五十文
十七日	同
百子呈祥 螽斯衍庆	赏增城葛一个 香串一串
七月十五日	同
前诱 双保	赏波罗葛一件
闰七月十五日	同
窥 柬	扇一把 香袋二个

八月十二日	同
九九大庆 三本	银五钱
九月十五日	同
盗令	赏缎子一卷
十月十一日	重华宫
絮阁	赏小刀一把
十五日	同
冥感 双保	赏银一两
十二月十八日	同
反诳 生儿	赏洋钱一个
二十九日	同
乔醋 百福	赏砑绸一个

七年二月，因南府改制被裁退，附舟南下，不详所终。

顺心

顺心为外学首领寿喜之子，习顽笑旦（即贴），声技之佳，为府中冠，所演多与增福为配，计其时地及所得赏赐如下：

道光二年十二月二十九日	重华宫
闯山 增福	赏银鼠二张
三年正月十一日	同
妆台窥柬	
三月初六日	同
金主行围　饰麻克新	赏银鼠一张

四月二十五日　　　同乐园

　　^{二段}铁旗阵　　赏檀香油一瓶　香袋二个
五月初一日　　　同

　　闸道除邪^{头本}　赏增城葛一件
　　初五日　　　同

　　闸道除邪^{二本}　赏雷葛一个
七月初一日　　　同

　　^{四段}铁旗阵　　赏香串一串　手巾一条
八月十五日　　　同

　　天香庆节　　赏五钱银锞一个
十月十一日　　　同

　　九九大庆^{三本}　赏茧绸一个
　　十二日　　　同

　　^{八段}铁旗阵　　赏银一两
　　二十日　　　重华宫

　　^{九段}铁旗阵　　赏洋钱一个
　　二十四日　　　同

　　拐　磨^{增福}　　赏貂鼠一张
十一月初一日　　　同

　　^{十段}铁旗阵　　赏银鼠一张　牙签套一个
十二月初八日　　　同

　　懒妇烧锅^{增福}　赏洋钱一个
四年正月初一日　　同

　　顶　灯^{增福}　　洋钱一个
　　十九日　　　同乐园

　　闯　山^{增福}　　赏月白绫一件
三月初一日　　　同

花　鼓 增福　　纺绸一件
　　十五日　　同
漆匠招婿 增福 得升　银一两
　　四月初一日　同
立擂招亲 寿官　纺绸一个
　　初十日　　祭圜丘坛回同乐园演
打面缸 增福 寿官　花机纺一件　缨子一卷
　　十八日　　同乐园
　　眼前报　　赏纱袍料一件　缨子一卷
　　是日加恩　赏增月银五钱共食二两五钱
　　二十一日　同
六段 征西异传　小刀一把
　　五月初一日　同
阐道除邪 头本　扇一把　手巾一条　香串一串
　　初五日　　同
阐道除邪 二本　扇一把　香袋二个
　　二十二日　同
　　说亲改嫁　赏深色葛一件
七段 征西异传　香串一串
　　七月初一日　同
八段 征西异传　香串一串
　　初七日　　同
背　凳 增福 得升　扇二柄　香串一串
　　十五日　　同
背娃赶会 增福　赏波罗葛一件
九段 征西异传　香串一串
　　九月十五日　同
　　强　姻　　绫子一件

十一段 征西异传	银五钱	
十月初一日	重华宫	
花　鼓	赏石青绸褂料一件	
初二日	同乐园	
十二段 征西异传	赏银五钱	
初八日	同	
十字坡 如意	赏线绉袍料一件	
初九日	同	
闯　山 增福	泽绸一件	
初十日	同	
九九大庆 三本	赏烟荷包一个	
十一日	重华宫	
懒妇烧锅 增福	赏洋钱一个	
十五日	同	
打面缸 增福 寿官	得赏银一两	
十二月十五日	同	
魏虎发配 增福	赏一两银锞一个	
十八日	同	
漆匠招婿 增福 得升	一两银锞一个	
二十九日	同	
顶　灯	磁绸一个	
三十日	同	
打　枣 增福	磁绸一个	
七年正月初一日	同	
闯　山 增福	一两银课一个	
初二日	同	
懒妇烧锅	一两银锞一个	
立擂招亲 寿官	蓝磁绸一件	

十六日	同乐园
混元阵	赏紫氆氇一个
十九日	同
婆媳顶嘴 胡金生	赏藕色宫绸袍料一件
探亲相骂 增福	缥子一匣

是岁二月，南府改制，被裁退，随其父及眷属人等，附舟南下，后遂不知所终。

副

沈秀

沈秀习副，嘉庆末已擢至官职学生，食月银四两，其演戏时地及所得赏赐如下：

道光二年十一月初十日	祭圜丘坛回重华宫演
吃茶 祥庆	
二十九日	重华宫
借靴	
三年正月初二日	同
讲书落园 春喜	赏洋钱一个
二月初九日	同
嵩寿	赏洋钱一个
十三日	驾由国子监临雍回重华宫演

	露　杯	
	五月初一日	同乐园
	阐道除邪	赏漆纱一件
	又赛龙舟演福禄天长	得五钱银锞一个
	初五日	同
	赛龙舟演太平有象	赏茶叶一瓶　手巾一件
	十月二十四日	重华宫
	写　状	赏银一两
	十二月三十日	同
	宣扬文德	赏洋钱一个
	四年四月十八日	同乐园
	议　剑 祥庆	赏葛布一个
	五月初五日	同
	阐道除邪 二本	分赏钱三百文

七年二月被裁退，回南，不知所终。

得升

得升习副，为首领元宝之子，计其演戏时地及所得赏赐有如下列：

	道光三年五月初一日	望瀛洲
	赛龙舟演学八角鼓	赏五钱银锞一个
	初五日	同
	赛龙舟搬演戏法	赏五钱银锞一个　又葛布一个
	又	同乐园

阐道除邪 二本	赏通城蒿一个	分钱三百五十文
八月十二日	同	
九九大庆	赏银五钱	
十五日	同	
天香庆节	赏五钱银锞一个	
四年三月十五日	同	
漆匠招婿 增福 顺心	赏银一两	
四月初十日	同	
打面缸	赏花机纱一件	
五月初一日	同	
阐道除邪	扇一把 香袋二个	
二十二日	同	
七段 征西异传	扇一把	
万花献寿	扇一把 手巾一条	
七月初一日	同	
八段 征西异传	扇一把	
初七日	同	
背凳 增福 顺心	赏波罗蒿一件	
闰七月十五日	同	
十段 征记异传	扇一把 香袋二个	
八月初一日	同	
天开寿域	纱褂料一件	
初八日	同	
九九大庆 二本	银一两	
十二日	同	
九九大庆 三本	茧绸半个	
十月初二日	同	

^{十二段}征西异传		银五钱
十五日		重华宫
打面缸 ^{增福 顺心 寿官}		赏洋钱一个
十八日		同
漆匠招婚 ^{增福 龄兵}		赏一两银锞一个
三十日		同
打　枣		洋钱一个
七年正月初二日		同
天宫祝福	饰福神	赏一两银锞一个
年年康泰	饰贼将	赏一两银锞半个

是岁二月被裁退，随其家属回南，后遂不知所终。

双保

双保习副净，其姓不详，所演戏之时地与其赏赐如下：

道光三年五日初一日	同乐园
阐道除邪	赏手巾一条
初五日	同
阐道除邪	分钱一百文
四年五月初五日	同
七月初七日	同
悔　嫁 ^{七代}	
十五日	同
前　诱 ^{松龄}	赏夏布一个

九月初二日　　　同
　　羞　父　松　年　　赏银五钱
　　十月十五日　　　重华宫
　　冥　感　松　龄　　赏银一两

七年二月被裁退，携眷回南，后事不详。

净

大庆

　　大庆习正净，嘉庆末已擢为官职学生，食月银四两，其演戏时地及所得赏赐如下：

　　道光二年十一月初十日　　重华宫
　　　　单　刀
　　十二月十五日　　同
　　　　闹庄救青
　　二十九日　　同
　　　　冥　判　　赏一两银锞一个　又貂皮一张
　　三年三月初一日　　同乐园
　　　　十　宰　　赏大荷包一对　牙签套一个
　　四月初八日　　同
　　　　南　渡　　赏银一两　荷包一对
　　二十五日　　同
　　　　预颁端阳节　赏漆纱一件　扇子一柄　线络香珠一串

五月初一日	同
阐道除邪	赏漆纱一件
八月初三日	同
万寿祥开	香袋一个　香串一串
初十日	同
万寿行礼	赏一两银锞三个
九月初一日	同
^{五段}铁旗阵	回子荷包二个
十一日	同
训　子	土绸一条
十月初一日	重华宫
说亲回话　倪四官	赏洋钱一个
初九日	同乐园
十　宰	赏氆氇一个
二十四日	重华宫
闹庄救青	赏银一两
十一月二十一日	祭圜丘坛回重华宫演
单　刀	蓝袍料一件
三十日	重华宫
悉　相	回子荷包二个
四年正月初二日	同
妆　疯	赏银一两
十六日	同乐园
冥　判	西绒袍料一件
二月初六日	同
^{四段}征西异传	回子荷包二个
十五日	同

	山　门	
八月初十日	同	
九九大庆 二本	赏绫子一个	又万寿行礼一两银锞一个
十五日	同	
相面报信	纺绸一件	
十月初九日	同	
单　刀	大卷酱色宫绸一匹	
初十日	同	
万寿行礼	赏蓝缎袍料一件	
十二月十五日	重华宫	
说亲回话 倪四官	赏洋钱一个	

七年二月被裁退，携其孙全顺及眷属人等，附粮艘南下，后遂不知所终。

张福

张福习净，嘉庆季年，已为官职学生，食月俸四两，其演戏时地及所得赏赐如下：

道光二年十一月十六日	重华宫
庆　成	
三年二月初一日	同
丞　相	
四月二十五日	同乐园
二段 铁旗阵	赏小刀一把　香袋二个
五月初一日	同

阐道除邪	赏漆纱一件	
初五日	望瀛洲	
赛龙舟搬演戏法	赏纱袍料一件	
六月初一日	同乐园	
三段铁旗阵	扇子一把	香袋一个
九月初一日	同	
德星呈瑞	赏土绸一个	
十一月初一日	重华宫	
十段铁旗阵	洋钱一个	
十二月初一日	同	
十一段铁旗阵	赏貂皮一张	
四年正月初一日	同	
贺喜 幡绰	赏洋钱一个	
初九日	同	
庆成	赏貂皮一张	
十六日	同乐园	
大宴小宴 祥庆 汪成	赏荷包二个	
二月二十五日	同	
二段征西异传	小刀一把	
四月二十日	重华宫	
大小骗 幡绰	赏洋钱一个	
五月初五日	同	
阐道除邪 二本	赏扇一把	香袋二个
十二月二十九日	同	
丞相	赏洋钱一个	
七年正月初一日	同	
打差 天禄		

初二日　　同

　　年年康泰　　饰国王　赏一两银锞一个

　　十六日　　同乐园

　　混元阵　　赏一两银锞一个

是岁二月，因南府改制，致被裁退，乃携其眷属，附舟南下，后遂不知所终。

姚二

姚二本名二官，习正净，嘉庆末食月俸至三两，其演戏时地及所得赏赐如下：

　　道光二年十二月二十九日　　重华宫

　　　寄　信

　　三年二月初一日　　同

　　　山　门　　赏银鼠二张

　　　十五日　　同

　　　中兴会　　赏洋钱一个

　　五月初五日　　同乐园

　　　阐道除邪 二本　　赏香袋一个　分钱四百文

　　六月初一日　　同

　　　三段铁旗阵　　扇一把　香袋一个

　　七月十五日　　同

　　　激　良　　五钱银锞一个　香袋二个

　　八月初三日　　同

　　　万寿祥开　　银五钱

十月初二日	同	
七段 铁旗阵	荷包二个	
十一日	同	
九九大庆 三本	茧绸一个	
十二日	重华宫	
八段 铁旗阵	赏银一两	
二十日	同	
十一段 铁旗阵	洋钱一个	
十二月初一日	同	
十段 铁旗阵	泽绸一件	
四年正月初九日	同	
激 良	泽绸一件	
十二日	同乐园	
兴隆会	回子荷包二个	
十六日	同	
寄 信	银五钱	
二月二十五日	同	
三段 征西异传	在第四五出饰程咬金	
三月十二日	同	
三段 征西异传	饰程咬金 赏绫子一件	
十五日	同	
小 逼 华南	银五钱	
二十七日	同	
四段 征西异传	赏银五钱	
四月初一日	同	
说亲回话 倪四官	赏缎子一卷	
七月初一日	同	
八段 征西异传	扇一把	

十五日	同	
九段 征西异传	扇一把	
闰七月初一日	同	
锯缸	赏花机纱一件	
八月初一日	同	
天开寿域	赏波罗葛一件	
十二日	同	
九九大庆 三本	茧绸半个	又银五钱
九月初二日	同	
敬德闻宴	泽绸一件	
十五日	同	
十一段 征西异传	缳子一卷	小刀一把 荷包一对
十月初一日	重华宫	
商鞅考试 得魁	赏毡毡一个	
初二日	同	
十二段 征西异传	缳子一卷	
初八日	同	
山门	线绉褂料一件	
初十日	同	
九九大庆 三本	烟荷包一个	
十五日	同	
十三段 征西异传	银一两	
十二月十七日	同	
十五段 征西异传	五钱银锞一个	
七年正月初一日	同	
激良		
初二日	同	
年年康泰	饰国王	赏一两银锞一个

十五日　　同乐园

乐庆春台　　饰喜神　赏缨子一包　刀一把

按二官尚有子百岁，亦随同在内当差；及是岁二月，因南府改制，并被裁退，以他故留京，即搭三庆班出演，二十五年《都门纪略》举其杰作，为"冥判"大判官一角，若其卒年及后事，则无考矣。

寿官

寿官为食三两钱粮学生，习艺至博，净末文武小生，无不能之，计所演时地及赏赐如下：

道光二年十月十五日　　重华宫
　　　　问　探
三年二月十五日　　同
　　　中兴会　　赏洋钱一个
四月二十五日　　同乐园
　　三段铁旗阵　　赏浅色葛一个
五月初五日　　同
　　阐道除邪二本　赏雷葛一个　通城葛一个　又香袋二个
　　　又　　望瀛洲
　　赛龙舟演杠子　赏葛布一个　一两杠银锞一个
六月初一日　　同乐园
　　三段铁旗阵　　赏葛布一个
七月初一日　　同
　　四段铁旗阵　　葛布一个

八月初三日	同	
万寿祥开	赏银五钱	
十二日	同	
九九大庆	赏银五钱	
十五日	同	
天香庆节	五钱银锞一个	
十月十二日	重华宫	
八段铁旗阵	银一两	
二十日	同	
九段铁旗阵	赏洋钱一个	
十一月初一日	同	
十段铁旗阵	银一两	
四年正月初九日	同	
瞎子逛灯 增福	貂皮一张及洋钱二个	
十二日	同乐园	
兴隆会	赏银五钱	小刀一把
十四日	同	
问 探	赏石青西绒褂料一件	
二月二十五日	同	
二段征西异传	在三五六出饰葛天定	
三月十二日	同	
三段征西异传	在第二出饰葛天定	
四月初一日	同	
立擂招亲 顺心	赏西绒一个	
初十日	同	
打面缸 增福 顺心	赏花机纱一条	缑子一卷
二十一日	同	
怒打桃园 永寿 喜庆	赏深色蒀一个	

五月初五日	同	
阐道除邪 二本	增城葛一个　扇一把　香袋二个	
十五日	同	
神　谕	赏银一两　增城葛一个	
二十二日	同	
七段 征西异传	扇一把	
万花献寿	扇一把	
六月十五日	同	
被劫复恨 如意	赏波罗葛一件　银一两	
别母乱箭	扇一把　香袋二个	
七月初一日	同	
八段 征西异传	扇一把	
十五日	同	
九段 征西异传	香串一串	
八月初一日	同	
天开寿域	赏纱料一件	
初八日	同	
九九大庆 头本	银五钱	
十二日	同	
九九大庆 三本	茧绸半个	
十月初一日	重华宫	
花　荡	洋钱一个　又蓝绸袍料一件	
初二日	同乐园	
十二段 征西异传	银五钱	
借　靴 增福	赏银一两　小刀一把	
初八日	同	
九九大庆 头本	银五钱	
初十日	同	

九九大庆 三本	小荷包一个	
十五日	重华宫	
打面缸 增福 顺心 得升	赏洋钱一个	
十二月初一日	同	
李鬼断路 增福 喜庆	赏洋钱一个	
初八日	同	
十四段 征西异传	赏洋钱一个	
十七日	同	
下山劫救	一两银锞一个	
十五段 征西异传	银五钱	
七年正月初一日	同	
怒打桃园 永寿 喜庆	赏一两银锞一个	
初二日	同	
立擂招亲 顺心	赏酱色硪绸一件	
天官祝福	饰福神 赏一两银锞一个	
年年康泰	饰贼将 赏一两银锞半个	
十六日	同乐园	
混元阵	一两银锞一个	
十九日	同	
（飞云浦 鸳鸯楼）如意	赏五钱银锞一个	

是岁二月，南府改制，被裁退，携眷回南，后事无考。

长生

长生习正净，昆弋兼长，有子立住，亦在府内当差，嘉庆末食月俸为二两五钱，其演戏时地及所得赏赐如下：

道光二年十二月十八日	重华宫
赏　军	赏洋钱一个
三年正月十一日	同
妆　疯	
二月初九日	同
长坂坡	赏洋钱一个
三月十五日	同乐园
五　台	赏银五钱　荷包一个
四月二十五日	同
二段铁旗阵	赏深色葛一个
五月初一日	同
阐道除邪	赏西山葛一件
初五日	同
阐道除邪二本	赏香袋二个
七月十五日	同
达摩渡江	深色葛一件
八月十二日	同
九九大庆	赏银五钱
九月十一日	驾由香山回同乐园演
敬德钓鱼	赏缕子一卷
十七日	重华宫
六段铁旗阵	一两银锞一个
十月十二日	同
八段铁旗阵	跟一两
十一月十五日	同
敬德耕田	赏貂皮一张

十二月初八日	同	
百受祈恩	赏洋钱一个	
二十九日	同	
^末段^铁旗阵	赏漳绒一件	
四年正月十二日	同乐园	
兴隆会	银五钱 又小刀一把	
二月初六日	同	
^头段^征西异传	赏回子荷包二个	
二十五日	同	
^二段^征西异传	在第三第五第六出中饰苏保童 赏小刀一把	
三月初一日	同	
敬德钓鱼	赏纺绸一件	
十二日	同（驾由先农坛回）	
^三段^征西异传	饰苏保童 赏银五钱	
二十七日	同（由香山回）	
^四段^征西异传	银五钱	
四月初十日	同（由圜丘坛回）	
^五段^征西异传	赏漆纱一件	
十八日	同	
演　戏	赏加月银五钱共食三两	
二十日	重华宫（进宝录）	
敬德闯宴		
五月初一日	同乐园	
阐道除邪	赏波罗蒀一个	
初五日	同	
阐道除邪^二本^	扇一把 香袋二个	
二十二日	同（祭地坛回）	

⁷段征西异传	手巾一条	
七月初七日	同	
怒打敬宗	赏波罗葛一件	
十五日	同	
⁹段征西异传	香串一串	
八月初一日	同	
天开寿域	赏灰色纱一件	
初八日	同（祭社稷坛回）	
九九大庆 头本	银一两	
十二日	同	
九九大庆 三本	银一两　又茧绸半个	
九月十五日	同	
¹¹段征西异传	银五钱	
十月初九日	同	
敬德钓鱼		
初十日	同	
九九大庆 三本	赏烟荷包一个	
十五日	重华宫	
¹³段征西异传	银一两	
十二月二十九日	同	
敬德赏军	赏羽绸袍料一件	
三十日	同	
达摩渡江		
七年正月初二日	同	
年年康泰	饰将官赏一两银锞半个　又国王赏一两银锞一个	
十五日	同乐园	
乐庆春台	饰喜神　赏缕子一包	

是岁二月被裁退，携眷回南，后事遂无考。

鸣凤

鸣凤为随手击手锣金生之弟，习净，兼唱小生，其演戏时地及所得赏赐如下：

道光三年五月初五日	望瀛洲	
赛龙舟演太平有象	赏茶叶一瓶　手巾一条	
又	同乐园	
阐道除邪 二本	赏通城蒿一个	
七月初七日	同	
时迁偷鸡 二狗	赏五钱银锞一个	
八月十五日	同	
天香庆节	赏五钱银锞一个	
十月初二日	同	
铁旗阵 七段	赏荷包二个	
十一日	同	
问探	银一两	
二十四日	重华宫	
惠明	赏泽绸一件	
十二月初八日	同	
刘唐	银五钱	
二十九日	同	
铁旗阵 末端	赏小刀一把	
三十日	同	
偷鸡 二狗	一两银锞一个	

四年正月十二日　　同乐园
　　　兴隆会　　赏回子荷包二个
三月二十七日　　同
　　四段征西异传　　银一两
四月初一日　　同
排风打棍　玉簪　赏银五钱
　　初十日　　同
　　五段征西异传　　赏扇子一把
五月初五日　　同
　　阐道除邪二本　扇一把　香袋二个
　　十五日　　同
　　偷　鸡　二　狗　银五钱　扇子一把
七月初一日　　同
　　八段征西异传　扇一把
　　十五日　　同
　　九段征西异传　香串一串
八月初八日　　同
　　九九大庆头本　银五钱
　　十二日　　同
　　九九大庆三本　银五钱　又茧绸半个
九月初二日　　同
　　　借　扇　　银一两
　　十五日　　同
　　十一段征西异传　银五钱
十月初二日　　同
　　十二段征西异传　银五钱
　　初八日　　同
　　　问　探　　银一两

	十五日	重华宫
十三段 征西异传	赏洋钱一个　又银一两
十二月初八日	同
十四段 征西异传	洋钱一个
十七日	同
十五段 征西异传	赏泽绸袍料一件
三十日	同
惠　明	洋钱一个
七年正月初二日	同
天官祝福	饰福神　赏一两银锞一个
年年康泰	饰贼将　赏一两银锞半个
排风打棍	赏洋钱一个

是岁二月，因南府改制被裁，携眷回南，后遂不知所终。

隆寿

隆寿习昆净，其姓无考，据档案，可得演戏时地及所受皇家之赏赐如下：

道光三年五月初五日	望瀛洲
赛龙舟演瑞雨禾丰	赏五钱银锞一个
又	同乐园
阐道除邪 二本	赏手巾一条
七月初一日	同
仆　侦 周寿	赏香袋二个
初七日	同
扫　殿	赏香串一串

	八月十二日	同
	九九大庆	银一两
	九月初一日	同
	冥勘	赏小刀一把
	十月二十日	重华宫
	九段铁旗阵	赏银五钱
	四年五月初五日	同乐园
	阐道除邪 二本	分钱一百五十文
	七月初七日	同
	闯帐	赏缫子一小匣
	八月初一日	同
	梳妆掷戟 小延寿 百福	赏银五钱
	十二月三十日	重华宫
	山门	
	七年正月初二日	同
	天官祝福	饰福神 赏一两银锞一个
	年年康泰	赏一两银锞半个

是岁二月被裁退，回南，后事遂无考。

得顺

得顺习昆净，其演戏时地及所得赏赐如下：

	道光三年五月初五日	同乐园
	阐道除邪 二本	分钱二百五十文
	四年□月二十七日	同

　　　　四段 征西异传　　赏银五钱
　　　　八月初十日　　　同
　　　　九九大庆 二本　赏银五钱
　　　　十二日　　　　　同
　　　　九九大庆 三本　银五钱
　　　　七年正月初一日　重华宫
　　　　　　南　渡

是岁二月被裁退，携眷回南，不知所终。

全顺

全顺为大庆之孙，以嘉庆二十一年丙子生于南府官舍，年六七岁，即从其祖父学艺，亦习正净。八岁挑差事，道光三年六月初一日，在同乐园引见于宣宗之前，赏月银一两，白米五口，此后遇有承应，便行出演，计其时地及赏赐如下：

　　　　四年正月十六日　　同乐园
　　　　　　十　宰　　　　赏绸子一个
　　　　二月初四日　　　　重华宫
　　　　　　花　荡　　　　赏银五钱
　　　　四月二十日　　　　同
　　　　　　磨　斧　　　　赏银二两
　　　　五月初一日　　　　同乐园
　　　　　　磨　斧　　　　五钱银锞一个
　　　　　　初五日　　　　同

十宰	银一两	缣子一卷
十七日	同	
百子呈祥 螽斯衍庆	赏夏布一个	又香串一串
七月十五日	同	
磨斧	夏布一个	又银一两
八月十二日	同	
九九大庆	分钱一百五十文	
九月初二日	同	
五台	赏银一两	
十二月十八日	重华宫	
磨斧	赏洋钱一个	
二十九日	同	
花荡	赏泽绸一件	

七年二月被裁退，随其祖父回南，后事遂无考。

小双喜

小双喜姓王氏，为王莲生之子，幼习正净，年十岁，以道光三年六月初一日，引见于同乐园中，赏月银一两，白米五口，其演戏时地及所得赏赐如下：

三年八月初八日	同乐园	
缑山控鹤	饰仙童	赏银五钱
四年正月十九日	同	
惠明	赏加月银一两共食二两之数	
五月初五日	同	

阐道除邪	赏手巾一条	分钱五十文
十五日	同	
送 京	赏增城葛一个	
十七日	同	
百子呈祥 螽斯衍庆	赏夏布一个	
八月十二日	同	
九九大庆	分钱一百五十文	
十五日	同	
庆 成	赏绫子一件	
十月初十日	同	
惠 明	赏银一两	
十二月十八日	重华宫	
单 刀	赏一两银锞一个	

七年二月被裁退，随家人附舟南下，后事遂无考。

小得顺

小得顺习净，为管箱寿庆之侄，九岁挑差事，以道光三年六月初一日，引见同乐园中，赏月银一两，白米五口，其演戏时地及所得赏赐如下：

四年五月初五日	同乐园
阐道除邪 二本	赏手巾一条　又分钱五十文
十七日	同
百子呈祥　螽斯衍庆	赏夏布一个
八月十二日	同

九九大庆　　分钱一百五十文
　　十月初二日　　同
　　　前　渡　　赏银一两

七年二月，因改制被裁，随其父一同离府，不详所终。

永泰

永泰为钱粮处管箱天全之侄，幼习正净，年九岁挑差，以道光三年六月初一日，引见于同乐园中，赏月银一两，白米五口，其演戏时地及所得赏赐如下：

　　道光四年五月初五日　　同乐园
　　　阐道除邪 二本　　分钱五十文
　　七月初七日　　同
　　　照　镜　　赏加月银一两共食二两
　　七月十二日　　同
　　　九九大庆 三本　　分钱一百五十文
　　十二月初一日　　重华宫
　　　议　剑 陆得明　　赏一两银锞一个
　　七年正月初一日　　同
　　　议　剑 陆得明
　　　十五日　　同乐园
　　　乐庆春台　　饰喜神　赏缭子一包

是岁二月，因改制被裁，与其叔父，并时退出，另谋生理，后遂不详所终。

丑

增福

增福姓范。习昆丑兼唱弋腔,技艺之佳,应为当时第一,在嘉庆末已食至月银三两,计演戏时地及所得赏赐如下:

道光二年十一月十五日	重华宫
懒妇烧锅 如意	赏五钱银锞一个
十七日	同
顶灯	
十二月初一日	同
请医	赏一两银锞一个
十七日	同
游寺	
二十九日	同
闯山 顺心	赏洋钱一个
三年正月初二日	同
一匹布	赏五钱银锞一个
五月初一日	望瀛洲
赛龙舟学唱八角鼓	赏五钱银锞一个
初五日	同
赛龙舟搬演戏法	赏葛布一个 五钱银锞一个
七月初七日	同乐园
刘二扣当	赏一两银锞一个
八月初三日	同

万寿祥开		银五钱
十二日		同
九九大庆		分银四钱余
十五日		同
天香庆犯		赏石青搭镰一个
九月十一日		驾由香山回同乐园演
评话		赏纺绸一件
十月初一日		重华宫
鹞儿赶妓	喜庆	赏一两银锞一个
初二日		同乐园
铁旗阵	七段	赏缕子一卷
十五日		重华宫
下海		赏银一两
二十四日		同
拐磨	顺心	赏貂皮一张
十一月初一日		同
请医		银二两
十二月初八日		同
懒妇烧锅	顺心	赏银一两
二十三日		同
打枣		赏驼绒一个
四年正月初一日		同
顶灯		赏驼绒一个
初九日		同
瞎子逛灯		赏貂皮一张 洋钱一个
白袍诉功	潘五	赏银一两
十九日		同乐园
闯山	顺心	赏纺绸一件

	二月初四日	重华宫
查关 喜庆		赏银五钱
	十五日	同乐园
刘二扣当		赏西绒一件
	三月初一日	同
花鼓 顺心		银一两
	十二日	祭先农坛回同乐园演
三段 征西异传		银一两
	四月初十日	祭圜丘坛回同乐园演
打面缸 顺心 寿官		赏花机纱一件 缑子一卷
	十八日	同乐园
眼前报		赏纱袍料一件 缑子一卷
	五月初五日	同
阐道除邪 二本		扇一把 香袋二个
	二十二日	同
七段 征西异传		扇一把
说亲改嫁		深色葛一个
	七月初一日	同
八段 征西异传		扇一个
	初七日	同
背凳 顺心 寿官		胶纱袍料一件 银五钱
	十五日	同
背娃赶会 顺心		赏波罗葛一件
	闰七月十五日	同
打砖		石青纱褂料一件
	八月初一日	同
天开寿域		纱褂料一件
	初八日	同

九九大庆_{头本}　银一两
　十二日　　同
九九大庆_{三本}　银一两　又茧绸半个
　十月初一日　重华宫
　　花　鼓　　赏洋钱一个
　　搬　家　　银五钱
　初二日　　同乐园
　借　靶_{寿官}　茧绸一件
　初八日　　同
九九大庆_{头本}　银五钱
　初九日　　同
　闯　山_{顺心}　赏泽绸一件
　初十日　　同
九九大庆_{三本}　小荷包十个
　十一日　　重华宫
　懒妇烧锅_{顺心}　赏钱洋一个
　十五日　　同
　打面缸_{顺心　寿官　得升}　赏银一两
　十二月初一日　同
　李鬼断路_{寿官　喜庆}　赏洋钱一个
　初八日　　同
　　评　话　　赏一两银锞一个
　十五日　　同
　魏虎发配_{顺心}　赏黄钱一贯
　十八日　　同
　漆匠招婿_{顺心　得升}　赏一两银锞一个
　二十九日　同
　顶　灯_{顺心}　赏碙绸一个

　　　　　三十日　　同
　　打　枣 顺心　　赏硪绸一个
　　七年正月初一日　　同
　　闯　山 顺心　　一两银锞一个

　　按增福尚有侄得保，后唱老旦，颇知名，此时即与增福一同当差，及南府改制，并被裁退，附舟回苏，遂终老于故乡焉。

幡绰

　　幡绰不详其姓，习副净兼丑，能技至广博，不仅以一色称；嘉庆末已食至月俸二两五钱，计演戏时地及所得赏赐如下：

　　　道光二年十一月十七日　　重华宫
　　　　　佛　会
　　　十二月十八日　　同
　　　　　酒　楼
　　　三年正月十一日　　同
　　　　　破　谋
　　　三月二十八日　　同乐园
　　　　　测　字
　　　五月初一日　　望瀛洲
　　　赛龙舟演教学线偶　　赏纱袍料一件
　　　　　初五日　　同乐园
　　　阐道除邪 二本　　赏手巾一条
　　　又演太平有象　　赏茶叶一瓶　手巾一条
　　　十一月十五日　　重华宫

思饭羊肚 _{祥安}　　赏银一两
十二月二十三日　　同
遣青杀德 _{天禄}　　赏五钱银锞一个
四年正月初一日　　同
　贺　喜 _{张福}　　赏洋钱一个
　　十四日　　同乐园
酒　楼 _{张景元（小生）}　　赏荷包二个
　　十五日　　同
　　万年太平　　小刀一把
　　十九日　　同
　破　谋 _{天禄}
三月二十七日　　驾由香山回同乐园演
　　坠　马　　银五钱
四月二十日　　进宝录在重华宫演
　大小骗 _{张福}　　赏洋钱一个
七月初一日　　同
_{八段}征西异传　　赏香串一串

七年春仲，南府改制，被裁，即携眷回南，不详所终。

周寿

周寿习文丑，其他角色，亦多能演之者，所承应时地与其赏赐如下：

道光二年十二月十七日　　重华宫
　　　打　番

三年二月初九日	同	
扫 秦	赏银鼠二张	
四月初八日	同乐园	
平顶山	赏银五钱 香袋一个	
十五日	同	
卖 兴 _{汪成}		
五月初一日	望瀛洲	
赛龙舟演瑞雨禾丰	赏五钱银锞一个	
六月初一日	同乐园	
绣 房 _{胡金生}	赏扇一把 香袋二个	
七月初一日	同	
仆 侦 _{隆寿}	香袋二个	
八月十二日	同	
九九大庆	赏银一两	
十月初二日	同	
打 番	赏纺绸一件	
二十日	重华宫	
九段铁旗阵	赏银五钱	
十一月二十一日	同	
下山相调 _{小延寿}	赏银一两	
十二月初八日	同	
百受祈恩	赏洋钱一个	
四年二月十五日	同乐园	
卖 兴	赏银五钱	
三月二十七日	同	
盗 甲	赏绫子一个	
四月二十日	重华宫	

卖 兴 汪成	赏洋钱一个
七月初七日	同乐园
佛 会	
八月十二日	同
九九大庆 三本	赏银五钱
十月初一日	重华宫
痴 诉 胡金生	赏银五钱
十二月十七日	同
坠 马	赏洋钱一个
三十日	同
下山相调 小延寿	

七年二月被裁退，附舟南下，不知所终。

周文达

文达习昆丑，其演戏时地及所得赏赐如下：

道光三年五月初五日	同乐园
阐道除邪 二本	分钱一百文
十二月二十三日	重华宫
扫 秦	赏驼绒一个
四年二月二十五日	同乐园
二段 征西异传	在第三出饰番将
三月十二日	同

³⁄段 征西异传	在第二出饰番将	
七月初一日	同	
⁸⁄段 征西异传	赏香串一串	
八月十五日	同	
神州会	赏银五钱	

七年二月被裁退，附舟南下，不知所终。

百岁

百岁姓姚氏，为正净姚二之子，以嘉庆二十一年丙子，生于南府官舍；幼习文丑，年八岁，以道光三年六月初一日，挑选入府，赏月银一两，白米五口。其演戏时地及所得赏赐如下：

四年五月初五日	同乐园	
阐道除邪 ²⁄本	分钱五十文	
十七日	同	
百子呈祥 螽斯衍庆	赏夏布一个	又香串一串
八月初一日	同	
坠马	赏银一两	
十二日	同	
九九大庆	分钱一百五十文	
七年正月初一日	重华宫	
下山	赏洋钱一个	
十五日	同乐园	
乐庆春台	饰喜神	赏缑子一包

是岁二月被裁退，随其父留京，但事略则无闻矣。

二狗

二狗习武丑，技术称上选，在南府唱此角者，除二狗外，尚不多见，计其演戏时地及所得赏赐如下：

道光三年五月初一日	望瀛洲
赛龙舟演把势卖艺	赏纱袍料一件
初五日	同
赛龙舟演杠子	赏一两银锞一个　又葛布一个
又	同乐园
闸道除邪 二本	分钱三百五十文
七月初一日	同
时迁偷鸡 鸣凤	赏五钱银锞一个
八月十二日	同
九九大庆	赏银五钱
十五日	同
天香庆节	赏五钱银锞一个
十二月三十日	重华宫
偷鸡 鸣凤	一两银锞二个
四年四月二十一日	同乐园
征西异传 六段	赏扇子一把
收罗成	银
偷鸡	银一两
二十二日	同

七段征西异传	香串一串	
八月初八日	同	
九九大庆 头本	银五钱	
十二日	同	
九九大庆 二本	茧绸半个	
九月十五日	同	
十一段征西异传	银五钱	
十月初一日	重华宫	
武大搬家	一两银锞二个	
初二日	同	
十二段征西异传	银五钱	
七年正月初二日	同	
天官祝福	饰福神赏一两银锞一个	
年年康泰	饰贼将赏一两银锞半个	

是岁二月被裁退，携眷离府，自谋生理，后事遂无考。

中　卷

生

费瑞生_{以下昆}

  瑞生江苏人，生于乾隆五十八年癸丑，幼入南府为外学学生，习老生兼末，尝数侍仁宗至热河；及道光七年改南府为升平署，勒令民籍人等回南之际，瑞生以故留京。至咸丰十载，为预备万寿计，曾于上年九月，即传旨要外边学生教习人名单，至本年二月十三日，由杨如意传谕，令再写一份交上。三月十四日，奉朱批谓："此次传进应差人等，着每月每人赏月银一两五钱，公费制钱一串，白米六石，房间酌量在升平署内房间暂住，勿庸专赏，待将来差务已毕，应撤应留，再行请旨遵行，钦此。"七日后，内务府即交到外边各戏班人二十九名。时升平署总管首领等，悉为曩昔南府内学之人所充任者，与费等属在故交，不以衰老而弃之，故将瑞生及陈金雀、范得保、周双喜等一般南府旧人，悉使入选；此外又挑十余人，共得二十之数，下剩九名，则予驳回。此际瑞生虽齿逾花甲，而健壮如恒，其登台献技，更不后于年少，计演戏时地及赏赐如下：

闰三月十五日	同乐园（在圆明园内）
封 王	赏银一两
四月初七日	同
单 刀 _{张玉合}	
五月初四日	同
谒 师 _{陈连儿 黄春奎}	赏银一两
初五日	同
演 戏	赏大卷蓝色官用宫绸一匹三分之一
十一日	同
演 戏	赏银一两

十七日，复下谕谓："现在里边当差之外边学生，除留当教习外，尚有愿在里边当差者，令其自行报名，总管安福，开单具奏，不必勉强，亦不准勒派。"明日安福按名询问，即留瑞生在内为教习，月银改为二两，白米改为十口，公费如故。

     六月初七日 同乐园
  势 僧 _{王瑞芳}
     初十日   同
  牧 羊 _{黄春全} 赏大卷实地纱一匹二分之一
     十七日   同
游园惊梦 _{严福喜 严宝麟 陈连儿}
     二十五日 同
  演 戏   大卷蓝色官用宫绸一匹三分之一
     七月十二日 同
  陈 情 _{陈连儿}

未几，遭英法联军之变，京师陷败，圆明园被毁，文宗于八月八日，驾幸热河，后和议虽成，而上意不乐回銮，中间停演者数月。孟冬，安福至热河请安，因下谕召署中内外人等赴行宫承应，瑞生即于十一月初四日往，继续演唱。

    十二月二十三日 烟波致爽
    演 戏 赏银一两
    二十四日

上问嘉庆年间至热河人名，总管即列瑞生以下八人上呈，文宗对之，慰劳有加，盖亦存恤故旧之意耳。

    十一年正月初四日 福寿园

　　　　　势　僧 _{王瑞芳}

　　　　　二十四日　　烟波致爽
游园惊梦 _{严福喜　陈连儿　严宝麟}　银五钱

　　　　　二月初一日　福寿园
　　　　　演　戏　　银一两
　　　　　初六日　　同
　　　　　单　刀　　银一两
　　　　　十五日　　烟波致爽
　　　　　牧　羊 _{黄春全}
　　　　　二十二日　同
三　怕 <sub>陈连儿　杜步云
黄春全　陈水年　方振泉</sub>　赏银五钱
　　　　　二十七日　同
　　　　　封　王　　银一两

三月初五日回京省视，二十二日返热。

　　　　　四月初三日　烟波致爽
　　　　　白罗衫　　银一两
　　　　　二十一日　同
　　　　　五　台 _{吴进忠（内）}　银一两
　　　　　二十六日　同
　　　　　浣纱记　　银一两
　　　　　五月初五日　同
　　　　　嵩　寿 _{王瑞芳　方瑞祥}　银五钱
　　　　　十五日　　同
　　　　　双冠诰　　银一两
　　　　　二十八日　同

出罪府场	钱阿四 黄春全	银一两
六月初九日		同
牧 羊	黄春全	
十四日		福寿园
三 怕	陈连儿 杜步云 黄春全 陈永年 方振泉	
七月初二日		如意洲
访鼠测字	黄春全 陈永年	银一两

七月十七日文宗崩，随众返京师。禁演期内，日有功课，授艺不辍。及新君即位之二年七月，忽下令将外边学生教习等，全数裁退。时瑞生年已七十有一，不数载病殁。观瑞生以微技历侍四朝皇帝，是亦有小勤劳者，年逾古稀，而犹不能终养，致再告失业，故时论颇为惋惜不置云。

黄春全

  春全习老生兼外，隶四喜班，在道咸两朝颇有名。咸丰十载，为预备万寿计，升平署曾上奏折，欲加添民籍学生教习，三月二十一日，即由内务府备文交进三十一名，但以人数不足，遂于二十三日再上疏云："奴才安福谨奏，前曾叩请讨民籍学生四十一名，蒙恩允准，今于三月二十一日，内务府交进外边各班承技人三十一名，奴才同内学首领等，挑选得二十名，剩十一名驳回。奴才叩请万岁爷天恩，再挑捕承技人十二名，谨此奏请。"此次所挑计四喜班四人，三庆班五人，怡德堂二人，景福堂一人，其首选则春全是也。追入署后，承应颇繁，其演唱时地及赏赐则有如下列：

四月初一日	同乐园

前金山	王瑞芳	赏小卷酱色五丝一件二分之一
十五日		同
神谕		赏大卷蓝色官用宫绸一件四分之一
五月初四日		同
写本	许殿山	大卷酱色官用宫绸一匹三分之一
谒师	陈连儿 费瑞生	银一两
初五日		同
罗衫记		银一两
十一日		同
浣纱记		大卷蓝色官用宫绸一匹三分之一
十五日		同
饭店		大卷蓝色官用宫绸一匹三分之一
二十二日		同
雷峰塔		银一两
二十八日		挑选教习改月银二两
六月初七日		同
逼休	许殿山	
跪池	杜步云 陈连儿	
初九日		同
绣房别祠	杜步云 陈永年	
盘秋	许殿山 杜步云 杨瑞祥	
初十日		同
牧羊	费瑞生	
扫松	陈永年	赏大卷实地纱一匹二分之一
二十五日		同
小逼	周双喜	大卷蓝色官用宫绸一匹三分之一
二十六日		同

反 诳	严福喜	大卷酱色官用宫绸一匹三分之一
七月十五日	同	
望 乡	陈连儿	

本月，值英法联军之变，文宗蒙尘，北狩热河，和议告成，仍留该地，十一月下谕，召署中内外人等赴行宫承差，春全即于初四日往，接续演唱。

十一月二十一日	烟波致爽	
饭 店	杜步云	银一两
二十月十五日	同	
跪 池	杜步云 陈连儿	银一两
二十三日	同	
前金山	王瑞生	银一两
十一年正月初四日	福寿园	
望 乡	陈连儿	
十五日	同	
绣房别祠	杜步云 陈永儿	
十六日	同	
写 本	许殿山	银一两
二十四日	烟波致爽	
扫 松	陈永年	银一两
二月初一日	同	
演 戏	银一两	
初六日	同	
盘 秋	许殿山 杜步云 杨瑞祥	赏银一两
十五日	同	
牧 羊	费瑞生	
十六日	同	

逼　休 _{许殿山}　　银一两

　　　十八日　　同

　　　小　逼 _{周双喜}

托　梦 _{陈四保　沈长儿　杨瑞祥}

水斗　断桥 _{杜步云　严福喜　陈连儿}

　　鸿门撇斗 _{侯福堂}　　银一两

　　　二十日　　同

　　　望　乡 _{陈连儿}

白良关 _{沈长儿　陈四保　产金传}

_{杨瑞祥　孙保和　张三福　冯双德}

　　　二十二日　　福寿园

　　　反　诳 _{严福喜}　　银一两

　　　三　怕 _{陈陈儿　陈永年}

_{费瑞生　杜步云　方振泉}

　　　二十五日　　烟波致爽

战成都 _{沈长儿　冯双德　张三福}

_{陈九儿　陈连生　张开}

　　　三月初一日　　福寿园

　　　杜宝劝农　　银一两

　　　初八日　　烟波致爽

　　见　娘 _{产金传　范得保}　　银一两

　　　十五日　　福寿园

　　　演　戏　　银一两

二十二日给假回京省视，四月八日返热。

　　　四月十二日　　烟波致爽

　　逼　休 _{钱阿四}　　银一两

醉　圆 _{杜步云　杨小兰　阿金}　赏银一两
　　　　　十六日　　同
　　　　扫　松 _{陈永年}
　　　　跪　池 _{杜步云　陈连儿}　银一两
　　　　　二十六日　同
卖兴当巾 _{产金传　方瑞祥　陈永年}　银一两
　　　　五月初一日　同
　　　　学　堂 _{杜步云　方瑞祥}　银一两
　　遣青杀德 _{方瑞祥　陈永年}
　　　　　初十日　　同
　　上朝扑犬 _{侯福堂}　银一两
　　　　　十五日　　同
　　　　双官诰　　银一两五钱
　　　　　二十八日　同
　　　出罪府场 _{钱阿四}　银一两
　　　　六月初二日　同
　　　　钗钏记　　银一两
　　　　　初九日　　同
　　　　牧　羊 _{费瑞生}
　　　　　十四日　　福寿园
　　　　写　本 _{钱阿四}
　　　三　怕 _{陈连儿　费瑞生}
　　　　　_{杜步云　陈永年　方振泉}
　　　　七月初二日　如意洲
　　访鼠测字 _{费瑞生　陈永年}　银一两
　　　　　初三日　　同
　　　　谏　父 _{严福喜}　银一两
　　　　　初八日　　同

天 嗔 _{方振泉}		银一两
卖书纳婚 _{许殿山 杜步云 方瑞祥}		银五钱
十二日		福寿园
女 词 _{杨小兰 陈连儿}		

过五日而文宗崩逝，随众返京师，居留署内，教授不辍，同治元年六月十四日卒，年仅三十有四。按宫中恩赐，比较论之，实以绸丝为上赏，此期所挑昆腔生末，只费瑞生与黄两人；费既年老，扮演较稀，其重要之戏，悉为黄饰，而所得恩赉又上赏独多，则其艺必大有可观者，惟享年弗永，事迹无闻，不亦深可惜乎！

黄得喜_{以下乱}

黄得喜为四喜班之黄腔老生；咸丰十年三月二十三日，与黄春全同时挑进，其演戏时地及赏赐如下：

四月初七日		同乐园
沙陀国 _{吴关喜}		赏小卷蓝八丝缎一件三分之一
十五日		同
演 戏		大卷蓝色官用宫绸一件四分之一
收罗成		银
教 子 _{翠香 朱阿三}		银一两
二十二日		同
戏 妻 _{翠香 杨瑞祥}		银一两
望儿楼 _{沈长儿}		
六月初七日		同

弹　词
　　初八日　　同
跑　坡 翠香
　　初九日　　同
击　掌 翠香　　大卷实地纱一匹三分之一
　　十七日　　同
芦花河 翠香　　银一两

先是五月十七日，文宗曾下谕谓："现在里边当差之外边学生，除留当教习外，尚有愿在里边当差者，令其自行报明，总管安福，开单具奏，不必勉强，亦不准勒派。"时得喜审察情势，知宫中习好，仍重昆腔，乱弹诸戏，新不敌旧，遂即与乌松寿、翠香、韩双盛、郭三元、陆双玉、曹玉秀等七人，具名列奏，不愿在内当差。及差事已毕，当于本月二十一日退出，不慕荣利，见机而退，呜呼，若数人者，亦可谓明哲之士矣。

陈嵩年

嵩年一作松年（见同十二春台花名），习黄腔老生，咸丰十一年四月初五日，由内府挑选赴热河行宫承差，演戏时地及赏赐如下：

　　四月初七日　　烟波致爽
表　功 张三元　　实银一两
　　十二日　　　同
游武庙 董文　　银一两
　　二十一日　　同
　　演　戏　　　赏银一两

　　　　二十六日　　　同

　　摔　琴 钱喜禄　银一两

　　　　五月初一日　　同

　　　　　玉玲珑　　银一两五钱

　　　　初十日　　　　同

　　　　　三进士　　银一两

　　　　六月初二日　　同

　归家献丹 产金传 杨瑞祥

　　　　荐诸葛 张三元　银一两

　　　　　十八日　　如意洲

　　寄　子 杜步云

　　　　　二十二日　　同

　　打沙锅 陈四保 沈长儿　银一两

　　　　　二十六日　　同

　　　　　清官册

　　　　七月初一日　　同

　　　　　打棋盘　　银一两

　　　　　初三日　　　同

　　　　花亭饮宴 张三元　银一两

　　　　　初七日　　　同

　　　　议　剑 王瑞芳　银一两

　　　　　初八日　　　同

　玉堂春 汪竹仙 吴寿生 董文　赏银五钱

　　　　　十三日　　　同

　　　　华山着棋 董文　银一两

十七日文宗崩，随众回京，同治二年七月被裁退，时年四十六岁。

张三元

　　三元习黄腔老生。属春台班；咸丰十一年由内府挑选。于四月初五日入热河行宫当差。演戏时地及赏赐如下：

	四月初六日	烟波致爽
戏　凤	陈金桂	赏银一两
	初七日	同
表　功	陈嵩年	银五两一钱
善宝庄	董文	
	十二日	同
观　画	汪竹仙	银一两
	十六日	同
伪旨召桂		银五两一钱
	二十一日	同
演　戏		银五钱
	五月初五日	同
南天门	郭禄寿	银一两五钱
	十五日	同
碰　碑		银一两
	十九日	同
定生扫雪	吴全禄 陈四保 齐双喜	赏银一两
	二十八日	同
文昭关	钱喜禄 董文	银一两
	六月初二日	同
荐诸葛	陈嵩年	银一两
	十四日	福寿园

状元谱 _{杨瑞福 汪竹仙 潘五 陈四保}

　　　　十五日　　同

问　计 _{陈长寿}

　　　　二十六日　　如意洲

骂王朗

乾坤带 _{沈长儿 玉香 孙保和 陈金桂}　　赏银一两

　　　　七月初一日　　同

　　　　清官册　　银一两五钱

　　　　初三日　　同

花亭饮宴 _{陈蒿年}　　银一两

　　　　初四日　　同

洪洋洞 _{陈长寿 孙保和 董文}　　赏银一两

　　　　初七日　　同

南阳关 _{董文}　　银一两

　　　　十一日　　同

徐达封王 _{陈长寿}　　银一两

　　　　甘露寺　　银一两

　　　　十二日　　福寿园

　　　　探五阳　　银一两

　　　　十三日　　如意洲

辕门斩子 _{杨瑞祥 陈长寿 陈金桂}　　赏银一两

　　　　十四日　　同

　　　　取荥阳　　银一两

　　十七日文宗升遐，随返京师，同治二年被裁退，时年四十二岁，即仍回春台出演，同治三年、光绪二年、光绪六年本三种《都门纪略》中，皆著三元之名，列于首选；录其戏色为"庆阳图"李广，"对花枪"杨滚，"天雷报"老旦，

"解宝收威"程敬思,"节义廉明"杨春,"破洪州"杨六郎,与宫内所演,概无重复者,因是便足见其艺术之博,而名下亦无虚也。后以光绪辛壬间卒,年六十余岁。

陈长寿

陈长寿系嵩年之子,亦习黄腔老生;咸丰十一年四月五日,与其父同时入热河行宫承差,演戏时地及赏赐如下:

	四月初六日	烟波致爽
骂 曹	孙保和	赏银一两五钱
	十二日	同
跑 坡	叶中兴	银一两
	十六日	同
陈宫放曹	孙保和 董文	银一两
	二十一日	同
大保国	孙保和 钱阿四 冯双德	银一两
	五月初一日	同
换 子	杨瑞祥	银一两
	二十八日	同
太君辞朝	杨瑞祥	银一两
	六月十五日	福寿园
问 计	张三元	
	二十六日	如意洲
醉 写	汪竹仙	
	七月初一日	同

演 戏	银一两
初三日	同
六郎御状 钱阿四	银一两
初四日	同
洪洋洞 张三元 孙保和 董文	银一两
十一日	同
徐达封王 张三元	
十三日	同
辕门斩子 张三元 杨瑞祥 陈金桂	
十四日	同
取荥阳	银一两

十七日文宗崩逝，随众回京，同治二年七月被裁退，时年二十一岁。

董文

董文字魁镛，俗多误作奎荣，山东潍县人也。父系本地如意科班学生，早卒；旋值山东荒旱，其母携二子董武及文，避难来京，赁屋于陕西巷，缝洗衣服，以维生计；又令二子入小和春习艺，有所望于长久也。兄武后卒于上海，未及归葬。文则于出科之后，即能自立，以黄腔老生，著称当时。咸丰十一年四月五日，由内府挑选，在热河行宫承差，演戏时地及赏赐如下：

四月初七日	烟波致爽
沙陀国 孙保和	赏银一两五钱
击 掌 吴寿生	
善宝庄 张三元	

十二日		同
游武庙	陈嵩年	银一两
十六日		同
陈宫放曹	陈长寿 孙保和	银一两
二十一日		同
演戏		银一两
二十六日		同
药王传	汪竹仙 孙保和	银一两
五月初十日		同
三进士		银一两
二十八日		同
文昭关	钱喜禄 张三元	银一两
六月二十六日		如意洲
审刺	冯双德	
七月初一日		同
战成都		银一两
初二日		同
探营		银一两
初四日		同
戏妻	陈金桂 沈长儿	银一两
洪洋洞	张三元 孙保和 陈长寿	
初七日		同
南阳关	张三元	银一两
初八日		同
玉堂春	汪竹仙 吴寿生 陈嵩年	银五钱
十一日		同
甘露寺		银一两

十三日	同	
钓鱼卖柴 杨瑞祥 妥一	银一两	
华山着棋 陈嵩年	银五钱	

十七日文宗崩，随众返京师，同治二年七月被裁退。明年，加入张二奎之双奎班，出演数载。十一年始改搭四喜，自后二十余年之中，四喜几经改组，概未他去。其后，于光绪十九年秋月，随四喜班入宫内承差，慈禧太后见文名，召而问之曰，汝即曾侍显皇至热河之董文乎？对曰然，后因言曰，尔犹健在，而老主崩逝，即陵木已堪拱矣。今日重见旧人，不觉百感交集，语未竟，已泪下如雨，随唤内侍，取银二十两付之，并慰抚有加。想此际慈禧之心，与唐明皇自蜀回，重听梨园子弟，玉琯发音，奏霓裳一曲，又何异哉！宜其重有所伤戚也。光绪二十八年卒于家，年七十岁。子二，曰凤岩习武生，曰凤年习场面，今在梨园馆办事。弟子有汪桂芬、刘桂庆、迟韵卿、汪金林、陈福胜、陈连魁、冯金寿、陈丹仙等，在晚清梨园界，皆甚显著，门墙桃李，亦云盛矣。

张三福 兼武生

三福字芝亭，安徽人；父上元唱文武老生，为乾隆五十五年，高宗八旬万寿，与高朗亭偕来都下，期织三庆徽班之一人。抵京数年，颇能自立，乃娶妻吴氏，生子二，次曰四喜，娶潘氏；长即三福，娶叶氏。三福生于嘉庆十六年辛未，亦习老生，能继父业，道光间甚为三庆徽班所倚重。咸丰十载，年已五旬，于四月初七日，由内府交进，入署列于武生之选，计其演戏时地及赏赐如下：

五月初五日	同乐园	
翠屏山	赏大卷蓝色官用宫绸一匹三分之一	
十五日	同	

　　　　　玉玲珑　　银一两
　　六月十七日　　同
　　　　　青峰寨　　银一两
　　十八日　　同
　　　　　铁龙山　　大卷蓝色官用宫绸一匹三分之一
　　二十五日　　同
　　　　　三义灭寇　　银一两
　　二十六日　　同
　　　　　白水滩　　银一两
　　七月十二日　　同
　　　　表　功　产金传

中遭英法联军之变，停演者数月，十一月初四日，奉旨往热河行宫，续行演唱。

　　十一月二十一日　　烟波致爽
　　　　　战潼台　　银一两
　　十二月初一日　　同
　　　　　太平桥　　银一两
　　十五日　　同
　　　　　一捧雪　　银一两
　　二十三日　　同
　　　　　状元印　　银一两
　　二十九日　　同
　　　　　磐河战　　银一两
　　十一年正月初二日　　福寿园
　　　　　金锁阵　　银一两

	初四日	同
	安天会	银一两五钱
	十五日	同
	摩天岭	银一两
	十六日	同
	朱仙镇	银一两
	二十四日	烟波致爽
	青石山	银一两
	二月初一日	福寿园
	四盟山	银一两
	初六日	同
	采石矶	银一两五钱
	初十日	烟波致爽

渭水河 吴全录
南阳关 沈长儿

	十三日	同

荐诸葛 沈长儿
白绫记 孙保和 产金传

	十六日	同
	镇潭州	银一两
	十八日	同

表　功 产金传

	二十日	同

白良关 沈长儿 黄春全 陈四保
　　　产金传 杨瑞祥 孙保和 冯双德

	二十五日	同

锤换带 陈连生 孙保和
虎囊弹 孙保和
战成都 沈长儿 冯双德 黄春全

　　　　　　陈九儿　陈连生　张　开
　　　　　　三月初一日　　福寿园
　　　　　　　金遇缘　　　银一两
　　　　　　　初四日　　　烟波致爽
状元谱 杨瑞祥 张开 产金传 陈四保　赏银一两
　　　　　　　初八日　　　同
　　　　　　　搬　山　冯双德　银一两
打　店 孙小云 冯双德 陈九儿
　　　　　　　十七日　　　同
　　　　　　　下河东　沈长儿　银一两

二十二日应回京省视，但三福仍留热。

　　　　　　　二十三日　　烟波致爽
　　　　　　　庆顶珠　　　银一两
　　　　　　　四月十六日　同
　　　　　　　定军山　　　银一两五钱
　　　　　　　二十一日　　同
杀　皮 玉香 潘五 妥一　　赏银一两
　　　　　　　二十六日　　同
　　　　　　　武当山　　　银一两
　　　　　　　五月初一日　同
　　　　　　　蔡家庄　　　银一两
　　　　　　　初五日　　　同
　　　　　　　尼姑庵　　　银一两
　　　　　　　初十日　　　同
　　　　　　　神州擂　　　银一两
　　　　　　　十五日　　　同

	女三战	银一两
	十九日	同
	三岔口	银一两
	二十八日	同
	藏风寨	银一两
	六月初二日	同
	昊天关	银一两
	二十二日	如意洲
	迷魂岭	银一两
	七月初七日	同
	群英会	银一两
	十一日	同
	甘露寺	银一两
	十四日	同
杀狗劝妻 孙四多 沈长儿		银一两
	十五日	同
	白水滩	银一两

过二日文宗崩，随众回京师，同治二年被裁退；仍返三庆班出演，名见本年七月班主程椿所上之花名单内。十一年改搭四喜，以字行而不敢名，盖尊老之意也。德宗即位之二年，开禁期届，各班次第报庙，芝亭依旧在四喜班，未尝他就，后数年病殁，年七十余岁。子富有，长孙长保，皆另有传，兹不录。其先世，则芝亭三孙淇山，为余亲口所述，故言之较为详尽耳。

钱喜禄

钱喜禄者字畹卿，顺天人也；习黄腔老生，为敬业堂弟子，名见《法婴秘笺》一书。咸丰十一年四月五日，由内府挑进，在热河行宫承差，演戏时地及赏赐如下：

四月初六日	烟波致爽	
芦花河	叶中兴	赏银一两五钱
初七日	同	
戏　妻	吴寿生　杨瑞祥	银一两
十二日	同	
教　子	郭禄寿　朱阿三	银一两五钱
二十六日	同	
摔　琴	陈嵩年	银一两
五月初一日	同	
上天台	孙保和　冯双德	银一两
十九日	同	
牧羊圈	郭禄寿　沈长儿	银一两五钱
二十八日	同	
文昭关	张三元　董文	银一两五钱
六月十四日	福寿园	
教　子	郭禄寿　朱阿三	
二十六日	如意洲	
回龙阁	钱阿四	
七月十二日	福寿园	
芦花河	吴寿生	银一两

及文宗崩后，随众返京，同治元年七月初一日卒，年仅二十岁；绝艺在身，妙龄早逝，惜哉。

小生

陈金雀 以下昆 附陈寿山

　　金雀本姓姚氏，系出镇江东乡之姚家桥。先世有名振扬者，于顺治戊子，因避土寇沈五、陆四之乱，始迁于金匮县延祥乡甘露镇西之濠上而居焉。六传至长兴，娶妻陈氏，生二子大荣、芳荣。大荣号曰煦堂，自称学古篆伶人，由苏来京，始冒其母氏之姓，而改姓为陈。入南府拜孙茂林门下，习小生，首演"乔醋"蒙仁宗赏识，敕赐名曰金雀，常侍从至热河。迨仁宗驾崩，四海遏密，南府亦停止承应。道光二年十一月开禁，始恢复差事，计其演戏及赏赐如下：

道光三年二月十五日	重华宫
中兴会	赏洋钱一个
五月初五日	同乐宫
阐道除邪	分钱二百五十文
四年正月初九日	重华宫
珍珠配	小刀一把
十九日	同乐园
看状	
二月二十五日	同
二段 征西异传	在第一第四第五出中饰李庆先
三月十二日	同
三段 征西异传	在第四出饰明月第六出中饰唐太子
五月初五日	同
阐道除邪	分钱二百文
七月初一日	同

八段 征西异传		赏香串一串
八月十五日		同
神州会		赏银五钱

及道光七年，南府改升平署之际，将民籍学生，全数裁退，勒令回南；惟金雀以故留京，赁屋于南柳巷，自署门额曰余庆堂，即搭四喜班出演。事隔三十余年，至咸丰十载，文宗为预备万寿演戏，再令挑选外边学生，时总管首领等，悉为南府内学太监所升授者，与金雀皆属故旧，遂派随手潘三、钱四，至其家中，晤谈一切。金雀素善筮卜之学，相传值家人之丧，需用出殡仪仗，当召杠房主人，来与议价。先发问曰，用簇新仪仗，价银多少？曰若干数；曰污旧仪仗，曰若干数；曰若取消绸缎所制幡伞之面，而惟用竹木支架，又银多少？曰半污旧之数。金雀曰，若然，今可以最低之额，作定议矣，闻者，及杠房主人，皆诧异之。届日，天降大雨，满路泥泞，虽赁幡伞，亦无所用，一时莫不服其神验。至是亦发易占之，得中孚一挂，曰事必谐矣，即由各戏班中拟得二十九名备选；经署内酌定，九名驳回，留二十人在内，而金雀为之首焉。三月十四日，奉朱批，着每人赏食月银一两五钱，白米六石，公费制钱一串。二十一日，由内务府备文交入，在署中之演戏赏赐如下：

闰三月初一日		同乐园
定情赐盒	严福喜	银八钱九分

五月十七日，文宗下谕，问愿在内当差挑选教习者，小生一色，即以金雀任之，月银改为二两，白米改十口，公费如故。除授艺太监而外，仍不时露演：

六月初九日	同乐园
演寿戏	赏大卷实地纱一匹二分之一
十七日	同

| 梳妆掷戟 | 严福喜　乔荣寿　周双喜 | 按乔为内学太监，系陈之弟子，今演此戏，故兼赏其师大卷蓝色官用宫绸一匹二分之一 |

十八日	同
琵琶行	严宝麟	银一两
七月十二日	同
鹊桥密誓	严宝麟

　　旋值英法联军攻陷北京，圆明园被毁；文宗于八月八日，驾幸热河；追和议告成，上意不乐回銮，遂羁留塞北，放逸林泉。十一月，总管安福赴热请安，奉谕旨着升平署内外人等，分三拨至行宫承差；金雀即于初八日往，腊月二十四日，帝忽欲知嘉庆年间，上过热河人名，总管等即具列费瑞生、陈金雀、周双喜、范得保、张开、陈永年、钱恩福、钱恩寿八人以对，文宗当播迁之际，偶忆曩昔国家之盛，而垂问及梨园旧人，是其中盖有无限之凄怆也；故对陈等，亦慰抚弥加，尝亲至钱粮处，观其授太监艺，一日教唱"闻铃"武陵花曲，至"萧条恁生"句，"恁"应作去声，而陈读"怎"作上声，文宗指其非是，金雀答谓系按旧曲谱之声读者，文宗云："旧谱固已误耳"，其上下之互能砥砺，研订昆曲，有如此者，越明年，金雀已六十二岁，便不常登台，所可知者，计三次：

| 二月二十日 | 烟波致爽 |
| 琵琶行 | 严宝麟 |

　　三月初五日给假回京省亲，二十日返热。

四月初三日	烟波致爽
白罗衫	银一两
五月十九日	同

　　　　　琵琶行　　　银一两

　　七月十七日，文宗崩，随众返京师，国服期内，教演不辍，洎穆宗即位之二年，下谕裁革民籍人等，金雀遂又退出。家居颐养，日以课其儿孙习艺为事。金雀有子三人，长寿山，次寿彭，三寿峰，皆发妻缪氏所出。光绪三年十二月初三日卒，年七十八岁。葬于西郊白石桥陈氏新陇之内，为金雀生前所自度之佳城也。诸子惟寿山无传，今附于后。

陈寿山

　　陈寿山者，字永龄，金雀之长子，道光八年六月二十一日生。亦皆小生，同治间曾搭三庆、四喜等班，年四十余卒。子一，艺名啸云，为景和、梅巧玲弟子，后颇蜚声梨园，别有传在，兹不叙及。

产金传

　　金传姓产氏，安徽安庆人，为徽班世家，嘉庆朝有产百福、产太林，皆著名梨园，有闻于时。金传身颀长，而目尤秀朗，饰小生，扮相颇极英隽，以乡籍故，终身隶三庆徽班。咸丰十年，年已五十有一，于三月二十一日，由内府挑入升平署当差，赏食月银一两五钱，后改二两，公费制钱一串，白米六石，后改十口，其演戏时地及所得赏赐如下：

　　　　闰三月十五日　　同乐园
　　　　见　娘 范得保　　赏银一两
　　　　四月初一日　　　同
　　　　连升三级 韩双盛　　银一两
　　　　　十五日　　　　同

演　戏　　大卷蓝色官用宫绸一件四分之一

五月初四日　　同

打面缸　曹玉秀　陈四保

　　　韩双盛　沈长儿　　银一两

六月初九日　　同

认　子　许殿山

二十五日　　同

演　戏　　银一两

七月十二日　　同

表　功　张三福

未几，遭英法联军之役，文宗北狩。十一月下谕，召升平署内外人等赴热河承应，金传当于初四日往，继行演奏：

十一年二月初一日　　福寿园

认　子　许殿山　　银一两

初十日　　烟波致爽

训　子　侯福堂

十三日　　同

白绫记　　银一两

十八日　　同

表　功　张三福

荣　归　严福喜　陈四保　沈长儿

二十日　　同

连升三级　陈四保　沈长儿

白良关　沈长儿　黄春全　陈四保

杨瑞祥　孙保和　张三福　冯双德

清代伶官传

		三月初一日	福寿园
		风筝误	银一两
		初四日	烟波致爽
打面缸	陈九儿 陈四保 陈连生 沈长儿		
状元谱	杨瑞祥 张开 张三福 陈四保	银一两	
		初八日	同
	见 娘 范得保	银一两	
		十五日	同
		演 戏	银一两
		十七日	同
	连升三级 陈四保 沈长儿	银一两	

二十二日应回京省视，但金传仍留热河。

		二十三日	烟波致爽
	男 祭 范得保	银一两	
		四月二十六日	同
卖兴当巾	陈永年 黄春全 方瑞祥	银一两	
		五月初五日	同
		演 戏	银五钱
		十五日	同
	认 子 钱阿四	银一两	
		六月初二日	同
	归家献丹 陈嵩年 杨瑞祥	银一两	
		十八日	如意洲
	训 子 侯福堂		
		七月初一日	同
		战成都	银五钱

十七日，文宗晏驾，阍署内外人等，折回都下。遏密期内，仍给钱粮，及同治二年被裁退，遂重返三庆。金传与班主程长庚，故极相得。程氏本以黄腔著称，但昆生戏，亦常出演，《都门纪略》尝载其饰，"钗钏记"问官一角，而配皇甫吟者，则非金不演。程又颇以"回头岸"自喜，但因饰刘达生无佳者，辄以为憾。时王楞仙年甚幼稚，习小生，为玉珊所器重，当即特恳金传教之，以便与己配演。他若"亭会"一出之身段，则惟徐小香能得其传。清末小生，必首徐小香，后则王楞仙，盖二人者，皆曾受金传之衣钵也。同治末年卒，无子，由三庆班为之料理身后，得以安葬云。

陈连儿

陈寿彭字永年，连儿者其小名也，为金雀之次子，道光十二年闰九月初一日生。幼传家学，随其父习艺，及长即搭三庆、四喜等班出演。咸丰十年三月二十一日，由内务府挑选，偕其父入署承差，因父老之故，所有吃重戏出，多自任之，故演唱之繁，独出诸伶上，计其时地及赏赐如下：

	闰三月初一日	同乐园
乔 酷 _{张云亭}		赏银八钱九分
	四月初七日	同
诧 美 _{许殿山 严福喜}		
	五月初四日	同
谒 师 _{费瑞生 黄春全}		
独 占 _{严宝麟}		大卷酱色官用宫绸一匹三分之一
	初五日	同
罗衫记		大卷酱色官用绸一匹三分之一
	十一日	同
后 约 _{严宝麟 范得保}		大卷酱色官用宫绸一匹三分之一

十五日	同	
游　寺	王瑞芳	银一两
偷　诗	严福喜	
二十二日	同	
雷峰塔		大卷酱色官用宫绸一匹三分之一
六月初七日	同	
教　歌	陈永年　周双喜	
跪　池	杜步云　黄春全	
忝　相	周双喜	
初九日	同	
茶叙问病	杜步云　范得保	
舟　配	严宝麟　陈四保	
初十日	同	
楼　会	杜步云	大卷实地纱一匹二分之一
十七日	同	
跳墙着棋	杜步云　严宝麟	
游园惊梦	严宝麟　严福喜	费瑞生
相面报信	侯福堂	赏银一两
十八日	同	
赏　荷	严福喜	
秋　江	杜步云	大卷酱色官用宫绸一匹三分之一
二十五日	同	
折柳阳关	严宝麟	大卷蓝色官用宫绸一匹三分之一
二十六日	同	
草桥惊梦	杜步云	银一两
七月十二日	同	
陈　情	费瑞生	
十五日	同	

园　会 _{杜步云}

望　乡 _{黄春全}

十一月初四日在头拨内往热河。

十一月十一日	烟波致爽
偷　诗 _{严福喜}	
二十一日	同
游　寺 _{严福喜　严宝麟　王瑞芳}	银一两
十二月初一日	同
乔　醋 _{严福喜}	银一两
十五日	同乐园
跪　池 _{杜步云　严宝麟}	银一两
二十三日	同
跳墙着棋 _{杜步云　严宝麟}	银一两
二十九日	同
絮　阁 _{严福喜　张开}	银一两五钱
十一年正月初四日	福寿园
望　乡 _{黄春全}	
十六日	同
相面报信 _{侯福堂}	银一两
二十四日	烟波致爽
游园惊梦 _{严福喜　严宝麟　费瑞生}	银一两
二月初六日	福寿园
独　占 _{严宝麟}	银一两
初十日	烟波致爽
盘　夫 _{严福喜}	
十三日	同

赏 荷 严福喜		
	十六日	同
醉 归 杜步云		银一两
	十八日	同
水斗 断桥 杜步云 严福 黄春全		
	二十日	同
望 乡 黄春全		
	二十二日	福寿园
三 怕 黄春全 费瑞生		
杜步云 陈水年 方振泉		赏银一两
	二十五日	烟波致爽
楼 会 杜步云		
	三月初一日	福寿园
风筝误		银一两
	初四日	烟波致爽
折柳阳关 严宝麟		银一两
秋江送别 杜步云		银五钱

初五日回京省视,二十二日返热。

	二十三日	烟波致爽
交账送礼 杜步云		银一两
	二十七日	同
姑阻失约 严宝麟 杨瑞祥		银一两
	四月初三日	福寿园
桂花亭 严宝麟		银一两五钱
	初六日	烟波致爽
问 樵 妥一		银一两

十二日　　同
茶叙问病 _{张多福　杨瑞祥}　银一两
十六日　　同
跪　池 _{杜步云　黄春全}
二十一日　同
盗　绡 _{严福喜　侯福堂}　银一两
二十六日　同
浣纱记　银一两
五月初一日　同
偷　诗 _{严福喜}　银一两
初五日　　同
跳墙着棋 _{杜步云　严宝麟}　银一两
十五日　　同
絮　阁 _{严福喜　张开}　银一两
二十八日　同
钗训记_{前段}　银一两
六月初二日　同
钗训记_{后段}　银一两
初八日　　福寿园
游　寺 _{严福喜　严宝麟　王瑞芳}
连升三级 _{潘五　汪竹仙}
十四日　　同
三　怕 _{黄春全　费瑞生}
　　　　_{杜步云　陈永年　方振泉}
十五日　　同
夺　食 _{严宝麟}
二十六日　烟波致爽

折　柳 严宝麟

　　七月初三日　　如意洲

　　　拾画叫画　　银一两

　　　初四日　　同

　　　盘　夫 严福喜　银一两

　　　十一日　　同

　　　湖　楼 陈永年　银一两

　　　十二日　　福寿园

女　词 杨小兰 黄春全

文宗崩后，随众回京，同治二年被裁退，即搭三庆班出演。至十一年，改四喜班。明年全福科班成立，又加入为教习。迄光绪三年，为国服后开禁之期，各班改组，寿彭仍在四喜班中。不幸于四月晦日，遽殁，年止四十六岁，有子五人，曰桂亭、桂璋、桂泉、桂岚、桂馨。桂璋、桂泉，后外出，随京官为吏，余则仍习伶业，颇知名，瓜绵至今，为不绝云。

阿金

阿金姓张氏，江苏人也。习昆小生，在京之班籍不详。咸丰十一年四月五日，由内务府交进，在热河行宫承差，演戏时地及赏赐如下：

　　　四月初六日　　烟波致爽

　　乔　醋 严宝麟　银一两

　　　初七日　　同

　　独　占 杨小兰　银一两

　　　十二日　　同

醉　圆 杨小兰 杜步云 黄春全　银一两

　　　　二十六日　　　同
　　琴　挑 _{张多福}　　银一两五钱
　　　　五月初十日　　同
　　亭　会 _{杜步云}　　银一两
　　　　二十八日　　　同
　　楼　会 _{张多福}　　银一两
　　　　六月初二日　　同
　　踏　伞 _{杜步云}　　银一两
　　　　二十二日　　　如意洲
　　拾画叫画
　　　　七月初三日　　同
　　亭　会 _{杜步云}　　银一两
　　　　初七日　　　　同
　　梳妆掷戟 _{严福喜　侯福堂}　银一两
　　　　十五日　　　　同
　　琴　挑 _{张多福}　　银一两

隔二日，文宗崩，随众返京师，留居署内。至同治二年七月，被裁，时年二十八岁，后不知所往。

钱得庆

得庆小名得儿，为打家伙恩福之弟，以嘉庆十九年甲戌，生于南府官舍。幼习小生，年十岁拱挑选入府，道光三年六月初一日，引见于同乐园中，赏月银一两，白米五口，其演戏时地及所得赏赐如下：

　　　　三年八月初八日　　同乐园

	缝山控鹤	饰仙童 赏银五钱
四年五月初五日	同	
	阐道除邪 二本	赏手巾一条
八月十二日	同	
	九九大庆 三本	分钱一百五十文
十五日	同	
	神州会	赏荷包二个
九月十五日	同	
	起 布	赏泽绸一件
七年正月十九日	同	
	闯界求灯 得福	赏泽绸一件

　　是岁二月，被裁退，随兄留滞北方。至咸丰十年，复挑选入署，多充配角，已少主戏。十一月往热河，明年三月，赏假回京省视，二十二日返热。迄五月五日，不悉何故，私自逃走，内务府除止退钱粮外，并行文缉捕。后遂不知所终。

汪竹仙 以下乱

　　汪竹仙习黄腔小生，名属三庆徽班。咸丰十一年四月五日，由内务府挑进，于热河行在承差，其演戏时地及赏赐如下：

	四月初六日	烟波致爽
祭 塔 吴寿生		赏银一两
	十二日	同
观 画 张三元		银一两五钱
	十六日	同
摇 会 玉香 妥一 潘五 陈金桂		银一两

	二十一日	同
	红鸾喜	银一两五钱
	二十四日	同
药王传 董文 孙保和		银一两
	五月初五日	同
	蔡家庄	银一两
	初六日	同
拾　镯 严福喜 陈四保		银一两
	初十日	同
	三进士	银一两
	十五日	同
丽容探病 玉香 陈四保 潘五 陈嵩年		银一两
	六月初二日	同
贪欢报 玉香 陈连生 潘五 冯双德		银一两
	初八日	福寿园
连升三级 潘五 陈连儿		银一两
	十四日	同
状元谱 杨瑞祥 潘五 张三元 陈四保		
	十五日	同
闯　山 陈金桂 潘五		
	二十六日	如意洲
醉　写 陈长寿		
	七月初一日	同
	演　戏	银一两
	初二日	同
	六　殿 杨瑞祥	银一两
	初七日	同
	群英会	一两五钱

	初八日	同
玉堂春 吴寿生 董文 陈嵩年		银五钱
	破洪州	银一两
	十一日	同
戏　洞 陈金柱		银一两
	甘露寺	银五钱
	十二日	同
	穆柯寨	银一两
	十四日	同
	收罗成	银一两
	十五日	同
查　关 玉香 潘五		

　　隔二日，文宗崩，随众回都下。及同治二年被裁退，时年三十三岁，即仍在三庆班露演。同治中叶以后，或家居，或他去，则不可知。按宫内普通赏银，多为一两，低者五钱；而竹仙之演"观画""红鸾喜"等戏，独能得一两五钱，是知其艺术，必有高出于人者在，惟因退休甚早，故旧都梨园耆宿，多不能述其事略，是亦大可惜哉！

朱阿三

　　阿三江苏人。习黄腔小生，为怡德堂弟子。年十五岁，与正旦许殿山同于咸丰十年三月二十三日，由内府交单上呈，至闰三月十二日入署，演唱时地及赏赐如下：

四月初七日	同乐园
叫　关	赏小卷蓝八丝缎一件三分之一

　　　　　五月十五日　　　同
　　　教　子 翠香 黄得喜　　银一两

十一月初八日往热河。

　　　　　十一年正月十五日　　福寿园
　　　　　　　叫　关
　　　　　二月十六日　　烟波致爽
　　　　　　镇潭州　　银一两
　　　　　二十日　　同
　　　　江东桥 吴全禄
　　　　　二十二日　　福寿园
　　百寿图 吴全禄 沈长儿　银一两
　　　　　三月初八日　　烟波致爽
　　　　江东桥 吴全禄　银五钱
　　　　　四月十二日　　同
　　　教　子 郭禄寿 钱喜禄　银五钱
　　　　　六月十四日　　福寿园
　　　教　子 郭禄寿 钱喜禄
　　　　　七月十一日　　如意洲
　　　　　冥　勘　　银一两

十七日，文宗崩，随即返京，同治二年被裁退，后事无考。

陆双玉

　　陆双玉者，江苏吴县人也。自其父畹卿，于嘉庆朝入京，即蜚声日下，尝起复春堂以教授弟子；其生平，略载《听春新咏》书中。畹卿有子五人，长早卒，次佩湘，三双玉，四玉凤，最小阿五，在梨园界中，皆甚显著。双玉习黄腔小生，文武兼擅，咸丰末年，号为冠绝。十年庚申，升平署挑选外边学生之际，特为罗致，武生一色，一人而已，于三月二十一日，由内务府备文交进，奉上谕赏月食白银一两五钱，稻米六石，公费制钱一串。时双玉年约二十八九，正当少壮，神采焕发，颀身圆面，扮相英武，而有姣好之态；至其技术，则念唱做派，悉臻神化，除"连环套""祝家庄""翠屏山"等不计外，若《三国志》戏之饰周瑜，聆者咸目为再世公瑾。故自入宫以来，承应颇烦，而恩赉亦多，计其演戏时地及赏赐银物有如下列：

闰月三月初一日　同乐园
杀　狗　曹玉秀　沈长儿　赏银八钱九分
十五日　同
拾　镯　曹玉秀　陈四保　银五钱
百寿图　吴关喜　沈长儿
铁弓缘　孙小云　陈四保　沈长儿　赏银一两
四月初七日　同
打　店　乌松寿
十五日　同
战洛阳　大卷蓝色官用宫绸一件四分之一
大月初七日　同
拷打拾柴　曹玉秀　陈四保　杨瑞祥
初九日　同
荣　归　曹玉秀　陈四保　沈长儿
送盒子　曹玉秀　韩双盛
摇　会　曹玉秀　韩双盛
乌松寿　陈四保　沈长儿　赏胶纱一匹二分之一
十七日　同
查　关　曹玉秀　银一两

双玉于入署之后，虽待遇优渥，皇恩不浅，但默察上之所好，署中情况，仍以昆曲为占优势，二黄戏乍入宫禁，有习俗难移之概。且文宗在五月十七日，又曾下谕，谓不愿在内承差者，可听其自便，不得勉强。故双玉与曹玉秀、黄得喜等七人，即具名以进。至是差事已毕，当于六月二十一日退出。明年文宗崩逝，海内遏密，陆亦居家修养，为再搭班之计。同治二年，七月开禁，各班次第成立，双玉应李双如之邀，入阜成班，名列生行之首。越明年，张二奎之双奎班复出，又坚决请陆加入演唱，陆亦允诺焉。后数年，更远赴沪上献技，其声誉，较在京都为尤著。值一蓄有资财之某妇人，惑陆色艺，显委身备妾媵之列，双玉亦深眷恋之。期满，携之北上。双玉本有房宅，在梁家园西夹道，其妻生子长明，且成童矣。既抵家后，乃不为大妇所容，尝冬月使衣貂裘，入厨下操作，并凌虐百端，妇不能堪，即言于双玉曰，现有财物，概付与君，君能舍我使回南，则此残生，尚可稍延，倘到海上，亦得再侍君子；不然长久若是，则我必无生理矣。双玉为之嘘唏者甚久，而无策以对，惟陆之心境既恶，体又加羸，虽搭永胜奎班，而已不复登场，仅在后台负指挥之责，时为同治十一年事也。不久，该妇便未告双玉，只身逸去。双玉既感其情义，又与发妻勃豀，亦抛弃家属，买舟南下，自是消息杳然，绝无还往。直至双玉病故，始有信抵京，家人以道里辽远，未遑往经纪其事。光绪初，其侄辈陆小芬等赴沪，始访闻故老，知已安葬梨园义地，乃更为立石以志。迄今，其孙辈有抵海上者，尚皆往致祭扫不绝云。

老旦

范得保昆

得保姓范，丑角增福之侄；嘉庆十二年丁卯，生于南府官舍。年六七岁，即将姓名上奏，月给钱粮。尝侍仁宗至热河，驾崩之后，便回居太平村内，悄密排演，至道光二年开禁，计得保之承应及分赏如下：

道光三年五月初五日	同乐园	
	阐道除邪 二本	分钱二百文
四年二月二十五日	同	
	二段 征西异传	在第二五六出中饰番兵
三月十二日	同	
	三段 征西异传	在第二三出中饰番兵第六出饰小军
四月二十一日	同	
	六段 征西异传	赏小刀一把
五月初五日	同	
	阐道除邪	分钱一百五十文
二十五日	祭地坛回在同乐园	
	七段 征西异传	香串一串
七月初一日	同乐园	
	八段 征西异传	香串一串
十月初二日	同	
	十一段 征西异传	银五钱

迄道光七年，将民籍学生，全数裁退，而南府亦改名为升平署，得保即随其家属回南，嗣方习演老旦。后十余年乃重返京师，搭班出演。至咸丰十年三月二十一日，得保又偕费瑞生、陈金雀等，同时回署，未几，复兼任教习，总其再演之戏与所得赏赐如下：

闰三月初一日	同乐园	
	劝妆	赏银八钱九分
十五日	同	

见 娘	产金传	银一两
四月初一日		同
挑帘裁衣	严宝麟 张开	银一两
五月初四日		同
后 诱	严福喜 王瑞芳	银一两
初五日		同
演 戏		赏大卷酱色官用官绸一匹三分之一
十一日		同
后 约	严宝麟 陈连儿	银一两
六月初八日		同
拷 红	杜步云	
初九日		同
茶叙问病	杜步云 陈连儿	

逾月，值英法联军之变，文宗北狩热河，中间停演。后总管安福至塞外请安，受口谕，命召内外人等，赴行宫承差，范即于十一月初四日往，续行演唱：

十二月十五日		烟波致爽
挑帘裁衣	严麟 张开	赏银一两
十一年正月初二日		福寿园
后 诱	严福喜 王瑞芳	
二十四日		烟波致爽
拷 红	杜步云	银一两
二月初一日		福寿园
羊 肚	张开	银一两
十六日		烟波致爽
妆 疯	侯福堂	银一两

二十五日		同
	劝 妆	
三月初八日		烟波致爽
见 娘	产金传	银一两
十五日		福寿园
挑帘裁衣	严宝麟 王瑞芳	银一两
二十三日		烟波致爽
男 祭	产金传	银一两
四月初一日		同
	白罗衫	银一两

初八日回京省视，二十四日返热。

二十六日		烟波致爽
	演 戏	银五钱
五月初五日		同
探监法场	钱阿四	银一两
二十八日		同
	钗训记	银一两五钱
六月二十二日		如意洲
羊肚汤	张 开	银一两
七月十三日		同
拷 红	杜步云	

十七日，文宗崩逝，升平署内外人等，皆得复回京师，仍住署内。国服期中，日以教演为事。及同治二年七月，应届开禁之时，而穆宗忽传旨，将民籍人等，又复行裁退，得保时年五十七岁，死亡年月，及有无传人，今俱不得而知矣。

杨瑞祥 昆兼乱

杨瑞祥若，四喜班之昆腔老旦也，而乱弹戏，亦优为之。咸丰十年闰三月十二日，与老生黄春全、黄得喜等，同时入署，其演戏时地及赏赐银物如下：

	四月初七日	同乐园
前 亲	王瑞芳 陈永年	
	五月初四日	同
相约 相骂	杜步云	赏大卷酱色官用宫绸一匹三分之一
	十一日	同
探 窑	翠香	银一两
	二十二日	同
戏 妻	翠香 黄得喜	银一两
	六月初七日	同
拷打拾柴	曹玉秀 陆双玉 陈四保	
	初九日	同
盘 秋	黄春全 杜步云 许殿山	
	二十五日	同
踏月窥醉	杜步云	银一两

八月，文宗北狩热河，瑞祥亦于十一月初八日，应召前往，在行宫承差。

	十二月二十九日	烟波致爽
钓金龟	陈四保	银一两
	十一年正月初四日	福寿园
踏月窥醉	杜步云	
	十六日	同
	朱仙镇	银一两五钱

　　　　　　二十四日　　烟波致爽
　　　　望儿楼 沈长儿　　银一两
　　　　　　二月初六日　　福寿园
盘　秋 黄春全 杜步云 许殿山　银一两
　　　　　　十三日　　烟波致爽
　　　　走　雨 杜步云
　　　　判　后 孙保和
　　　　太君辞朝 沈长儿
　　　　　　十八日　　同
托　梦 陈建生 陈四保 沈长儿
　　　　　　二十日　　同
白良关 沈长儿 陈四保 孙保和
　　冯双德 黄春全 产金传 张三福
　　　　　　二十五日　　同
　　　　写　状 沈长儿
　　　　借　饷 瑞祥
　　　　　　三月初一日　　福寿园
　　　　风筝误　　银一两
　　　　　　初四日　　烟波致爽
状元谱 张三福 张开 产金传 陈四保　赏银一两
　　　　　　十五日　　福寿园
　　　　走　雨 杜步云　银一两
　　　　　　二十七日　　同
姑阻失约 严宝麟 陈连儿　银一两
　　　　　　四月初三日　　同
　　　　绿牡丹　　银一两
　　　　　　初七日　　同

戏　妻 钱喜禄 吴寿生		
	十二日	同
茶叙问病 陈连儿 张多福		银一两
	二十一日	同
探　窑 吴寿		银一两
	二十六日	同
赶　会 玉香		银一两
	五月初一日	同
换　子 陈长寿		银一两
	初十日	烟波致爽
写状打弹 沈长儿 孙保和 陈连生		银一两五钱
	二十八日	同
太君辞朝 陈长寿		银一两
	六月初二日	同
归家献丹 陈嵩年 产金传		银一两
	十四日	福寿园
状元谱 张三元 陈四保 汪竹仙 潘五		
	七月初二日	如意洲
六　殿 汪竹仙		银一两
	初四日	同
岳家庄		银一两
	十一日	同
甘露寺		银一两
	十三日	同
钓鱼卖柴 妥一 董文		银一两
辕门斩子 张三元 陈长寿 陈金桂		
	十五日	同
借　饷 方瑞祥		

迨同治二年，被裁退，仍回四喜，时年四十一岁，后不知所终。

正旦

许殷山 以下昆

许殷山者，怡德堂之主人翁也，习昆正旦。咸丰十年三月二十三日，与黄春全同时挑得，而入署则在闰三月十二日，其演戏时地及赏赐如下：

	四月初七日	同乐园
诧 美 陈连儿 严福喜		
	五月初四日	同
写 本 黄春全	赏银一两	
	六月初七日	同
逼 休 黄春全		
	初八日	同
廊 会 严福喜		
	初九日	同
认 子 产金传		
盘 秋 黄春全 杜步云 杨瑞祥		
	七月十五日	同
	痴 梦	

本月值英法联军之变，圆明园被毁。文宗于八月初八日，驾幸热河，十一月下谕，召署中内外人等，赴行宫承差，殷山即于初四日往，继续演唱：

十一年正月十六日	福寿园
写　本 黄春全	银一两
二月初一日	同
认　子 产金传	银一两
初六日	同
盘　秋 黄春全　杜步云　杨瑞祥	银一两
十六日	烟波致爽
逼　休 黄春全	银一两
二十日	同
痴　梦	
三月初一日	福寿园
风筝误	银一两
四月初三日	同
廊　会 严福喜	银一两
七月初八日	如意洲
卖书纳婚 黄春全　杜步云　杨瑞祥	银一两

及文宗崩后，随众返京师。禁演期内，留署练习，同治二年七月，被裁退，时年五十四岁。

陈双喜

双喜习昆正旦，兼唱乱弹，为道咸朝名辈。咸丰十一年四月初五日，由内务府挑选，在热河行宫承差，演戏时地及赏赐如下：

四月初六日	烟波致爽
投　渊 张比禄	赏银一两

十二日	同
演 戏	银一两
二十一日	同
痴 梦	银一两
七月初四日	如意洲
岳家庄	银一两

未几，文宗崩逝，随众返京师，仍隶名内府，月支钱粮。及同治二年，被裁退，还复旧业。十一年，远赴申江，与杜蝶云、孙菊仙、大奎官等，出演于丹桂茶园，一时颇负盛誉。钱塘袁翔甫《丹桂九枝吟》第九首云："高弹别调陈双喜，金水桥边著姓名。好似穿花狂蛱蝶，鸦娘雏婢乱相并。"即为咏陈之作，时双喜年已五十有四，而犹与年少为伍，故有"鸦娘雏婢乱相并"之句；然其艺术之精，虽老弗衰，亦于此诗可见，后竟卒于海上而不返云。

吴寿生

吴寿生者习黄腔正旦，颇负时誉。咸丰十一年四月初五日，由内府挑选，在热河行宫承差，演戏时地及赏赐如下：

四月初六日	烟波致爽	
祭 塔	汪竹仙	赏银一两
初七日	同	
击 掌	董文	
戏 妻	钱喜禄 杨瑞祥	银一两
二十一日	同	
探 窑	杨瑞祥	银一两

五月初一日		同
	祭　江	银一两
七月初八日		如意洲
玉堂春 汪竹仙 董文 陈嵩年		赏银一两
十二日		福寿园
芦花河 钱喜禄		银一两

及文宗崩逝，随众回京，同治二年七月被裁退，时仅二十七岁。本年十月，加入刘万义、任春廷所成立之万顺奎班出演，数载后，该班报散，吴亦不见所之。

陈金桂

陈金桂者，习黄腔武旦，兼演正旦，咸丰十一年四月初五日，由内务府挑选，入热河行宫承差，演戏时地及赏赐如下：

四月初六日		烟波致爽
戏　凤 张三元		赏银一两
十二日		同
四郎探母		银一两
十六日		同
摇　会 玉香 汪竹仙 潘五 妥一		赏银一两
二十一日		同
红鸾喜		银一两五钱
五月初一日		同
玉玲珑		银一两五钱
初十日		同

三进士	银一两	
十五日	同	
女三战	银一两	
二十八日	同	
藏风寨	银一两	
六月十五日	福寿园	
闯　山 _{汪竹仙　潘五}		
二十六日	如意洲	
乾坤带 _{张三元　沈长儿　孙保和　玉香}		
七月初一日	同	
打棋盘	银一两	
初四日	同	
戏　妻 _{董文　沈长儿}	银一两	
初八日	同	
破洪州	银一两	
十一日	同	
戏　洞 _{汪竹仙}	银一两	
十二日	福寿园	
探五阳 _{张三元}	银一两	
十三日	如意洲	
辕门斩子 _{张三元　陈长寿　杨瑞祥}		

文宗崩后，回京，同治二年七月被裁退，时年三十二岁，他事无考。

郭禄寿

禄寿习黄腔，职为正旦。咸丰十一年四月十一日，由内务府挑进，在热河行宫承差，演戏时地及赏赐如下：

	四月十二日	烟波致爽
教　子 _{钱喜禄　朱阿三}		银一两
	十三日	同
扫　雪 _{陈永年}		
	五月初五日	同
南天门 _{张三元}		银一两
	十九日	同
牧羊圈 _{钱喜禄　玉香　沈长儿}		银一两
	六月十四日	福寿园
教　子 _{钱喜禄　朱阿三}		

逾月，文宗崩逝，随众返京师，及同治二年，被裁退，时年二十六岁。

钱阿四_{兼昆}

阿四正名玉寿，江苏吴县人也。兄金福，习昆正旦，为春台班主殷采芝所立之日新堂弟子，在道光中，颇有名。阿四自幼入苏州戏班习艺，亦唱昆腔正旦。道光末来京，搭四喜班出演，声技并茂，誉望翕然，陈金雀极为赏识，即以其女妻之。咸丰十一年四月初五日，由内务府挑选，在热河行宫承差，其演戏时地及赏赐如下：

四月初六日	烟波致爽
阳　告	赏银一两
初七日	同

红梅算命 玉香 潘五 陈连生	银一两
十二日	同
逼　休 黄春全	银一两
二十一日	同
大保国 孙保和 陈长寿 冯双德	银一两
五月初五日	同
探监法场 范得保	银一两五钱
十五日	同
认　子 产金传	银一两
十九日	同
跌　包 杜步云	
二十八日	同
出罪府场 黄春全	银一两
六月十四日	福寿园
写　本 黄春金	
二十六日	如意洲
回龙阁 钱喜禄	
七月初一日	同
演　戏	银一两
初三日	同
六郎御状 陈长寿	银五钱
十四日	同
廊　会 张多福	银一两

十七日文宗崩，随即归京，同治二年七月被裁退。本年十月，四喜班于开禁后新组成。班主袁听泉、张发祥，仍邀阿四加入，与王九龄、杜蝶云、杨瑞祥、张云亭、梅慧仙、杨小兰、陈连生、孙保和、侯福堂、刘赶三、杨鸣玉等

同班，一时人选，号称极盛。同治中叶以后，便不常出演，乃又别立瑞春堂，传授弟子。堂在今前外樱桃斜街，收徒以宝字排行，前为宝琳，及其子宝莲；后则姚宝香、谢宝云、刘宝玉，时称瑞春三宝。就中，以宝香色艺并佳，一代名士，多有投赠，事见《菊部群英》及《宣南杂俎》两书。而主人常演之戏，《菊部群英》亦略载一二，计有下列各出：

后亲（柳夫人） 盘秋（夫人） 拜冬（同上） 痴梦（崔氏） 双官诰（何碧莲） 阳告阴告（敫桂英）

至十一年，四喜改组，阿四已拥有厚赀，便脱离戏班生活，而享颐养之乐。因素与恭亲王奕訢厚，故迟暮来，常与往还，一日府中演戏，钱未及薙须，恭邸即力请其粉墨登场。唱毕，复戏之曰尝阅书传，古代女子，有老而生须者，今日吾府之饰老妪者亦有须，若此真可谓之老旦矣，其与恭王之脱略如此。光绪二十九年，五月二十五日卒，年七十有二。子二，长宝莲，小名文玉，次文卿，习小生。孙辈五六人，以恩锐少卿为著，今犹不时露演，梨园耆旧，尚多能指谓此钱阿四之后云。

叶中兴

叶中兴者，安徽太湖人也，其先为徽班世家，有名乾嘉间。兄曰中定，唱正净，在四喜多年，声誉颇著。中兴幼入金奎班，习黄腔正旦。咸丰十一年，年仅十六岁，即与汪竹仙、陈双喜等，同日挑进署中当差，计其演戏时地及赏赐如下：

四月初六日　　烟波致爽
芦花河　钱喜禄　赏银一两五钱
十二日　　同

跑　坡	陈长寿		银一两
七月初二日			如意洲
二进宫	吴全禄	沈长儿	银一两

迨文宗崩后，即返京师，同治二年被裁退。是岁十月，与陆双玉、韩双盛等，同加入李双如所组之阜成班出演。至同治十一年，又改搭四喜。未几，便远赴申江，留连颇久，回京后亦未露演，年三十余岁卒。无子，由其侄辈，办理身后，得附于祖茔之次云。

翠香

翠香者，苏州人，为日新堂殷采芝弟子。初习昆腔小旦，粤东杨掌生，作《丁年玉笋志》，对翠香年少事，记述颇详。据云：翠香陆姓，字玉仙，吴儿之极媚者也。隋炀帝目司花女袁宝儿曰，憨态可掬，是儿仿佛过之。如春烟笼芍药，秋水浸芙蓉，未是绝艳，要足令人心醉。目有曼光，双瞳剪水，执板当席，顾盼撩人，演《占花魁》"醉归""独占"，《雷峰塔》"水斗""断桥"及"荡湖船"小曲，无不以憨入妙。许太常留溪师，尝言若辈中人，往往十指如悬锤，一握为笑，令人索然意尽，惟翠香面目如曼陀罗，指掌如罗绵，玉笋班中，可称第一手。吾师雅人深致，有此绝妙品题，每念斯言，辄令人不忘相逢把臂时风趣，古乐府所谓栏干十二曲，垂手人如玉，又想见"王夷甫执玉柄尘尾，与手同色，倾时流也"。又云："演《金雀记》"乔醋"与小霞为耦，憨中流慧，尤觉可见。若《西游记》女儿国王，娇痴之态，尤为擅场"。按此际，翠香不过十三四岁，已足驰誉歌场，耸动日下。其后又改演黄腔，技愈臻化，及脱师，乃自起怀新堂，以便与士夫往还。道光以后，则入张二奎之双奎班出演，咸丰中《都门纪略》尝记陆翠香之戏，为演：

宇宙锋（赵高女） 教子 祭江 祭塔 琵琶计

咸丰十年，文宗为预备万寿演戏，下谕挑选各班之俊异者，入内承差。翠香即与同班武丑陈九儿、武净赵广发，并被召命，于五月初二日到署，计演戏时地及赏赐银物如下：

五月初四日	同乐园
祭 塔 _{陈连生}	赏大卷蓝色官用宫绸匹三分之一
初五日	同
祭 江	赏大卷酱色官用宫绸一匹三分之一
十一日	同
探 窑 _{杨瑞祥}	银一两
探亲相骂 _{严福喜 翠香 陈九儿 陈四保 曹玉秀 韩双盛}	银一两
十五日	同
教 子 _{黄得喜 朱阿三}	银一两
二十二日	同
戏 妻 _{黄得喜 杨瑞祥}	银一两
六月初八日	同
跑 坡 _{黄得喜}	
初九日	同
击 掌 _{黄得喜}	赏大卷实地纱一匹三分之一
十七日	同
芦花河 _{黄得喜}	

追差事完毕，翠香因不愿在内，遂与黄得喜、陆双玉等七人，同于本月十一日退出。文宗国服，各班停演，双奎亦即解散。及同治二年开禁，翠香

又改隶万顺奎班，后数年辍演，余事无考，惟知有一女，许字双玉之侄陆小芬云。

曹玉秀 兼小旦

曹玉秀者，三庆部之黄腔小旦也。咸丰十年三月二十一日，由内务府挑选，入署当差，演戏时地及赏赐如下：

闰三月初一日　同乐园

杀　狗 陆双玉　　银八钱九分

十四日　同

拾　镯 陆双玉　陈四保　　银一两

四月十五日　同

背板凳 陆双玉　陈四保

五月初四日　同

打面缸 陈四保　韩双盛　产金传　沈长儿　　银一两

初五日　同

翠屏山　　大卷酱色官用宫绸一匹三分之一

十一日　同

探亲相骂 严福喜　陈九儿

陈四保　翠香　韩双盛　　银一两

十五日　同

演　戏　　银一两

六月初七日　同

拷打拾柴 陆双玉　陈四保　杨瑞祥

初九日　同

荣　归 陆双玉　陈四保　沈长儿

送盒子	陆双玉	韩双盛		
酒宴承应				
摇　会	乌松寿	陆双玉		
	韩双盛	陈四保	沈长儿	赏大卷五丝一匹三分之一
十七日	同			
查　关	陆双玉	陈四保		银一两

先是，五月十七日，文宗曾下谕云，外边学生，有不愿在内当差者，使总管开名具奏，不必勉强，玉秀即与乌松寿等六人，列名以进。至是差事已毕，遂于六月二十一日退出，由内务府行文，将该七人等每月所食银一两五钱，白米六石，公费制钱一串，俱行裁退，各回原班。同治二年七月，三庆班呈府花名单内，仍列姓名。同治三年《都门纪略》，载玉秀在三庆班之戏，"杀狗"萧氏，"摇会"大婆，皆尝于同乐园内出演过者。十一年，班中改组，再行呈报，已无曹在内；自后梨园界中，即不复见其踪迹矣。

小旦

张云亭 以下昆

云亭字永霖，江苏吴县人也，为四喜班中之名昆小旦。发音念字，克谐宫商，运腔使调，悠扬婉转，论者谓有珠落玉盘、莺语花底之致云。咸丰十年三月二十一日，由内务府挑入升平署当差，列于小旦行之首选，五月后，又兼充内学教皆，计其演戏时地及赏赐如下：

闰三月初一日　　同乐园

乔　醋 _{陈连儿}		赏银八钱九分
十五日		同
青　门 _{方振泉}		银一两
五月初五日		同
演　戏		大卷酱色官用宫绸一匹三分之一
二十二日		同
痴诉点香 _{陈永年}		银一两
六月初八日		同
芦　林 _{王瑞芳}		
初九日		同
别　弟 _{陈永年}		
二十五日		同
宴　会 _{陈永年}		大卷酱色官用宫绸一匹二分之一

及英法联军陷京师，文宗北狩热河。十一月，令升平署总管安福，召内外人等，至行宫承应，云亭于初八日往，续行演唱：

十二月二十九日	烟波致爽
痴诉点香 _{陈永年}	银一两
十一年正月十六日	福寿园
芦　林 _{王瑞芳}	银一两
二月十六日	烟波致爽
别　弟 _{陈永年}	银一两
三月初四日	同
青　门 _{方振泉}	银一两

初八日赏假回京省视，二十二日返热。

二十七日		烟波致爽
芦　林	王瑞芳	银一两
四月初三日		同
白罗衫		银一两
五月十日		同
别　弟	陈永年	银一两
七月十一日		如意洲
痴诉点香	陈永年	银一两

十七日文宗崩，随众归京。同治二年七月，被裁退，重返旧部。是年四喜花名册，具著姓名。时云亭年已半百，虽时复登场，然已多演"卖子""投渊""痴梦""泼水""阳告阴告"等类正旦之戏，听众不因年齿增高，容华减退，而忽视之者，则以其做工加细，珠喉仍佳；盖尔日为犹有真正知音之士存在也。同治末尚隶该班，未他去。其后因嗣子芷荃，已能成立，遂辍演家居。光绪九载，为预备翌年慈禧太后万寿计，再选外边伶工，云亭旧人，复行参与，亦兼任教习太监之事。但以岁周花甲，不宜粉墨，故即改唱老旦。迨后其弟子乔蕙兰入署，乃多与配戏，以为提携，计其演戏时地如下：

六月二十日		漱芳斋
劝　妆	严福喜	
十五日		同
卖　花	王阿巧	
十月初十日		长春宫
报　喜		
十年四月初三日		漱芳斋
相　约	乔蕙兰	
十四日		同

讨 钗	乔蕙兰	
	十五日	同
姑阻失约	乔蕙兰 王阿巧	
	七月十五日	同
姑阻失约	乔蕙兰 王阿巧	
	八月十三日	同
相 约	乔蕙兰	
	九月初九日	同
相约相骂	乔蕙兰	
	十月初三日	长春宫
讨 钗	乔蕙兰	
	十九日	同
劝 妆	乔蕙兰	
十一年八月二十六日		漱芳斋
讨 钗	乔蕙兰	
	十月十一日	长春宫
相约相骂	乔蕙兰	
	十一月二十二日	同
姑阻失约	乔蕙兰	
	十二月十六日	同
相约讨钗	乔蕙兰	
十二年七月初一日		宁寿宫
相约讨钗	乔蕙兰	
	十五日	同
秋 江	乔蕙兰 王阿巧	

云亭于二次应选之后，扮演固不多，而凡有戏日，赏赐辄冠侪辈，想系太

后及清帝，有恤念故旧之情然耳。光绪十五年十月二十五日卒，年七十六岁。

张芷荃

张芷荃者，行十一，小名富官，咸丰五年乙卯正月初四日生。幼入朱韵秋之春华堂为弟子，亦习昆小旦，善书弈，兼工管及弦子，《菊部群英》曾列其戏目为：

胖姑（娘子） 花报（探子） 游湖借伞（白蛇） 断桥（同上） 跳墙（崔莺莺） 下棋（同上） 梳妆掷戟（貂蝉） 卖甲鱼（鱼婆） 女儿国（国王） 孤思（玉面姑姑） 琵琶行（花秀红） 瑶台（公主） 双官诰（何碧连） 挑帘裁衣（潘金莲） 说亲回话（田氏） 舟配（周玉姐） 盗令（赵翠儿） 杀舟（同上） 相约（云香） 落园 讨钗 钗钏大审（俱同上） 乾元山（碧云公主） 活捉（阎婆惜）

追期满出师，乃自立绚华堂于韩家潭。后又改唱黄腔，以有昆曲根底，故念白皆准阴阳，而发音亦称圆润；惟其身体稍嫌瘦小，又无妩媚之姿，是以名不甚噪。初搭四喜班，光绪十三年，更隶同春，与谭鑫培、金秀山、罗寿山等同台，其皮黄戏之著录于《菊台集秀》者计有：

孝感天（公叔段夫人） 芦花河（樊梨花） 回龙阁（代禅公主） 祭塔（白蛇） 二进宫（李燕妃） 牧羊圈（赵锦堂） 宇宙锋（赵小姐） 祭江（孙夫人）

及同春报散，芷荃亦不复登场。而其子文斌，唱老生，名渐显闻，为能振其家世者，后另有传在，兹不附述焉。

严福喜

严福喜者，三庆班之昆小旦也。成丰十年三月二十一日，由内府挑选，入升平署当差，奉上谕每月食银一两五钱，后改二两，公费制钱一串，白米六石，后改十口。福喜自入署后，承应甚繁，计其演戏时地及所得赏赐如下：

	闰三月初一日	同乐园
定情赐盒	陈金雀 合	赏大卷酱色官用宫绸一匹三分之一
	瑶　台	银八钱九分
	四月七日	同
诧　美	陈连儿 合	
	十五日	同
	演　演	大卷蓝色官用宫绸一件四分之一
	五月四日	同
后　诱	王瑞芳 范得保	银一两
	五日	同
	罗衫记	银一两
	十一日	同
	浣纱记	银一两
探亲相骂	陈四保 陈九儿	
	翠香 曹玉秀 韩双盛	大卷酱色官用宫绸一匹三分之一
	十五日	同
偷　诗	陈连儿	银一两
	二十二日	同
	雷峰塔	大卷酱色官用宫绸一匹三分之一
	六月七日	同
双　拜	杜步云	

	八日	同
廊 会 _{许殿山}		
	九日	同
	文宗万寿	大卷赏地纱一匹三分之一
	十日	同
	十七日	同
游园惊梦 _{陈连儿 严宝麟 费瑞生}		
梳妆掷戟 _{乔荣寿 周双喜}		大卷酱色官用宫绸一匹三分之一
	十八日	同
赏 荷 _{陈连儿}		银一两
	二十六日	同
反 诳 _{黄春全}		大卷酱色官用宫绸一匹三分之一

逾月，英法联军攻北京，圆明园被毁。文宗于八月八日，驾幸热河。十一月，升平署总管安福，赴行在请安，帝命，召署中内外人等，至行宫承差，福喜即于十一月四日，随隶前往，继续演唱：

	十一月十二日	烟波致爽
偷 诗 _{陈连儿}		
	二十一日	同
二进宫 _{吴全禄 沈长儿}		银一两
游 寺 _{王瑞芳 严宝麟 陈连儿}		
	十二月初一日	同
乔 醋 _{陈连儿}		银一两
	十五日	同
梳妆掷戟 _{乔荣寿 周双喜}		银一两
	二十九日	同

絮　阁	张开　陈连儿	小卷蓝五丝一件
十一年正月初二日		福寿园
后　诱	王瑞芳　范得保	
二十四日		烟波致爽
游园惊梦	费瑞生　陈连儿　严宝林	银一两
二月初四日		福寿园
双　拜	杜步云	银一两
初六日		同
定情赐盒	乔荣寿	银一两
初十日		烟波致爽
盘　夫	陈连儿	
十三日		同
赏　荷	陈连儿	
十八日		同
水斗　断桥	黄春全　杜步云　陈连儿	
荣　归	产金传　陈四保　陈连儿	银一两
三月初一日		福寿园
风筝误		银一两
初四日		烟波致爽
演　戏		银一两

初五日赏假回京省视，二十一日回热销假。

二十三日		烟波致爽
瑶　台		
二十七日		同
梳妆掷戟	乔荣寿　侯福堂	银一两

四月三日	同	
廊　会 许殿山	银一两	
二十一日	同	
盗　绡 侯福堂 陈连儿	银一两	
二十六日	同	
浣纱记	银一两	
五月初一日	同	
偷　诗 陈连儿	银一两	
初五日	同	
拾　镯 汪竹仙 陈四保	银一两	
十五日	同	
絮　阁 张开 陈连儿	银一两五钱	
二十八日		
浣纱记	银一两	
六月初八日	福寿园	
游　寺 王瑞芳 陈连儿 严宝林		
初九日	同	
双　拜 杜步云	银一两	
七月三日	如意洲	
谏　父 黄春全	银一两	
初四日	同	
盘　夫 陈连儿	银一两	
初七日	同	
梳妆掷戟 侯福堂 阿金	银一两	

未几，文宗崩逝，随众返京师。及同治二年七年，值应行开禁之期，而穆宗忽下令，裁退外边教习人等，福喜遂重回三庆，名见本年七月，三庆班主程

椿，所上呈交内府之花名单内。十一年，三庆班所递之花名册，仍著姓氏，德宗即位之三年，改四喜班。光绪九载，因预备明年慈禧太后万寿，复挑外边伶人，福喜又预其选。于三月四日入署，再行承应如次：

六月十二日	漱芳斋
劝　妆　张云亭	
二十五日	同
赏　荷　王阿巧	
八月十五日	同
赏　秋　王阿巧	
九月初一日	同
乔　醋　王阿巧	

自九月以后，福喜或因老迈，即不复露演。越明年病殁，年五十有二。

严宝麟

严宝麟字韵珊，苏州人。习昆小旦，为春福堂陈纫香弟子。道光二十四年甲辰，宝麟年十三岁，甫行登场，倾动城市，顾曲士夫之柬邀者，日日坌集，至于应接不暇。其姿态丰艳，而有天真烂漫之趣，一时声誉，惟春华主人朱韵秋，差可比肩。议者谓，使两伶同坐，璧人相对，光彩互映，莫能轩轾，语载《怀芳记》中。及出师后，自立景福堂，教授弟子，虽不及韵秋之席丰履厚，衍衍燕乐，然亦属颇能自振拔者。咸丰十年闰三月十二日，由内务府挑选，入署承差。演戏时地及赏赐如下：

四月初一日	同乐园

挑帘裁衣	张开 范得保	赏小卷宝蓝五丝一件二分之一
五月四日	同	
烛占	陈连儿	大卷蓝色官用宫绸一匹三分之一
十一日	同	
后约	陈连儿 范得保	银一两
二十二日	同	
演戏		银一两
六月初九日	同	
丹配	陈连儿 陈四保	
十七日	同	
跳墙着棋	陈连儿 杜步云	
游园惊梦	陈连儿 严福喜 费瑞生	大卷酱色官用宫绸一匹三分之一
十八日	同	
琵琶行	陈金雀	
二十五日	同	
折柳阳关	陈连儿	大卷蓝色官用宫绸一匹三分之一
七月十二日	同	
鹊桥密誓	陈金雀	

本月，遭英法联军之变，圆明园被毁。文宗仓皇北狩，至十一月，复召升平署内外人等，赴热河，宝麟于四月往，续行承应。

十一月二十一日		烟波致爽
游寺	陈连儿 严福喜 王瑞芳	银一两
十二月十五日	同	
挑帘裁衣	张开 范得保	银一两
二十三日	同	

跳墙着棋 <small>陈连儿 杜步云</small>　　银一两
十一年正月二十四日　　同
游园惊梦 <small>陈连儿 陈福喜 费瑞生</small>　　银一两
　　二月初六日　　福寿园
独　占 <small>陈连儿</small>　　银一两
　　二十日　　同
琵琶行 <small>陈金雀</small>
　　三月初四　　同
折柳阳关 <small>陈连儿</small>
　　十五日　　同
挑帘裁衣 <small>张开 范得保</small>　　银一两
　　十七日　　烟波致爽
鱼　钱 <small>陈永年 王瑞芳</small>　　银一两
　　二十七日　　同
姑阻失约 <small>杨瑞祥 陈连儿</small>　　银一两
　　四月三日　　福寿园
桂花亭 <small>陈连儿</small>　　银一两
　　初六日　　烟波致爽
乔　醋 <small>阿金</small>　　银一两

初八日回京省视，二十四日返热销假。

　　五月初一日　　烟波致爽
学　堂 <small>黄春全 杜步云</small>　　银一两
　　初五日　　同
跳墙着棋 <small>陈连儿 杜步云</small>　　银一两
　　十五日　　同

中卷　小旦

双冠诰	银一两
十九日	同
琵琶行 陈金雀	银一两
六月初八日	福寿园
游　寺 陈连儿　严福喜　王瑞芳	
十五日	同
夺　食 陈连儿	
二十六日	如意洲
折　柳 陈连儿	
七月初一日	同
前　诱	银一两

本年，返京师，留居署内，洎同治二年，被裁，仍作曲师生活。自光绪以来，复改唱小生，三年九年之四喜班花名册内，皆著韵珊之名，十年以后，则不知所往矣。

杨小兰

杨小兰者，四喜部之昆小旦也。咸丰十一年四月五日，由内府挑选，在热河行宫承差，演戏时地及所赏赐如下：

四月初七日	烟波致爽
独　占 阿金	银一两
湖　船 王瑞芳	
十二日	同
醉　圆 黄春全　杜步云　阿金	银一两

六月十八日　　如意洲
　　活　捉 _{王瑞芳}
　　二十二日　　同
　　　寄　东　　银一两
　　七月初一日　　同
　　　佳　期　　银一两
　　　十二日　　福寿园
　　女　词 _{黄春全 陈连儿}　　银一两

本月，文宗崩，随众返京师。同治二年七月裁退，仍搭四喜班，是岁，该班花名册著列姓名。其后，辍演者数年，至光绪九载，小兰年四十一岁，复入四喜班，出演前门外各戏园中，十年后事，及亡故年月，则无得而考矣。

杜步云

杜世荣小名阿五，步云则其字也，苏州人。有弟二，其一蝶云，为嘉树堂主人，先于其兄而著名者。一曰季云，与兄同居。步云习昆小旦，隶三庆班，咸丰十年闰三月十二日，由内务府挑入署中，其演戏时地及赏赐如下：

　　四月初一日　　同乐园
　　　刺　虎　　小卷宝蓝五丝一件二分之一
　　五月初四日　　同
　　相约相骂 _{杨瑞祥}　　大卷蓝色官用宫绸一匹三分之一
　　　十一日　　同
　　活　捉 _{王瑞芳}　　银一两
　　　十五日　　同

饭　店	黄春全	银一两
二十二日		同
雷峰塔		大卷酱色官用宫绸一匹三分之一
六日初七日		同
双　拜	严福喜	
跪　池	陈连儿　黄春全	
初八日		同
拷　红	范得保	
初九日		同
茶叙问病	陈连儿　范得保	
诱房别祠	陈永年　黄春全	
盘　秋	许殿山　黄春全　杨瑞祥	
初十日		同
楼　会	陈连儿	大卷实地纱一匹二分之一
十七日		同
跳墙着棋	陈连儿　严宝林	大卷酱色官用宫绸一匹三分之一
十八日		同
秋　江	陈连儿	银一两
二十五日		同
踏月窥醉	杨瑞祥	大卷蓝色官用宫绸一匹三分之一
二十六日		同
草桥惊梦	陈连儿	大卷酱色官用宫绸一匹三分之一
七月十五日		同
园　会	陈连儿	

未几遭英法联军之难，文宗北狩。十一月，谕召升平署内外人等，赴行在承应，步云于初四日往，继续演唱。

十一月二十一日		烟波致爽
饭　店	黄春全	银一两
十二月十五日		同
跪　池	陈连儿　黄春全	银一两
二十三日		同
跳墙着棋	陈连儿　严宝林	银一两
十一年正月初四日		福寿园
踏月窥醉	杨瑞祥	
十五日		同
绣房别祠	陈永年　黄春全	
二十四日		烟波致爽
拷　红	范得保	银一两
二月初一日		福寿园
双　拜	严福喜	银一两
初六日		同
盘　秋	许殿山　黄春全　杨瑞祥	银一两
十三日		烟波致爽
走　雨	杨瑞祥	
十六日		同
醉　归	陈连儿	银一两
十八日		同
水斗　断桥	严福喜　陈连儿　黄春全	
二十二日		福寿园
三　怕	陈连儿　黄春全　费瑞生　陈永年　方振泉	银一两
二十五日		烟波致爽
楼　会	陈连儿	
三月初四日		同

中卷　小旦

　　　　秋江送别 陈连儿　　银一两
　　　　　　初八日　　同
　　　　活　捉 王瑞芳　　银一两
　　　　　　十五日　　福寿园
　　　　走　雨 杨瑞祥　　银一两

廿二日应回京，而步云仍留热河。

　　　　　　二十三日　　烟波致爽
　　　　交账送礼 陈连儿　　银一两
　　　　　　四月十二日　　同
　　　醉　圆 杨小兰 阿金 黄春全　银一两
　　　　　　十六日　　同
　　　　跪　池 陈连儿 黄春全　银一两
　　　　　　五月初一日　　同
　　　　学　堂 严宝林 黄春全　银一两
　　　　　　初五日　　同
　　　跳墙着棋 陈连儿 严宝林　银一两
　　　　　　初十日　　同
　　　　亭　会 阿金　　银一两
　　　　　　十五日　　同
　　　相梁刺梁 侯福堂 陈永年　银一两五钱
　　　　　　十九日　　同
　　　　跌　包 钱阿四　　银一两五钱
　　　　　　佳　期
　　　　　　二十八日　　同
　　　　钗钏记　　银一两五钱

197

　　　　　　　六月初二日　　同

　　　　　踏　伞 阿金　　银一钱

　　　　　　　　初九日　　福寿园

　　　　　双　拜 严福喜

　　　　　　　　十四日　　同

　三怕 陈连儿 费瑞生 黄春全 陈永年

　　　　　　　　十八日　　如意洲

　　　　　寄　子 陈满年

　　　　　　　七月初三日　同

　　　　　亭　会 阿金　　银一两

　　　　　　　　初八日　　同

　　　　卖书纳婚 黄春全 方瑞祥　银一两

　　　　　　　　十三日　　同

　　　　　拷　红 范得保　银一两

　　十七日，文宗晏驾，随众返京。同治二年被裁退，仍回三庆班出演。至十一年，与弟季云，子亦云，又一并改入四喜班。同时自立嘉礼堂于小安澜营，《菊部群英》尝列载其戏目如次：

　　刺虎（费宫娥）　拷红（红娘）　刺梁（邹飞霞）　劈棺（田氏）　秋江（陈妙常）　絮阁（杨贵妃）　小宴（同上）　拜冬（万俟小姐）　游园惊梦（春香）　金山寺（青蛇）　四平山（朱贵儿）

　　时穆宗在位，已逾十载，但以年幼，故诸亲王颇揽政权，多拥有厚赀，以声色自娱，其出银自办戏班者甚夥，步云素与恭亲王奕䜣交善，出入府邸，形迹不拘；遂亦出赀若干，令步云专立一昆腔科班，名曰全福，即俗称小学堂者是。班址始设八角琉璃井，后移樱桃斜街，同治十二年七月二十九日，以杜为领班人，向精忠庙报庙，计生行十六，首陈寿峰，小生十人，首陈连儿，占行二十，净十六，丑二十九。后来享名，并会入署之陈德林、钱金福，皆出其中。步云为人，胆量颇小，遇事忍让，不轻与人争，有辱之者，亦避不见面，故班内学生等，皆为狎近，而称道不衰。成立年余，值穆宗国服，即将班务，移交周阿长等，当率家人妻子回南，时年仅三十九岁。后遂隔断消息，终老于故乡。

杜亦云

亦云小名狗儿，步云之嗣子也，习昆小生兼武生。同治十一年与其父同隶四喜班，列小生行之首；及全福科班成立，亦加入演唱。其擅长之戏，则略见于《菊部群英》中，计有下列各出：

起布（吕布） 问探 大小宴（俱同上） 探庄（石秀） 蜈蚣岭（武松）
黄鹤楼（周瑜） 八大锤（陆文龙） 二龙山（张青） 小天宫（造化小儿）
金钱豹（豹子）

其后，遇穆宗国服，京师禁止演戏，即随其父南旋，而舞场之迹绝矣。

张多福

多福习昆小旦，隶四喜班部者颇久。咸丰十一年四月初五日，由内府挑选，于热河行宫承差，演戏时地及赏赐如下：

四月初六日　烟波致爽
思　凡　赏银一两

十二日		同
茶叙问病	陈连儿	银一两
二十六日		同
琴　挑	阿金	银一两五钱
五月初五日		同
青　门	方振泉	银一两
初十日		同
定情赐盒	乔荣寿	银一两
二十八日		同
楼　会	阿金	银一两
六月初九日		福寿园
思　凡		
七月十四日		如意洲
廊　会	钱阿四	银一两
十五日		同
琴　挑	阿金	银一两

十七日，文宗崩，随众返京师。同治二年七月，被裁退，时年三十二岁。后即家居，不常出演，有子数人，中以瑞云为著，是能嗣其业者。

张瑞云

张瑞云者字蔼青，母曰沈氏，实武旦沈定儿之外甥也。咸丰八年八月二十二日生，小名五十，行六。幼入景和堂，为梅慧仙弟子，习武小生。与青衣余紫云、小生陈啸云等同门，《菊部群英》曾载其事略如此，余事则不复可知。兹附其剧目如下：

探庄（石秀） 打店（武松） 蜈蚣岭 快活林（俱同上） 青龙棍（青龙） 清风岭（李虎） 八蜡庙（贺仁杰） 雅观楼（李存孝） 蔡家庄（郑天寿） 雁门关（四郎子）

郝玉福_{以下乱}

郝玉福者，三庆班之黄腔小旦也。咸丰十年闰三月十二日，与黄春全、杜步云等，同时入署，以充配角为多。及文宗奔热河。后又应召于十一月初八日往。十一年二月五日，给假回京省亲，二十二日返热。五月初一日，在烟波致爽演戏。得赏银五钱，十日又演，得银五钱。迨文宗崩，始归都门，至同治二年七月，被裁退，时年三十岁。自是，在歌场中，即不复见其踪迹矣。

陶贵喜

贵喜亦三庆班之黄腔小旦。道光二十五年《都门纪略》，著有黑贵喜，以演"探母"之公主称，想即其人。咸丰十年闰三月十二日，与杜步云、郝玉福，同时入署，亦未见演正戏。十一月初八日，又应召往热河。十一年三月二十二日，给假回京省亲，四月初旬返热。五月初十日，在烟波致爽配演，得赏银五钱。及文宗崩逝，乃回都下。同治二年被裁退，时年四十八岁；后即辍演，不知所终。

玉香

玉香习黄腔戏中之顽笑旦一色。咸丰十一年四月初五日，由内务府挑进，在热河行宫承差，演戏时地及赏赐如下：

		四月初六日	烟波致爽	
背　凳	潘五	沈长儿		赏银一两
		初七日	同	
别　妻	妥一	陈连生	沈长儿	
红梅算命	潘五	陈连生	钱阿四	
		十二日	同	
		送盒子	陈四保	银一两
		十六日	同	
摇　会	潘五	汪竹仙　妥一	陈金桂	赏银一两
		二十一日	同	
杀　皮	潘五	妥一	张三福	银一两
		二十六日	同	
		赶　会	杨瑞祥	银一两
		五月初一日	同	
		瞎子捉奸	李兴	银一两
		初五日	同	
		尼姑庵		银一两
		十五日	同	
丽容探病	潘五	陈四保		
		汪竹仙　陈嵩年		银一两
		十九日		
牧羊圈	钱喜禄	郭禄寿	沈长儿	银一两
		二十八日	同	
嫖　院	潘五	陈连生	陈四保	银一两
		六月初二日	同	

贪欢报 _{潘五 汪竹仙 陈连生 冯双德}　　银一两

　　　　　　　　　初九日　　同

　　　魏虎发配 _{潘五 妥一}

　　　　　　　　　二十二日　　如意洲

　　　王小过年 _{潘五 陈四保}　　银一两

　　　　　　　　　二十六日　　同

乾坤带 _{张三元 陈金桂 沈长儿 孙保和}

　　　　　　　　　七月十五日

　　　　查　关 _{潘五 汪竹仙}　　银一两

越二日，文宗崩，随众返京。同治二年七月，被裁退，时年三十二。

乌松寿_{以下武旦}

松寿姓乌氏，本作邬，见三庆班之花名册，为该班著名武旦。咸丰十年闰三月十二日，与黄春全、杨瑞祥等，同时入署，演戏时地及赏赐如下：

　　　　　　　　四月初七日　　同乐园

　　　　　打　店 _{陆双玉}

　　　　　　　　五月初五日　　同

　　　　　　翠屏山　　大卷酱色官用宫绸一匹三分之一

　　　　　　　　十五日　　同

　　　　　　玉玲珑　　银一两

　　　　　　　　六月初九日　　同

　　　　摇　会 _{曹玉秀 韩双盛}

　　　　　　_{陆双玉 陈四保 沈长儿}

松寿因不愿在内,及差事已毕,即同黄得喜、陆双玉等,于本月二十一日退出。同治二年,三庆班花名册尚著姓名。十一年而后,则不知所往。

孙四多

四多习黄腔武旦,在京之班籍不详。咸丰十一年四月初五日,由内务府挑选,在热河行宫承差,演戏时地及赏赐如下:

四月初七日	烟波致爽
青峰岭	赏银一两
十二日	同
烈火旗	银一两
二十一日	同
罗四虎	银一两
二十六日	同
武当山	银一两
五月初一日	同
玉玲珑	银一两
初五日	同
尼姑庵	银五钱
初十日	同
神州擂	银一两
十五日	同
女三战	银一两
十九日	同
三岔口	银一两

	二十八日	同
	藏风寨	银一两
	六月初二日	同
	吴天关	银一两
	十四日	福寿园
十字坡 张三福 陈九儿 冯双德		
	七月十二日	同
	穆柯寨	银一两
	十四日	如意洲
杀狗劝妻 张三福 沈长儿		银一两
	十五日	同
	白水滩	银一两

越二日，文宗崩，随返京师，及同治二年，被裁退，时年二十九岁。

孙小云

孙小云者，春台班之黄腔武旦也。咸丰十年三月二十一日，与费瑞生、陈金雀等，同时入署，演戏时地及赏赐如下：

	闰三月十五日	同乐园
铁弓缘 陆双玉 陈四保 沈长儿		赏银一两
	五月初五日	同
	演戏	银一两
	六月十八日	同
	锁绫囊	赏大卷蓝色官用宫绸一匹三分之一

　　　　　二十六日　　　同
　　　　　白水滩　　　小卷蓝江绸一件二分之一

值英法联军之变，文宗狩热河；小云亦于十一月四日，应召往行宫承差。本月十四日，奉旨，与内学首领李三德及武丑陈九儿等，回京买办靴网髯发，及至宫内搬取钱粮，差毕返热，又续行演唱。

　　　　十二月二十三日　　烟波致爽
　　　　　状元印　　　银一两
　　　　十一年正月十六日　福寿园
　　　　　朱仙镇　　　银一两五钱
　　　　二月初六日　　同
　　　　　锁绫囊　　　银一两
　　　　　二十二日　　　同
　　铁弓缘　陈四保　沈长儿　陈连生　银一两
　　　　　二十五日　　　烟波致爽
　　下南唐　沈长儿　陈四保
　　　　　三月初八日　　同
　　打　店　张三福　陈九儿　冯双德　银一两五钱
　　　　　十五日　　　福寿园
　　　　　泗州城　　　银一两
　　　　　十七日　　　烟波致爽
　　　　　界牌关　　　银一两
　　　　　二十三日　　同
　　　　　庆顶珠　　　银一两
　　　　　二十七日　　同
　　　　　扈家庄　　　银一两五钱

四月初三日	同
绿牡丹	银一两

初八日回京省视,二十二日返热。

五月初一日	烟波致爽
蔡家庄	银五钱
初十日	同
神州擂	银一两
十五日	同
女三战	银一两
十九日	同
三岔口	银一两
二十八日	同
藏风寨	银一两
七月初四日	如意洲
岳家庄	银一两

及同治二年被裁退,时年三十二岁,即仍在春台班中。同治十一年,辍演家居。光绪中尚存,亡故年月,则无考矣。

陈连生 兼小旦

连生亦三庆部之黄腔小旦,而兼唱小生。咸丰十年闰三月十二日,与黄春全、杜步云等,同时入署,演戏时地及赏赐如下:

五月初四日	同乐园
祭 塔 翠香	赏银一两
六月二十六日	同
演 戏	银一两
七月十五日	同
三 救 陈四保 陈九儿 沈长儿	

及遭丧乱，文宗北狩热河；连生亦应召，于十一月前往，继续演唱。

十一月二十一日	烟波致爽
战潼台	银一两
十二月十五日	同
一捧雪	银一两
二十三日	同
状元印	银一两
十一年二月十六日	同
三 救 陈四保 陈九儿 沈长儿	银一两
十八日	同
赶三关 陈四保 沈长儿	银一两
二十日	同
芦花河 沈长儿	
二十二日	福寿园
铁弓缘 孙小云 陈四保 沈长儿	银一两
二十五日	烟波致爽
锤换带 张三福 孙保和	
战成都 沈长儿 冯双德 黄春全	
张三福 陈九儿 张开	

三月初一日　　福寿园
　　　　金遇缘　　银一两
　　　　初四日　　烟波致爽
打面缸 陈四保 沈长儿
　　　　陈九儿 产金传　银一两

初五日回京省视，二十二日返热。

　　　　四月初七日　烟波致爽
别　妻 玉香 妥一 沈长儿　银一两
红梅算命 玉香 潘五 钱阿四
　　　　二十一日　同
　　　　红鸾喜　　银一两
　　　　五月初一日　同
　　　　蔡家庄　　银一两
　　　　初五日　　同
　　　　尼姑庵　　银一两
　　　　初十日　　同
写状打弹 沈长儿 杨瑞祥 孙保和　赏银一两
　　　　十九日　　同
　　　　三岔口　　银一两
　　　　二十八日　同
嫖　院 玉香 潘五 陈四保　银一两
　　　　六月初二　同
贪欢报 玉香 汪竹仙 潘五 冯双德
　　　　七月十五日　如意洲
　　　　白水滩　　银一两

越二日，文宗崩，随众返京。及同治二年，被裁退，时年二十八岁，本岁十月，加入四喜班出演。同治末，四喜改组，已无连生在内，后遂不详所之。

净

周双喜_昆

双喜习正净，旧南府之外学学生也。尝侍仁宗至热河，及帝崩后，停止演戏；至道光二年十月，始行开禁，自后之承应及赏赐如下：

道光三年五月初五日	同乐园
阐道除邪_{二本}	赏香袋一个　又分钱四百
六月初一日	同
_{三段}铁旗阵	赏扇子一把　香袋一个
八月初三日	同
万寿祥开	香串十串
九月初一日	同
_{五段}铁旗阵	回子荷包三个
十月初二日	同
_{七段}铁旗阵	赏荷包二个
四年正月初二日	重华宫
演戏	赏银五钱
十九日	同乐园
冥勘	荷包二个
二月二十五日	同

征西异传 ²段	在第三出第五六出中饰赵先	
三月十二日	同	
征西异传 ³段	在第三出饰番将　第六出饰尉迟青山	
四月初一日	同	
五　台	赏缑子一包	
二十一日	同	
训　子	赏银五钱	
五月初五日	同	
阐道除邪	分钱二百文	
十五日	同	
演　戏	银五钱	
十七日	同　皇后正寿	
寿　戏	扇子一把	
二十二日	祭地坛回同乐园	
征西异传 ⁷段	扇子一把	
七月初一日	同乐园	
征西异传 ⁸段	扇子一把	
八月初八日	祭社稷坛回同乐园	
九九大庆 头本	银五钱	
十二日	同乐园	
九九大庆 三本	茧绸半个	
十五日	同	
演　戏	绫子一个	
十月初二日	同	
征西异传 十二段	银五钱	
初九日	同	
寿　戏	银五钱	

十五日	重华宫
转杀四门 兰香	赏银一两
十二月初一日	同
闹庄救青	一两银锞一个
七年正月初一日	同
闹庄救青	一两银锞一个
初二日	同
年年康泰	饰贼将赏一两银锞半个 又国王赏一两银锞一个

是年二月，宣宗降旨，将南府改为升平署，其外学学生，使全数退出，双喜亦附舟南下，遣返故乡。数年之后，始又来京师，搭班出演。迄咸丰十年，文宗为预备万寿计，再令挑选民籍学生，双喜遂二次入署，演唱如下：

十年闰三月初一日	同乐园
冥 判	赏大卷酱色官用宫袖一匹三分之一
四月十五日	同
演 戏	大卷蓝色官用宫绸一匹四分之一
五月初五日	同
演 戏	银一两
十一日	同
演 戏	赏大卷蓝色官用宫绸一匹三分之一
六月初七日	同
训 子	
教 歌 陈永年 陈连儿	
恭 相 陈连儿	大卷赏实地纱一匹三分之一
十七日	同

梳妆掷戟 _{严福喜 乔荣寿}
　　　　二十五日　　　同
　　　小　逼 _{黄春全}　　银一两

及遭变乱，文宗北狩热河，双喜应召，于十一月初八日，又得再往。

　　　十二月十五日　　烟波致爽
梳妆掷戟 _{严福喜 乔荣寿}　　银一两
　　　　二十九日　　　同
　　　　五　台　　　　银一两
十一年二月十八日　　　同
　　　小　逼 _{黄春全}

三月初五日，给假省亲，二十二日，返热。因衰老故，即于四月十一日病卒，由总管向房储司，为讨领恩赏银十两，其所食银米，则交御前大臣，行文为之裁退云。

吴关喜_{以下乱}

吴关喜者，习黄腔正净。咸丰十年三月二十一日，与陈金雀、费瑞生、周双喜等，同时入署，演戏时地及其赏赐如下：

　　　闰三月十五日　　同乐园
　　百寿图 _{沈长儿 产金传}　　赏银一两
　　　　四月初七日　　　同
　　　沙陀国 _{黄得喜}　　小卷蓝八丝缎一件三分之一

> 十五日　　同
>
> 演　戏　　大卷酱色官用宫绸一匹三分之一
>
> 五月初十日　同
>
> 战　降　沈长儿
>
> 十七日　　同
>
> 演　戏　　银一两

及文宗奔热河后，复召升平署内外人等前往。关喜因病留京，至十一月十六日卒。经总管求恩，使其子全禄，在内继续当差，以示体恤云。

孙保和

孙保和者　四喜班之正净也，在道咸间，名极显著。咸丰十年四月二十七日，与张三福等，同时入署，演戏时地及所得赏赐如下：

> 五月初五日　同乐园
>
> 夜战马超　郭三元　赏银一两
>
> 二十日　　同
>
> 窦二墩　　银一两
>
> 六月初十日　同
>
> 虎囊弹
>
> 十七日　　同
>
> 白良关　　银一两
>
> 二十五日　同
>
> 演　戏　　银一两

十一月初八日往热河。

十二月初一日	烟波致爽	
	风云会	银一两
十一年正月初四日	福寿园	
	安天会	银一两
	十五日	同
	冥判	银一两
	二月初一日	同
	四盟山	银一两
	初十日	烟波致爽
	太师回朝	
	十三日	同

判后 杨瑞祥

白绫记 张三福 产金传

	二十日	同
	沙陀国 沈长儿	银一两

白良关 沈长儿 张三福 杨瑞祥
黄春全 产金传 陈四保 冯斐德

	二十五日	同

锤换带 张三福 陈连生

虎囊弹 张三福

三月初五日给假回京，二十二日返热。

	二十三日	烟波致爽
	太师回朝	银一两

	二十七日	同
扈家庄		银一两
	四月初六日	同
骂曹 陈长寿		银一两
	初七日	同
沙陀国 董文		银一两
	十六日	同
陈宫放曹 陈长寿 董文		银一两
	二十一日	同
大保国 陈长寿 钱阿四 冯双德		银一两
	二十六日	同
药王传 汪竹仙 董文		银一两
	五月初十一日	同
演戏		银五钱
	初五日	同
上天台 钱喜禄 冯双德		银一两
	初十日	同
写状打弹 沈长儿 杨瑞祥		银一两
	十九日	同
演戏		银一两
	六月二十六日	如意洲
乾坤带 玉香 张三元 沈长儿 陈金桂		
	七月初四日	同
黑风帕		银一两
洪洋洞 张三元 陈长寿 董文		
	十一日	同
甘露寺		银一两

十二日	同	
穆柯寨	银一两	
十四日	同	
收罗成	银一两	
取荥阳	银一两	

及同治二年，被裁退出，时年已六十一岁，即仍返四喜，本年十月，四喜班报庙时，净行十二，而以保和居首，由此亦可见其声望之隆矣，后数年病卒。

侯福堂_昆

侯福堂者，四喜班之昆净也。咸丰十年闰三月十二日，与黄春全、杨瑞祥等，同时入署，演戏时地及赏赐如下：

四月初七日	同乐园
妆疯	赏小卷蓝八丝缎一件二分之一
十五日	同
神谕 黄春全	大卷酱色官用宫绸一匹三分之一
五月十五日	同
千金记	大卷酱色官用宫绸一匹三分之一
六月十七日	同
相面报信 陈连儿	
二十六日	同
相梁刺梁	赏大卷酱色官用宫绸一匹三分之一

十一月初八日往热河。

十一年正月十六日		福寿园
相面报信	陈连儿	银一两
二月初十日		烟波致爽
训 子	产金传	
十六日		同
妆 疯		银一两
十八日		同
鸿门撤斗	黄春全	

三月初五日回京省亲，二十二日返热。

二十七日		烟波致爽
梳妆掷戟	严福喜 乔荣寿	银一两
四月二十一日		同
盗 绡	严福喜 陈连儿	银一两
五月初一日		同
上朝扑犬	黄春全	银一两
十五日		同
相梁刺梁	杜步云 陈永年	
十九日		同
南 渡		银两
六月十八日		如意洲
训 子	产金传	
七月初七日		同
梳妆掷戟	严福喜 阿金	银一两

及同治二年，被裁退出，时年三十七岁。是岁十月，仍加入四喜班露演；后数年退休，余事不详。

吴全禄 乱

吴全禄者，关喜之子也。其父殁后，升平署总管，即上奏折，保举全禄在内当差云："奴才安福谨奏，为求恩事，因民籍学生吴关喜病故。现在伊子吴全禄，亦是唱净角色，随伊父习戏十一出，颇好，已竟插单。今奴才叩求万岁爷天恩，将吴全禄，现年十四岁，挑进本署承应，如蒙允准，照例赏给月银二两，白米十口，公费一串，谨此奏请。"奉旨依议，全禄即遵旨赴热河，其演戏时地及所得赏赐如下：

十年十一月二十一日		烟波致爽
二进宫	严福喜 沈长儿	赏银一两
十二月二十三日		同
扫 雪	陈四保 沈长儿 齐双喜	银一两五钱
十一年二月初一日		福寿园
山 门	何庆喜	银一两
初十日		烟波致爽
渭水河	张三福	
十三日		同
洒金桥	沈长儿	
二十日		同
江东桥	朱阿三	
二十二日		福寿园
百寿图	沈长儿 朱阿三	银一两
二十五日		烟波致爽
二进宫	严福喜 沈长儿	
三月初八日		同
渭水河	沈长儿	

　　　　江东桥 <small>朱阿三</small>　　银一两
　　　　二十三日　　同
　　　　洒金桥 <small>沈长儿</small>　　银一两

四月初八日回京省视，二十四日返热。

　　　　五月十九日　　烟波致爽
　　定生扫雪 <small>张三元　陈四保　齐双喜</small>　银一两
　　　　七月初二日　　如意洲
　　二进宫 <small>叶中兴　沈长儿</small>　　银一两

文宗崩后，随众回京。及同治二年七月，被裁退出，余事无考。

冯双德<small>武</small>

双德习武副，咸丰末在四喜班中露演。十年四月二十七日，由内务府挑选，与张三福、孙保和等，同时入署，演戏时地及赏赐如下：

　　　　五月初五日　　同乐园
　　　　演　戏　　赏银一两
　　　　六月十七日　　同
　　　　白良关　　银一两
　　　　十八日　　同
　　　　铁龙山　　银一两
　　　　二十六日　　同
　　　　白水滩　　银一两

十一月初四日往热河。

    十二月初一日 烟波致爽
      太平桥 银一两
     二十三日 同
      状元印 银一两
     二十九日 同
      盘河战 银五钱
  十一年正月十六日 福寿园
      朱仙镇 银一两
     二十四日 烟波致爽
      三岔口 银一两
     二月初六日 福寿园
      采石矶 银一两五钱
      十六日 烟波致爽
      镇潭州 银一两
     二十一日 同

白良关 沈长儿 黄春全 陈四保
  产金传 杨瑞祥 孙保和 张三福

     二十五日 同

战成都 沈长儿 张三福 黄春全
  陈九儿 陈连生 张开

     三月初一日 同
      金遇缘 银一两
      初八日 同
     搬 山 _{张三福} 银一两五钱
      十五日 福寿园

偷　鸡　陈九儿　　银一两
　　　　十七日　　烟波致爽
　　　　界牌关　　银一两

二十二日回京省视，但双德则仍留热。

　　　　二十三日　　烟波致爽
　　　　庆顶珠　　银一两
　　　四月十六日　　同
　　　　定军山　　银一两
　　　　二十一日　　同
大保国　钱阿四　陈长寿　孙保和　银一两
　　　　二十六日　　同
　　　　武当山　　银一两
　　　五月初一日　　同
　　　　玉玲珑　　银一两
　　　　初五日　　同
上天台　孙保和　钱喜禄　银一两
　　　　初十日　　同
　　　　神州擂　　银五钱
　　　　十九日　　同
　　　　三岔口　　银一两
　　　　二十八日　　同
　　　　藏风寨　　银一两
　　　六月初二日　　同
贪欢报　潘五　陈连生　玉香　汪竹仙　银一两
　　　　十四日　　福寿园

十字坡	张三福 孙四多 陈九儿	
	二十二日	如意洲
	迷魂岭	银一两
	二十六日	同
审刺客	董文	
	七月初四日	同
祥梅寺	妥一	银一两
	十二日	福寿园
	穆柯寨	银一两
	十五日	如意洲
	白水滩	银一两
凤凰山	潘五 陈四保	银一两

及同治二年，被裁退出，时年四十二岁。是岁十月，与陆翠香、吴寿生，同入万顺奎班。至十一年，复回四喜。光绪三年，四喜班报庙花名册，仍有双德在内，后数年卒，年六十余岁。

赵广发 武

赵广发者，双奎班之武丑也，而亦兼演武副，咸丰十年四月二十七日，由内务府挑选入署，演戏时地及赏赐如下：

　　六月十七日　同乐园
　　演　戏　赏银五钱

十一月初八日往热河。

十二月二十三日　　烟波致爽

　　状元印　　银一两

十一年正月二十四日　　同

　　青石山　　银一两

二月初六日　　福寿园

　　采石矶　　银一两五钱

三月十七日　　烟波致爽

　　界牌关　　银一两

二十七日　　同

　　扈家庄　　银一两

四月初三日　　同

　　绿牡丹　　银一两

初八日给假回京，二十四日返热。

　　五月初一日　　烟波致爽

　　蔡家庄　　银五钱

　　初十日　　同

　　神州擂　　银一两

　　十九日　　同

　　三岔口　　银一两

　　二十八日　　同

　　藏风寨　　银一两

　　六月初二日　　同

　　昊天关　　银一两

　　七月初八日　　如意洲

　　破洪州　　银五钱

及同治二年，被裁退出，时年四十六岁。即加入王充和、曹法林所组之双奎班露演，该班解散，第二年又加入久和班出演。后事不祥。

方瑞祥_昆

瑞祥安徽人，习昆净，有声道光间。咸丰十年三月二十一日，与陈金雀、周双喜等，同时入署，演戏时地及赏赐如下：

闰三月十五日	同乐园
大小骗 _{陈永年}	赏银一两
四月初七日	同
演 官 _{陈永年}	
十五日	同
演 戏	赏大卷蓝色官用宫绸一匹四分之一

五月十八日复选任内学教习。

六月初七日	同乐园
奏 本	

十一月初八日往热河。

十一年正月初二日	福寿园
大小骗 _{陈永年}	
二月初一日	同
演 官 _{陈永年}	银一两
二十五日	烟波致爽

借 饷	杨瑞祥	
三月初一日	福寿园	
奏 本		银五钱
四月初三日	烟波致爽	
白罗衫		银一两
二十一日	同	
演 戏		银一两
二十六日	同	
卖兴当巾 产金传 黄春全 陈永年		银五钱
五月初一日	同	
遣青杀德 陈永年 黄春全		银一两
初五日	同	
嵩 寿 王瑞芳 费瑞生		银一两
七月初八日	如意洲	
卖书纳婚 许殿山 杜步云 黄春全		银一两
十五日	同	
借 饷	杨瑞祥	

及同治二年，被裁退出，时年六十七岁。赁屋五道庙路西居住，七月，加入三庆班出演，后数年卒。

方镇泉

镇泉小名狮子，方瑞祥之子也，亦习昆净。咸丰十年三月二十一日，与其父同时入署，演戏时地及赏赐如下：

闰三月十五日　同乐园

　　　　青　门 张云亭　　银一两
　　　　　四月十五日　　同
　　　　　　演　戏　　赏大卷酱色官用宫绸一件之三分之一
　　　　　六月二十五日　　同
　　　　　　十　宰　　银一两

十一月初四日往热河。

　　　　　十二月初一日　　烟波致爽
　　　　　　风云会　　银一两
　　　　十一年二月十八日　　同
　　　　　　十　宰
　　　　　二十二日　　同
　　　　三　怕 陈连儿　陈永年
　　　　　杜步云　费瑞生　黄春生　　银五钱
　　　　　三月初一日　　福寿园
　　　　　　风筝误　　银一两
　　　　　　初四日　　烟波致爽
　　　　青　门 张云亭　　银一两

初五日回京省视，二十二日返热。

　　　　　四月十二日　　烟波致爽
　　　　　　烈火旗　　银一两
　　　　　　二十六日　　同
　　　　　　浣纱记　　银一两
　　　　　五月初五日　　同
　　　　青　门 张多福　　银一两

　　　　十九日　　同
　　　　演　戏　　银一两
　　　　六月十四日　福寿园
　　三　怕 _{陈连儿　陈永年}
　　　　　　_{杜步云　黄春全　费瑞生}
　　　　七月初八日　如意洲
　　　　天　嗔 _{黄春全}　银一两

　　十七日，文宗崩，随众返京师。同治二年，被裁退。是岁七月，加入三庆徽班出演，十一年又改四喜，后十余年，未他去，光绪三年九年，四喜花名册，具著姓名。九年四月初三日，蒙诏选，二次入署，充任教习，钱粮照旧。每演例有赏赐，计六月十四日四两，十五日演"假癫"一两，七月一日二两，七日二两，又二两，十四日三两，十五日五两，八月□日四两，十四日三两，九月一日四两，初六日六两，初九日三两，十五日同，十月初六日四两，十三日十两，十五日六两，十一月十五日八两，十二月初一日四两，后来赏数，多准此例，不一一录入。若其所演之演，则可撮述如下：

　　　　十年正月十五日　　长春宫
　　　　北　诈　　赏银从略
　　　　十八日　　同
　　　　单　刀
　　　　十九日　　漱芳斋
　　梳妆掷戟 _{鲍福山　李}　赏十五两
　　　　四月初一日　　同
　　　　训　子
　　梳妆掷戟 _{乔蕙兰　鲍福山}
　　　　十月十七日　　长春宫
　　梳妆掷戟 _{乔蕙兰　鲍福山}

十一年正月十七日	同
单　刀	
三月十二日	丽景轩
梳妆掷戟　乔蕙兰　鲍福山	
八月二十七日	漱芳斋
训　子	
十月初一日	长春宫
梳妆掷戟　乔蕙兰　鲍福山	
十二年九月初一日	宁寿宫
梳妆掷戟　同（上）	
十四年八月十四日	纯一斋在南海
梳妆掷戟　同（上）	
十一月初一日	同
小　逼　陈寿峰	
十九年五月初二日	颐乐殿（在颐和园内）
训　子	

镇泉自九年再挑差事之后，即不复搭班。所授弟子，除太监外，尚有冯金寿、饶金福等，亦为梨园知名人物。光绪二十一年十月初四日卒，年六十二岁，子一曰春仙，为小荣椿学生，今住家宣外香炉营四条路南。余前会往访，聆其言谈隽永，饶有风趣，而心地坦然，毫无隐饰，实不可多得之材。孙辈数人，以连元习武旦，为最显著云。

郭三元 武

三元习武净，亦兼唱须生，咸丰末在春台班出演。十年四月二十七日，与张三福、冯双德等，同时入署，演戏时地及赏赐如下：

五月初五日	同乐园
夜战马超 孙保和	赏银一两
六月十七日	同
铁龙山	银一两

三元因不乐在内演唱，故差事毕后，即于六月二十一日退出。及文宗崩逝，停止演戏。至同治二年，时届开禁，各班次第成立，三元乃改入四喜班，是岁该班花名册，列三元之名于生行第九。三年《都门纪略录》其戏目及所饰角色，为"探母"杨四郎，"江东桥"康茂才，"断密涧"王伯当。光绪二年六年之《都门纪略》，悉略同此，其他事迹，今则俱无考矣。

丑

李兴

李兴习武丑，班籍不详。咸丰十一年四月十一日，与正旦郭禄寿，同时挑进，在热河行宫承差，演戏时地及赏赐如下：

四月十二日	烟波致爽
八扯 潘五	银一两
十六日	同
演戏	银一两
二十一日	同

罗四虎		银一两
二十六日		同
武当山		银一两
五月初一日		同
瞎子捉奸	玉香	银一两
六月初二日		同
昊天关		银一两
六月初九日		同乐园
时迁偷鸡	陈九儿	

及同治二年七月，被裁退出，时年仅二十八岁。

张开 以下昆

张开习昆丑，南府之外学学生也。嘉庆朝尝侍驾至热河，帝崩之后，停止承应。至道光二年开禁，总计其演戏时地及所得赏赐如下：

道光三年五月初五日	望瀛洲 赛龙舟演太平有象	赏茶叶一瓶 手巾一条
阐道除邪 二本	分钱二百五十文	
四年二月二十五日	福寿园	
二段 征西异传	在第二第五六出中饰番兵	
三月十二	同乐园	
三段 征西异传	在第二第五出中饰番兵	
二十七日	驾由香山回在同乐园演	
探亲相骂 喜庆	赏绫子一个	
四月十五日	同乐园	

演　戏	赏银五钱　手巾一条	
二十日	因进实录在重华宫演	
下山相调 _{小延寿}	泽绸袍料一件	
二十一日	重华宫	
_{六段}征西异传	赏小刀一把	
五月初五日	同	
阐道除邪	分钱二百文	
十七日	同乐园皇后千秋	
演　戏	赏香串一串	
二十二日	祭地坛回　同乐园	
_{七段}征西异传	香串一串	
七月初一日	同乐园	
_{八段}征西异传	香串一串	
八月初八日	祭社稷坛回　同	
_{头本}九九大庆	银一两	
九月十五日	同	
演　戏	赏银五钱又五钱	
十月初一日	重华宫	
演　戏	银五钱	
初二日	同乐园	
_{十二段}征西异传	银五钱	
十一日	重华宫	
怒打高童 _{如山}	银五钱	
十五日	同	
诱叔别兄 _{得魁　玉簪}	银五钱	

及道光七年，南府改为升平署之际，即将民籍学生，全数裁退，勒令回南；惟开以故留京。三十年后，文宗为预备万寿演戏，再使挑选外边学生，开及费瑞

生、陈金雀等一般旧人，乃于十年三月二十一日，复得入署，续演如下：

闰三月十五日	同乐园
坠　马	银一两
四月初一日	同
挑帘裁衣 范得保 严宝麟	银一两
十五日	同
拾　金	大卷蓝色官用宫绸一匹四分之一
五月十一日	同
演　戏	大卷酱色官用宫绸一匹三分之一
二十二日	同
演　戏	银一两
六月二十五日	同
演　戏	银一两

旋遭英法联军之变，数十年尝演戏之同乐园，付之一炬，而文宗亦奔热河，十一月奉召，再赴行宫承应。

十二月十五日	烟波致爽
挑帘裁衣 范得保 严宝麟	银一两
二十三日	同
演　戏	银一两
二十九日	同
絮　阁 严福喜 陈连儿	银一两五钱
十一年二月初一日	福寿园
羊肚汤 范得保	银一两
二十四日	烟波致爽
战成都 沈长儿 黄春全 张三福 陈九儿 陈连生 杨瑞祥	

　　　　　三月初一日　　福寿园
　　　　　　坠　马　　银一两
　　　　　　初四日　　烟波致爽
状元谱 _{杨瑞祥 产金传 张三福 连四保}　银一两

初五日回京省视，二十二返热。

　　　　　四月初三日　　福寿园
　　　　　　拾　金　　银一两
　　　　　　二十六日　　烟波致爽
　　　　　　浣纱记　　银一两
　　　　　五月初一日　　同
　　　　　　演　戏　　银一两
　　　　　　十五日　　同
　　　絮　阁 _{严福喜 陈连儿}　银一两
　　　　　　十九日　　同
　　　　　　演　戏　　银一两
　　　　　六月二十二日　　如意洲
　　　羊肚汤 _{范得保}　银一两

七月十七日，文宗晏驾，随众回京。及同治二年被裁退，时年六十四岁，后事今无考。

陈永年

永年习昆丑，为南府外学学生，亦尝侍仁宗驾至热河。道光七年，裁退民籍人等，勒令回南之际，永年因故留京。经三十余载，至咸丰十年三月二十一日，与费瑞生、陈金雀等，得再行大署，演戏时地与赏赐如下：

闰三月初一日		同乐园
借　靴	王瑞芳	赏银八钱九分
十五日		同
大小骗	方瑞祥	银一两
四月初七日		同
前　亲	王瑞芳　杨瑞祥	
演　官	方瑞祥	
五月初四日		同
下　海		银一两
初五日		同
演　戏		银一两
十一日		同
北　醉		银一两
二十二日		同
痴诉点香	张云亭	银一两
六月初七日		同
教　歌	陈连儿　周双喜	
初八日		同
茶　坊		
初九日		同
别　弟	张云亭	
绣房别祠	杜步云　黄春全	
初十日		同
扫　松	黄春全	大卷五丝一匹三分之一
十七日		同
拾　金		银一两

二十五日	同	
宴　会 _{张云亭}	银一两	
二十六日	同	
演　戏	银一两	

十一月初四日应召再往热河。

十二月十五日	烟波致爽	
借　靴 _{王瑞芳}	银一两	
二十九日	同	
痴诉点香 _{张云亭}	银一两	
十一年正月初二日	福寿园	
大小骗 _{瑞祥}		
十五日	同	
绣房别祠 _{杜步云　黄春全}		
二十四日	烟波致爽	
扫　松 _{黄春全}		
二月初一日	福寿园	
演　官 _{方瑞祥}	银一两二钱	
十三日	烟波致爽	
北　醉		
十六日	同	
别　弟 _{张云亭}	银一两	
二十二日	同	
三　怕 _{陈连儿　杜步云　费瑞生　黄春全　方镇泉}		
三月初一日	福寿园	
风筝误	银一两	

初八日	烟波致爽	
茶　坊	银一两	
十五日	福寿园	
磨　斧 张玉	银一两	
十七日	烟波致爽	
鱼　钱 严宝麟　王瑞芳	银一两	
四月初三日	同	
白罗衫	银一两	
十三日	同	
扫　雪 郭禄寿		
十六日	同	
扫　松 黄春全	银一两	
二十六日	同	
卖兴当巾 产金传　黄春全　方瑞祥	银一两	
五月初一日	同	
遣青杀德 黄春全　方瑞祥	银一两	
初十日	同	
别　弟 张云亭	银一两	
十五日	同	
相梁刺梁 杜步云　侯福堂	银一两五钱	
二十八日	同	
钗钏记	银一两	
六月初二日	同	
磨　斧 张玉	银一两	
十四日	福寿园	
三　怕 陈连儿　费瑞生　杜步云　黄春全　方镇泉		
七月初二日	如意洲	

| 访鼠测字 | 黄春全 费瑞生 | 银一两 |

十一日　同

| 痴诉点香 | 张云亭 | 银一两 |
| 湖　楼 | 陈连儿 | 银五钱 |

十七日，文宗崩，随众返京，留居署内。至同治二年三月十四日卒，年六十二岁。

沈长儿_{兼乱}

长儿本习文丑，而老旦须生，又无不擅长，梨园界中有所谓戏包袱者，殆此人欤？咸丰十年三月二十一日，由内务府挑入署中当差，演戏时地及所得赏赐如下：

闰三月初一日　同乐园

| 杀　狗 | 曹玉秀 陆双玉 | 赏银八钱九分 |

十五日　同

| 百寿图 | 吴关喜 陆双玉 | 银一两 |
| 铁弓缘 | 孙小云 陆双玉 陈四保 | |

五月初四日　同

| 打面缸 | 曹玉秀 韩双盛 产金传 陈四保 | 银一两 |

二十日　同

| 望儿楼 | 黄得喜 | 银一两 |

六月初九日　同

| 荣　归 | 曹玉秀 陆双玉 陈四保 | |
| 摇　会 | 曹玉秀 乌松寿 陆双玉 韩双盛 陈四保 | |

　　　　　　初十日　　同
战　降 吴开喜
　　　　　写　状　　赏胶纱一匹二分之一
　　　　　十七日　　同
　　　　　演　戏　　银一两
　　　　　十八日　　同
钓金龟 陈四保　　银一两
　　　　　二十五日　同
　　　　　演　戏　　银一两
　　　　　二十六日　同
开当铺 边德奎 陈四保 陈九儿　银一两
　　　　　七月十五日　同
三　救 陈四保 陈连生 陈九儿

十一月初四日应召往热河。

　　　　　　二十一日　　烟波致爽
二进宫 严福喜 吴全禄　银一两
　　　　　十二月十五日　同
　　　　　一捧雪　　银一两
　　　　　二十三日　同
扫　雪 吴全禄 陈四保 齐双喜　银一两
　　　　　二十九日　同
　　　　　演　戏　　银一两
　　　　　十一年正月十五日　福寿园
　　　　　摩天岭　　银一两
　　　　　十六日　　同
　　　　　朱仙镇　　银一两

二十四日		烟波致爽
望儿楼	杨瑞祥	银一两
二月初一日		福寿园
演　戏		银一两
初十日		烟波致爽
南阳关	张三福	
十三日		同
荐诸葛	张三福	
洒金桥	吴全禄	
药茶记	陈四保	
十六日		烟波致爽
三　救	陈连儿　陈四保　陈九儿	银一两
十八日		同
赶三关	陈连生　陈四保	银一两
托　梦	黄春全　杨瑞祥　陈四保	
荣　归	产金传　严福喜　陈四保	
二十日		同
沙陀国	孙保和	银一两
芦花河	陈连生	
连升三级	产金传　陈四保	
白良关	产金传　黄春全　孙保和	
	杨瑞祥　陈四保　张三福　冯双德	
二十二日		福寿园
百寿图	吴全禄　朱阿四	银一两
铁弓缘	孙小云　陈四保　陈连生	
二十四日		烟波致爽
写　状	杨瑞祥	
下南唐	孙小云　陈四保	

二进宫 严福喜 吴全禄
战成都 张三福 陈连生 张开
　　黄春全 陈九儿 冯双德

　　　　三月初一日　福寿园
　　　　　风筝误　银一两
　　　　　初四日　烟波致爽
　　　　　困曹府　银一两
　　　　赶　会 陈四保
打面缸 产金传 陈连生 陈四保 陈九儿
　　　　　初八日　同
　　　　　渭水河 吴全禄　银一两
　　　　八　扯 陈四保
　　　　　十五日　福寿园
　　　　　泗州城　银一两
　　　　　十七日　烟波致爽
　　　　下河东 张三福　银一两
　　　　连升三级 产金传 陈四保
　　　　　二十三日　同
　　　　　洒金桥 吴全禄　银一两
　　　　　二十七日　同
　　　　　扈家庄　银一两
　　　　四月初三日　同
　　　　　绿牡丹　银一两
　　　　　初六日　同
　　　　背板凳 玉香 潘五　银一两
　　　　　初七日　同
　　别　妻 玉香 妥一 陈连生　银一两

初八日回京省视，二十四日返热。

	五月初十日	烟波致爽
写状打弹 杨瑞祥 孙保和 陈连生		银一两
	十九日	同
牧羊圈 钱喜禄 郭禄寿 玉香		银一两
	六月二十二日	如意洲
打沙锅 陈永年 陈四保		银一两
	二十六日	同
乾坤带 张三元 孙和保 陈金桂 玉香		
	七月初二日	同
二进宫 叶中兴 吴全禄		银一两
	初四日	同
戏 妻 董文 陈金桂		
	十一日	同
湖 楼 陈连儿		
	十四日	同
杀狗劝妻 张三福 孙四多		银一两
	十五日	同
	白水滩	银一两

及文宗崩后，回京。至同治二年，被裁退，时年四十九岁，后事无考。

陈四保 兼乱

陈四保者，永年之弟也，嘉庆二十三年戊寅生，亦习文丑，而所演以乱弹戏为多。咸丰十年三月二十一日，与兄永年，同时入署，演戏时地及所得赏赐如下：

　　　　　　　闰三月十五日　　同乐园
　　　　拾　镯　曹玉秀　陆双玉　　银一两
　　铁弓缘　孙小云　陆双玉　沈长儿
　　　　　　　十 五 日　　同
　　　　背板凳　曹玉秀　韩双盛　　银一两
　　　　　　　五月初四日　　同
打面缸　产金传　曹玉秀　韩双盛　沈长儿　银一两
　　　　　　　初 五 日　　同
　　　　演　戏　　　　　　　　银一两
　　　　　　　十 一 日　　同
　　　　探亲相骂　翠香　陈九儿
　　　　严福喜　曹玉秀　韩双盛　　赏银一两
　　　　　　　六月初七日　　同
　　拷打拾柴　杨瑞祥　陆双玉　曹玉秀
　　　　　　　初 九 日　　同
　　荣　归　曹玉秀　陈双玉　沈长儿
　　　　摇　会　曹玉秀　乌松寿
　　　陆双玉　韩双盛　沈长儿　赏大卷五丝一匹三分之一
　　　　　　　十 七 日　　同
　　　　查　关　曹玉秀　陆双玉　银一两
　　　　　　　十 八 日　　同
　　　　　钓金龟　沈长儿　小卷蓝色官用宫绸一匹二分之一
　　　　　　　二 十 六 日　　同
　　开当铺　边德奎　沈长儿　陈九儿　银一两
　　　　　　　七月十五日　　同
　　三　救　沈长儿　陈连生　陈九儿

十月—初四日应召往热河。

　　　　　　　十一月二十一日　　烟波致爽
　　　　　盗　韩 _{王　成}　银一两
　　　　　　　十二月二十三日　　同
扫　雪 _{吴全禄　沈长儿　齐双喜}　银一两
　　　　　　　二十九日　　同
　　　　　钓金龟 _{杨瑞祥}　银一两
　　　　　十一年正月初四日　　福寿园
　　　　　　　送亲演礼
　　　　　　　十五日　　同
　　　　　　　摩天岭　　银一两
　　　　　　　二月十三日　　烟波致爽
　　　　　八　扯 _{沈长儿}
　　　　　药茶记 _{沈长儿}
　　　　　　　十六日　　同
三　救 _{沈长儿　陈连生　陈九儿}　银一两
　　　　　　　十八日　　同
　　　　赶三关 _{陈连生　沈长儿}　银一两
托　梦 _{黄春全　沈长儿　杨瑞祥}
荣　归 _{严福喜　产金传　沈长儿}
　　　　　　　二十日　　同
　　　连升三级 _{产金传　沈长儿}
白良关 _{沈长儿　杨瑞祥　孙保和}
　　　_{黄春全　产金传　张三福　冯双德}
　　　　　　　二十二日　　福寿园
铁弓缘 _{孙小云　陈连儿　沈长儿}　银一两
　　　　　　　二十五日　　烟波致爽

下南唐	孙小云 沈长儿	
三月初四日	同	
赶　会	沈长儿	
打面缸	产金传 陈九儿 陈连生 沈长儿	银一两
状元谱	杨瑞祥 产金传 张三福 张开	
初八日	同	
八　扯	沈长儿	银一两
十七日	同	
连升三级	沈长儿 产金传	银一两

二十二日回京省视，四月初八日返热。

四月十二日	烟波致爽	
送盒子	玉香	银一两
十六日	同	
二龙山		银五钱
五月初一日	同	
演　戏		银五钱
初五日	同	
拾　镯	汪竹仙 严福喜	银一两
十五日	同	
丽容探病	陈嵩年 福香 潘五 汪竹仙	银一两
十九日	同	
定生扫雪	吴全禄 汪竹仙 齐双喜	银一两
二十八日	同	
嫖　院	玉香 潘五 陈连生	
六月十四日	福寿园	
状元谱	杨瑞祥 汪竹仙 张三元 潘五	

	二十二日		如意洲
打沙锅	陈嵩年 沈长儿		银一两
王小过年	玉香 潘五		
	七月十五日		同
凤凰山	潘五 冯双德		银一两

及同治二年，被裁退出，时年四十五岁。是岁十月入春台班露演，至十一年该班改组，已无四保在内，后事遂无考。

陈九儿_{兼乱}

陈九儿者，双奎班之名丑也，文武皆能为之。咸丰十年四月二十七日，与本班正旦翠香、武丑赵广发，同时挑进，演戏时地及赏赐如下：

	五月十一日		同乐园
探亲相骂	严福喜 翠香		
	陈四保 曹玉秀 韩双盛	赏银一两	
	二十二日		同
	窦二敦		银一两
	六月十七日		同
	演戏		银一两
	二十六日		同
开当铺	边德奎 陈四保 沈长儿		银一两
	七月十五日		同
三救	沈长儿 陈连生 陈四保		

十一月初四日应召往热河。

本月十四日，九儿复奉总管委派，与内学首领李三德及孙小云等，回京买办靴网，并往宫内搬取钱粮，事毕返热，继续承应：

    十一年二月初六日 福寿园
       采石矶 银一两五钱
      十六日 烟波致爽
三　救　_{沈长儿　陈连生　陈四保}
      二十四日 同
战成都　_{张三福　陈连生　张开}
   _{黄春全　沈长儿　冯双德}
     三月初四日 同
打面缸　_{产金传　陈四保　陈连生　沈长儿} 银一两
      初八日 同
打　店　_{孙小云　张三福　冯双德} 银一两五钱
      十五日 福寿园
  时迁偷鸡　_{冯双德} 银一两

二十二日应回京省视，而九儿仍留热。

      二十三日 烟波致爽
      庆顶珠 银一两
     四月十六日 同
      二龙山 银一两
      二十六日 同
      武当山 银一两
     五月初十日 同
      神州擂 银一两
      十九日 同

　　　　三岔口　　银一两
　　六月初二日　　同
　　　　昊天关　　银一两
　　初九日　　福寿园
　　　　时迁偷鸡 李兴
　　十四日　　同
　十字坡 孙四多 张三福 冯双德
　　七月初七日　　如意洲
　　　　群英会　　银一两

及同治二年，被裁退出，时年四十六岁。自后，即不见搭班露演，故事略亦无得而考矣。

副

王瑞芳

王瑞芳者，昆腔中之副色也，属三庆徽班。咸丰十年三月二十一日，与费瑞生、陈金雀等，同时入署，演戏时地及所得赏赐如下：

　　闰三月初一日　　同乐园
　　　　借靴 陈永年　　赏银八钱九分
　　四月初一日　　同
　　　　前金山 黄春全　　银一两
　　初七日　　同

前　亲 <small>杨瑞祥　陈永年</small>

　　　　五月初四日　　同

后　诱 <small>严福喜　范得保</small>　银一两

　　　　初五日　　同

　　　　演戏　　银一两

　　　　十一日　　同

活　捉 <small>杜步云</small>　银一两

　　　　十五日　　同

游　寺 <small>陈连儿</small>　银一两

　　　　二十二日　　同

　　　　嵩寿　　银一两

　　　　六月初七日　　同

势　僧 <small>费瑞生</small>

　　　　初八日　　同

芦　林 <small>张云亭</small>

　　　　二十五日　　同

　　　　演戏　　银一两

十一月初八日应召往热河。

　　　　十一月二十一日　　烟波致爽

游　寺 <small>陈连儿　严宝麟　严福喜</small>

　　　　十二月十五日　　同

借　靴 <small>陈永年</small>　银一两

　　　　二二十三日　　同

前金山 <small>黄春全</small>　银一两

　　　　十一年正月初二日　　福寿园

后　诱 <small>严福喜　范得保</small>

	初四日	同
势 僧 费瑞生		
	十六日	同
芦 林 张云亭		
	三月初一日	福寿园
	风筝误	银一两
	初八月	烟波致爽
活 捉 杜步云		银一两
	十五日	福寿园
挑帘裁衣 严宝麟 范得保		银一两
	十七日	烟波致爽
鱼 钱 陈永年 严宝麟		银五钱
	二十七日	同
芦 林 张云亭		银一两
	四月初三日	同
	白罗衫	银一两
	初七日	同
湖 船 杨小兰		银一两
	二十一日	同
	演 戏	银一两
	五月初五日	同
嵩 寿 方瑞祥 费瑞生		银一两
	二十八日	同
	钗钏记 前段	银一两
	六月初二日	同
	钗钏记 后段	银一两
	初八日	福寿园
游 寺 严福喜 严宝麟 陈连儿		

　　　　十八日　　　如意洲

　　活　捉 杨小兰

　　　　七月初一日　　同

　　　　前　诱　银一两

　　　　初七日　　　同

　　　　议　剑 陈嵩年　银一两

及同治二年，被裁退出，时年五十九岁。即仍回三庆班露演，后数年卒。

潘五

潘五亦习副，名奎椿，惟所演则乱弹戏。咸丰十一年四月初五日，由内务府挑选。在热河行宫承差，演戏时地及赏赐如下：

　　　　四月初六日　　烟波致爽

　　背　凳 玉香 沈长儿　赏银一两

　　　　请　医 妥一

　　　　初七日　　　同

红梅算命 玉香 陈连生 钱阿四　银一两

　　　　十二日　　　同

　　八　扯 李兴　银一两

　　　　十六日　　　同

摇　会 玉香 妥一 汪竹仙 陈金桂　银一两

　　　　二十一日　　同

杀　皮 玉香 妥一 张三福　银一两五钱

　　　　五月初一日　　同

　　　　演　戏　银五钱

					初五日	同
				尼姑庵		银一两
					十五日	同
丽容探病	玉香	陈四保	汪竹仙	陈蒿年		银一两
					二十八日	同
		嫖 院	玉香	陈连生 陈四保		银一两
					六月初二日	同
	贪欢报	玉香	陈连生	汪竹仙 冯双德		银一两
					初八日	福寿园
		连升三级	汪竹仙	陈连儿		
					初九日	烟波致爽
		魏虎发配	玉香	妥一		
					十四日	福寿园
	状元谱	杨瑞祥	张三元	汪竹仙 陈四保		
					十五日	同
		闯 山	陈金桂	汪竹仙		
					二十二日	如意洲
		王小过年	玉香	陈四保		银一两
					七月初七日	同
				群英会		银一两
					十五日	同
			查 关	玉香 汪竹仙		银一两
			凤凰山	陈四保 冯双德		银一两

及同治二年，被裁退出，时年三十五岁。是岁十月，搭春台班露演。明年，兼搭久和。《都门纪略》载其戏，曰"当铜卖马"店家，"十二红"毕明，"双沙河"魏小生。至同治十一年，春台改组，而潘五之名，尚仍见载列。光绪以后事，则不复可知矣。

武丑

韩双盛

双盛习文武丑，颇有名。咸丰中，《都门纪略》曾载其在双奎班所演戏目，及所饰角色甚详，计为：

双打店（解差）　巧连环（时迁）　连升三级（店家）

咸丰十年闰三月十二日，与黄春全、杨瑞祥等，同时入署，演戏时地及赏赐如下：

	四月初一日	同乐园
	连升三级　产金传	赏小卷酱色五丝一件二分之一
	十五日	同
背板凳	曹玉秀　陈四保	
	五月初四日	同
打面缸	陈四保　产金传　曹玉秀　沈长儿	银一两
	初五日	同
	演　戏	银一两
	十一日	同
	盗　韩　王　成	银一两
探亲相骂	严福喜　曹玉秀	
	陈四保　陈九儿　翠香	
	六月初九日	同
	送盒子　曹玉秀　陆双玉	
	摇　会　曹玉秀　陆双玉	
	乌松寿　陈四保　沈长儿	

迨万寿差事完毕，双盛因不愿在内，即偕曹玉秀、陆双玉等，于六月二十一日退出。及同治二年，各班改组，双盛乃加入李双如之阜成班。明年又兼在嵩祝成班出演，同治三年本《都门纪略》所载，与前稍异，计有下列戏色：

连环套（朱光祖） 背凳（不长座） 双打店（大价） 十二红（毕明） 下河南（胡公子）

按之前后《都门纪略》，知双盛实为咸、同间之丑行极有名人物，惜年代距今稍远，故事略难得其详矣。

妥一

妥一习武丑。咸丰十一年四月初五日，由内务府挑选，在热河行宫承差，演戏时地及赏赐如下：

	四月初六日	烟波致爽
问 樵	陈连儿	赏银一两
	初七日	同
别 妻	玉香 陈连生 沈长儿	
请 医	潘五	银一两
	十六日	同
摇 会	玉香 陈金桂 潘五 汪竹仙	银一两
	二十一日	同
杀 皮	玉香 潘五 张三福	银一两
	二十六日	同
	武当山	银一两
	五月初十日	同

	演戏	银一两
	十九日	同
	三岔口	银一两
	二十八日	同
	藏风寨	银一两
	六月初九日	烟波致爽
魏虎发配 玉香 潘五		
	二十二日	如意洲
	迷魂岭	银一两
	七月初四日	同
祥梅寺 冯双德		
	十三日	同
	钓鱼卖柴 杨瑞祥 董文	银一两

及文宗崩逝，随众返京。同治元年六月二十一日卒，年二十七岁。

随手

殷钟林 以下鼓

　　钟林精击鼓，一时盖无出其上者，观其入署后，分钱独多，不久更复增加月俸，则知其技，为不侔于众矣。咸丰六年二月二十二日，考试中选。三月十一日，由内务府交进，赏月银二两，白米十口，公费制钱一串。七年三月初一日，在同乐园承差，得赏大卷蓝五丝一匹，四月十五日得赏银一两；八年二月初九日，在同乐园助演，得分赏钱一千文，六月初一日同，十月初二日，得赏银二钱五厘，十五日配音乐法器道士，得赏银五钱，十二月初一日，在重华宫赏银二钱五厘，十五日，得分赏钱一千文；九年，六月万寿，分钱八百文，八月十五日，分钱三百文，十月十五日，分钱一千文，年终赏每月加食五钱钱粮，共二两五钱之数，嘉其能也。后来赏赐，亦准此例，较他人独厚。十年秋，遭英法联军之变，圆明园被毁，遂停止承应。十一月初四日，应召往热河，直至文宗崩，始返京师。同治二年，裁退民籍学生，独鼓笛随手及筋斗人等被留，并赐住宅于银丝沟之北，使居焉。同治六年十月十六日卒，年六十岁。

陈瑞

陈瑞之籍贯不详。咸丰六年二月，由考试，以打鼓中选，三月入署，赏月银二两，白米十口，公费一串，并发给腰牌，凭以出入。八月十八日，会瑞将腰牌遗失，即转托陆得升，言与内学首领，呈报总管，为另行补发一块。七年三月初一日，在同乐园承差，得赏大卷蓝五丝一匹，四月十五日，得赏银一两；八年九月二十日，得赏银五钱，十月十五日，配音乐法器道士，得赏银五钱，十二月初一日，在重华宫承应，得赏银二钱五；九年六月万寿，分钱八百文，八月十五日，分钱三百文。十年以来，承差较繁，所得赏赐，亦多准已往之例。秋间，遭英法联军之变，圆明园被毁，演戏中断。至十一月，奉召赴热河，瑞即于初八日往，承应如前。明年七月，文宗晏驾，随众返京师。及同治二年七月，下谕裁革民籍人等，独六年所传之鼓笛随手十二名，筋斗八名，得仍在内当差。但自后之承应赏赐，皆远逊于前。同治四年十二月十七日卒，年四十六岁。

陈益庭

益庭以善击鼓，咸丰六年由考试中选，三月十一日入署，时年才二十二岁，为行辈中之年龄最稚者。七年四月十五日，在同乐园随演，得赏银一两；八年九月二十日，得赏银五钱，十月十五日，配音乐法器道士，得赏银三钱余，十二月初一日，在重华宫得赏银二钱五；九年，六月万寿，分钱一吊，八月十五日，分钱三百文，自后遇今节祝寿，赏赐多准此例。十年秋，圆明园被毁，停演。十一月初八日，应召，往热河行宫承差。十一年三月，因母病，请假一月，回京省亲，四月初四日返热。是岁七月，文宗崩，始得重来日下，即长往于南长街银丝沟之北，乃署内所备之官房也。后来被留之随手，悉住其间，不独益庭为然耳。同治二年，裁退民籍人等，独六年所传之鼓笛随手十二名，筋斗八名，未去。但以后之赏赐，则远不及文宗时为丰厚矣。承差近二十载，至同治十二年十一月二十五日卒，年止三十九岁，惜哉！

潘来喜

来喜亦善击鼓，咸丰六年，考试中选，于三月十一日入署，赏月银二两，白米十口，公费制钱一串。七年四月十五日，在同乐园承应，得赏银一两，八年十月初二日，在同乐园，得赏银五钱，十月十五日，配音乐法器道士，赏银五钱，十二月初一日，在重华宫得赏银二钱五，后来赏赐，多准此例。十年十一月初八日，复应召，往热河承差，赏银亦多如在圆明园时。明年，文宗崩，回京，同治二年，裁退民籍人等，独六年所传鼓笛随手，得仍留居署内，住家于银丝沟北官房。翌年十二月初二日卒，年五十一岁。

唐阿招

阿招苏州人，幼习昆腔鼓板。道光中，自南来京，加入四喜班奏技，一时梨园行场面，咸推重之；而其艺，亦自能得心应手，入于神化，非浪得虚名比也，咸丰十年四月二十七日，与本班武副冯双德、净孙保和，同时入署，未几遭英法联军之变，文宗北狩，阿招亦于十一月初四日，应招往热河。十一年二月初一日，福寿园承应，得赏银一两，三月初八日回京省视，二十二日返热，四月十二日，在烟波致爽得赏银一两，五月二十七日、六月初二日俱同。及文宗晏驾，乃遄返都下，同治二年被裁退。四年，打鼓人陈瑞卒，总管李三德即选用阿招，值赵坤祥亦亡故，又选沈湘泉，及梳水头人郭顺儿，同时递补，并上奏云：奴才李谨奏，为遵旨奏闻事，奴才讨要在额数随手三名，今于十月二十八日，奴才挑得随手二名，短一名。系陈招儿，因此名有情形，内务府堂上不保。今现短梳水头人一名，奴才挑得梳水头人郭顺儿，补替当差，将此三名，年岁籍贯，悉列于后。

（鼓）唐阿招（年五十一岁，系江苏人）
（胡纮篆子）笛沈湘泉（年五十一岁，系江苏人）
（梳水头人）郭顺儿（年二十一岁，宛平县人）

"奴才求恩，照例赏给每名每月钱粮银二两，白米十口，公费制钱一串，谨此奏闻。"阿招二次入署之后，赏赐较前益厚，计本年十二月初一日，在漱芳斋承应，得赏银一两；五年正月初二日，在漱芳斋，得二两三钱，十六日二两，十九日银一两，二月初一日八钱，三月初一日得一两，十五日一两，二十三日一两七钱，四月初三日一两，初八日七钱，六月十五日五钱，七月初一日八钱，十五日三两，八月初二日一两，九月十五日二两，十月初五日七钱，十五日一两，十二月初六日九钱，以后恩赏，亦多准此例。六年十月，食二两五钱，缺鼓板殷钟林卒，总管又上奏，即用阿招递补。十一年正月初一日，由范代班传降上旨云："着唐阿招编吉祥吹打曲谱，俱要吉祥的，多编几套。"由此可知阿招非仅为乐工，且深明曲律，能自制谱，是岂多得之人哉！故十三年九月，更降旨，使阿招与潘荣、钱三寿三人，每月加添一两钱粮米石，亦所以酬其劳耳。光绪四年十一月初二日，卒于银丝沟北官舍，年六十四岁。弟子一人，曰吴永明。子二，长宝海，次宝山，前已挑选入署，是皆可谓能嗣其业者矣。

张松林

张松林者，习鼓板，江苏人也，在京则搭四喜班。同治六年，殷钟林卒，所食二两五钱缺，以唐阿招递补，十一月初三日，又挑选松林，以补阿招之缺，因与阿招有乡谊，且隶同班故也。十二月十八日，在漱芳斋承应，得赏银二两；七年四月初一日，得赏银六两，八日得二两，五月十二日，得四两，十月十四日同；八年之后之赏赐，亦多准此例。十三年九月卒，年五十七岁。所遗之缺，即用刘兆奎替补云。

杨玉福

杨玉福者，山东人。生于道光二十七年丁未。幼习武场，初搭三庆部，同治二年，该班报庙花名，尝见著列。以天性敏慧，无几时，即能掌鼓。弱冠后，扬名日下，一时名辈多避席。其后，改入四喜，同治十一年，花名册内，已占场面首座。名伶如王九龄、张三福、董文、陈寿峰、刘赶三、杨鸣玉等，凡所演唱，尽用杨充鼓师。未几，值穆宗国服，各班停演。至光绪三年开禁，四喜报庙底册。仍置玉福第一，次则沈立成、何永福、李春泉、李春林、李洪喜、贾祥瑞、陆昌立等；沈、李、贾、陆，后悉享大名，而于杨则年辈稍差，尊为长者，是玉福，固常领袖诸公矣。平时喜穿套裤。故有杨套裤之号，住家虎坊桥南九道湾地方。以同治十二年二月二十七日，补陈益廷缺，挑选入署，赏月银二两，白米十口。明年穆宗薨，承差实无多日，遽于光绪四年四月十四日卒，葬于春台义地东南隅。有子九山，唱小生兼老生，光绪九年曾搭久和成班出演，早卒。玉福之墓于民十六尚再加修葺，重行立石，惟无嗣孙名字，想系仍在旧京，但颇艰于稽访耳。

刘兆奎

　　刘兆奎者，扬州江都人也。父正祥，祖天桂，三世皆以善昆腔鼓显，而天桂之名尤著。盖天桂于嘉庆初来京，首创四喜班，与三庆、春台、和春并峙而立，即旧所谓四大徽班者。旋又起传经堂，以教授后进，嘉道之间，名伶若二双三法，悉出其门。两朝纪艳之书，如《莺花小谱》、《梦华琐簿》等，多缕载其事，而杨氏掌生所述，为更详焉。及正祥，则仍主传经堂，林韵香、俞小霞，为其弟子。有女二，长即适俞，生菊笙；次适朱小喜，生文英。并蜚誉光宣间。子一，则兆奎耳。兆奎生于道光五年乙酉，幼承家教，又从其外父周清泰受业，故其艺，号为精博。清德宗尝询其对昆曲能熟击者，计有多少；兆奎惧言出之，始谓约八九百之谱，是盖非虚语也。同治十三年九月，补张松林缺。挑选入署。光绪以来，赏赐颇厚，每次多在五六两上下。迨德宗亲政后，朝事余间，最好击鼓，日召升平署随手人等，至养心殿或瀛台之上，随之学习。当传授之际，德宗曾借兆奎所用鼓槌，以为试验，因经有御用故，兆奎于回家后，即不敢再执，就火焚之。其生平，以击"下西风""万年欢""庆赏元宵"等曲，为最擅场。当于小荣椿任教习时，一日与郝春年，前后接打"喜遇"（曲牌名）其腕法之灵巧，鼓音之清越竟致哄传都下，称为绝伎，能为嗣者，惟沈宝钧一人而已。按鼓衬托，方愈显其能。晚清梨园界，群推俞菊笙为第一，此固无异议者。同光之际，菊笙为春台班主，用武戏，唱大轴，以与三庆之程长庚、谭鑫培，四喜之梅巧玲、时小福等，分庭抗礼，则由兆奎为助力之功不浅也。自挑差事以后，即不复常搭外班，老来白发满头，与面色相映如银，故慈禧每戏呼之曰老白毛。惜其年迈，不再令之登台，但刘弗愿如此也；则于有迎请吹"一枝花"时，仍亲到场，略为点拍，即谓应差。光绪三十一年十一月十二日卒，年八十一岁。女一，适王桂官，子名紫云，今住香炉营头条王桂官之长子家中。乙亥冬月某晚，风雪严寒，余尝一往访之，盖亦式微甚矣。兆奎弟子，有贾祥瑞、姬文杰、沈永福诸人。祥瑞从习文场，以胡琴著，其传亦最广，梅雨田、孙光通，皆出其门下云。

郝春年

春年行六，皖人，为徽班世家。道光十年六月初十日生。自幼即从一周姓者习艺，主于击鼓，文武昆乱兼擅其长。同治二年，在万顺奎班，为场面之首。明年，复加入张二奎之双奎班奏技。中叶以还，又改搭阜成班。当在万顺奎与阜成班之际，皆属与笛师唐宝山，共事相依，有如左右手，未几，即被举入慈安太后宫中，为本家太监之随手。相传穆宗为娱亲计，曾于某岁，慈禧万寿，亲行粉墨登场，用效莱衣之舞，所演为"黄鹤楼"一剧。帝饰赵云，而以太监印刘饰刘备，喜刘、诸葛亮，杨五、张飞，李连英、周瑜；其击鼓与吹笛者，则春年与方秉忠安来顺也。演毕，极博宸欢，赏赐特厚；但属偶一为之，后即不再举行。事隔数载，一日郝等，至帝所居之殿门外探望，其意在盼帝复有登场度曲事。适有太监自内出，知其来意，即云："汝等又欲来向主子讨赏耶？惟帝心迩来殊不怿，已无兴于此久矣！俟有差日，定相唤，决不负尔旧人也。"同治十三年九月十三日，赏食升平署正额钱粮。光绪开禁后，每次承应，悉居上赏，例如：九年六月十四日，在漱芳斋得赏银四两，十五日六两，七月初一日五两，十四日同，九月初一日六两，初九日四两，十五日同，十月初六日同，十三日十五两，十五日六两，十一月十五日十二两，十二月初一日五两，后亦多准此数。光绪三十年，慈禧七旬万寿，恩赏双份钱粮。春年原住前外樱桃斜街五道庙，有差进城，则宿唐宝山所。宣统三年，腊月二十五日卒，年八十二岁。有子三人，长玉书，次玉昆，三玉翰，俱早卒。今惟一孙喜伦现在各戏班奏技，承继家风，能不坠其业。按春年，自同治末，挑选入署，其在外尚仍不废旧业，初则在小荣椿科班任教习，十八年在三庆，二十二年在喜庆，皆为与谭鑫培打鼓；职良鼓师，群推郝六、李五，余人皆不及也。弟子有鲍桂山、罗文翰、傅桂荣、王德瑞等人。而鲍、罗因受其师提掖，亦得入署当差云。

方国祥以下笛

方国祥者，号成圆，安徽合肥人也，父德荣，生子五，长国兴，次国梁，三国柱，四国栋，五为国祥。据其曾孙问溪，所述先世事略云，方氏代业茶商，自德荣始，乃从事乐律之学，以工撇笛，播声大江南北。乾隆五十五年，高宗八旬万寿，随三庆徽班，入都祝厘，时内庭礼制，于宴戏"膺受多福"前例奏"雁儿落"一支，以为迎请，系属中和乐所司奏者。据传，该曲笛色为凡字调，节奏为流水板，以其短促，故仅需时三分即毕，乐工苦之，又往往不能协和。后乃改召外边场面，作为承应，德荣即中其之一人焉。遂时入禁内，极邀宸眷，恩赏羡馀，借得投入春台班为股东。其家至今尚藏有极古春台剧目一册，及剧本多种，即当年之遗物也。嘉庆十八年四月逝世，厝葬于崇外四眼井安庆义园，时国祥年甫十四岁耳。因幼承家教，对度曲早具根底，所有曲本，出手自抄写者，约百数十卷之富，又尝从当代耆宿问业，见识因而愈广，故虽在妙龄，已能自立，搭入春台奏技，垂四十年之久。咸丰六年二月二十二日，在档案房堂上，考试中选，于三月十一日，随众入署，赏食二两月银，白米十口，公费制钱一串。未几，更与其他诸人，并将眷属，移住银丝沟南府官房，俗皆知南府有十二名外随手，由此始也。其职务，除随刚撇笛外，又常应文宗之召，吹奏各种曲牌，在圆明园各胜景之中。及十一年庚申，遭英法联军之变，銮与北狩。十月下令，召升平署内外人等，赴行宫承差，国祥即于本月初八日往，十一年三月二十二日，给假抵家省视，四月初八日返热。七月，文宗崩，始回京。同治二年，裁退民籍学生，独六年所挑十二名，得留署，当差如旧。国祥此际,俸给既优,赏赉更厚,计前后所得:咸丰七年四月十五日在同乐园承应,得赏银五钱,八年十月初二日,在同乐园又得银三两,十五日配音乐法器道士,得五钱,后又六两,十二月初一日六两,十二日分制钱六百五十文,九年六月,皇帝万寿,分制钱一吊文,五月十五日同。自穆宗即位,至同治四年,始开禁演戏,十月十五日,在宁寿宫得赏银五钱,十二月初一日,漱芳斋得银八两,五年正月一日银十六两,十五日银十五两,二十日八两,三月初一日十两,十六日六两,二十二日,皇帝万寿,十六两,四月初三日八两,初八日同,六月十五日同,七月初一日六两,初七日一两,十五日二两,八月初二日一两,九月十六日十五两,十月初一日八两,十二月初六日四两,分制钱八百三十文,又永祥当利钱六吊五百文,六年正月初二日十五两,十九日二十一两,二月十六日八两,三月初一日同,十八日同,二十二日万寿,赏银二十四两,四月初八日十一两,七月十三日慈安太后万寿,银条一条,约五两,十月初一日,银条一条,十七日,为连日承应慈禧太后万寿,赏银二十四两,十一月十五日银条一条,值三两,十二月十八日,赏小卷天青江绸褂料一件,蓝线绸袍料一件,酱色线绸袍料一件,七年三月万寿银五两,五月十二日,银三两,十月万寿,银三两,十二月初一日五两,八年七月初九日银五两,十年正月十六日银二两,又十两。总算万岁赏赐,约数百两之多,除去家用,悉储蓄于内西华门源顺堆房。或即固封小坛之内,置于僻处,以资仓卒。故事有不秘,辄为人窃去,不问也。晚年,步履维艰,杖而后行,人有劝其勿亲往,宜使嗣子秉忠代替,为较妥者,但方以月支银米,不愿无劳而受国禄,遂承差如故。某日,宫内演戏,国祥照例前往,柱杖行木板上,作登登声,将帝惊觉,急问左右,内侍答曰:"随手方国祥,因年老,需杖而行,此乃柱杖声也。"帝颔之,亦未深责。惟方经此一问,恐惧负罪,由是,不再入内廷。同治十二年九月二十二日,病殁,年七十四岁。国祥短身,而蓄有八字胡须。性俭朴,布衣疏食,习以为常,技艺之外,并识医理,明相法,同辈中,遇有疑难,多就决之。加以天性和易,善与人交,故及其卒也,升平署自总管以下,悉有赙金,计总管韩福禄四吊,七品首领白与泰一吊,八品首领陆得喜、张得安各两吊,八品官姚得禄、郭得喜、乔荣寿各两吊，任得成、王进贵各八吊，安来顺四吊，王山明、王成业、班进喜、方福顺、刘进喜、刘重善各两吊，太监祥王两吊，王安、李来顺、安进禄、梁进禄、田进寿、张长庆、李福贵、孔得福、冯文玉、狄盛宝、张盛立、狄得寿、欧来喜、门上刘招等，各一吊。就中王进贵为秉忠之师，任得成则太老师，安来顺亦进贵弟子，故三人馈赠，遂独优焉。秉忠者国祥长子也，尚有姊一人，适名丑徐阿妮，弟一，秉值，皆张氏所出。方氏本于广安门外，置有茔地，惟迄今未用，其丧，现仍厝于春台义地中云。

潘荣

潘荣行三，江苏苏州人，生于嘉庆十三年戊辰之岁。父有龙，为嘉道时南府供奉。按陈金雀家旧藏升平署派人与商议挑选外学一事之纸据验之，则所谓潘三，当即指荣为无疑，钱四者，钱恩寿也。既委荣与偕，是知荣亦为南府学生矣。又道光三年恩赏日记档载，十二月十八日，有祥庆传旨，现今外学学生，系何学生之弟男子侄，令开写一单呈上，内列三儿系潘五之子，按荣诞生之岁计，至是已十六岁，则此三儿亦可决为省去荣之姓氏，而只唤其小名，曰三儿也。彼时荣仍在上场人之类，以属习生未者，其所曾演之戏与赏赐，则如下列：

道光三年五月初五日	同乐园
阐道除邪 二本	手巾一条
八月十二日	同
九九大庆 三本	银一两
四年五月初五日	同
阐道除邪	分钱一百五十文
十七日	同
皇后寿演戏	赏夏布一个　又香串一串

八月十二日	同	
九九大庆〖三本〗	银五钱	
九月十五日	同	
〖十一段〗征西异传	银五钱	
十月初二日	同	
〖十二段〗征西异传	银五钱	
七年正月初二日	重华宫	
天官祝福	饰福神	赏一两银锞一个
年年康泰	饰小军	赏五钱银锞一个

是岁仲春，下谕改南府为升平署，将外学人等，悉数裁退，荣亦随其家属回南。既冠之后，因嗓败，改习撇笛，所从游，仍多乾、嘉乐工，故能深明乐理，审律拟谱，返京后，即搭戏班以为生计。咸丰六年二月，考试中选，于三月十一日，再行入署，赏钱粮如他人之数。按宫中旧事，燕九承应，例演"圣母巡行""群仙赴会"二出，八仙上场时，原为一仙一曲，但年久失传，遂谨余七调，荣乃自制一调，以补其阙。又每年三月朔日，多唱"杜宝劝农"，以应节令，荣更能拉四股子乐器，用为协奏，故每遇此两日演戏，他随手悉无赏，独荣有之，而于拉四股后，又曾特赏弦线之费，以旌其异；凡此，皆足以觇其精而且博也。惟其性稍执拗，秘而不肯传世，后此所补一曲，与撇弦之法，竟与偕逝，亦可惜也。又据档案，知荣自充随手入署以来，不惟于燕九劝农特殊有赏，即其他承应，亦莫不然，兹为举列如下：

七年四月十五日	赏银五钱在同乐园
八年正月十七日	独得分赏制钱一千文在同道堂
十九日	独得赏钱一千文在同乐园演群仙赴会之故
二月初九日	分赏钱一千文
三月初一日	分赏钱一千文在同乐园演杜宝劝农之故

	四月初八日	分赏钱一千文
	五月初五日	同
	六月初一日	同
	八九两日	分赏钱二千文清帝万寿
	十五日	分钱一千
七月初一日 十二日 十五日		
	八月十五日	
	九月初一日	俱分钱一千
	十月初二日	赏银三钱余
	十五日	赏银五钱配音乐法器道士
	十二月初一日	赏银二钱五在重华宫内
	九年三月初一日	分赏钱一千特赏弦线钱一千　是日在同乐园演杜宝劝农
	十五日	分钱二千文
	五月初一日	同乐园
	十五日	一千文
	六月初一日	同
	八九两日	分赏钱二千八百文
	十五日	一千文
	七月初一日	
	八月初四日	俱同上
	十五日	一千三百文
九月初一日 十五日		
十月初五日 十五日		
十二月十五日 二十日 二十四日		俱同上

　　腊月终，又将月俸加增五钱，赵坤祥、殷钟林同此。

十年以后，所得分赏，亦略同此。及遭英法联军之役，圆明园于九月五日被毁，平日笙管热闹之场，一变而为瓦砾堆积之地，白头供奉，能不悲哉。冬初应召往热河行宫承差。明年三月八日，给假回家省视，二十二日期满，归热。七月，文宗崩，随返京师。同治二年，复裁外学，惟六年所选十二名，得仍留署。迄开禁演戏，而荣之恩宠更进，且尤得慈禧欢心。一日因"金山寺"一剧，与内学打鼓刘进喜有所争论，各是其说不相下。事闻慈祷太后，竟归直于荣，令刘谢服。后值外臣，进五谷丰登一篇，后颇爱之，欲被诸弦管，奏于庙堂，以为文饰太平之具，当即命荣，携回制谱，谱成，厚加赏赉。十三年五月，降旨再增月银一两。共食三两五钱之数，同辈中鲜有能企及者。光绪以还，两宫太后，谓荣南府旧人，年事又老，即不令再往禁内奏技，而每有恩赐，仍为随手中之首领，多在七八两上下。十七年五月，得病甚剧，方秉忠至床前侍疾，从容问曰，余尝习吹"鸿门宴"，对曲中某句，至今未能拍合，问之先生，亦不吾告。兹当弥留之际，愿勿吝此末技，请一指示，则侄之铭感深矣。荣乃稍为点破，秉忠言下立悟。至十一日，荣卒，年八十四岁。子德成，未尝学艺，孙寿山，习大锣，亦在署应差，今住南池子口内路西，每述先人往事，辄竟娓娓不倦云。

赵坤祥

坤祥工吹笛，兼善弹弦子，盖当日场面中之佼佼者。咸丰六年二月中选，三月十一日入署，月食银二两，白米十口，公费制钱一串。七年四月十五日，在同乐园助演，得赏银五钱。八年十月初二日，在同乐园得赏银三钱余，十五日配音乐法器道士，得赏银五钱，十二月初一日，在重华宫得赏银二钱五厘，九年六月初一日，分赏钱一千文，八九两日，文宗万寿，分赏钱三吊，十五日分得一千文，七月初一日同上，八月十四日同上，十五日分钱一吊三百文，九月初一日分钱一百吊，十五日同上，十月初五日同，十五日同，十二月二十日同，二十四日同。观其分赏独多，即可知其艺之优矣，故于年终，更增加月俸五钱，共食二两五钱，同时能得此厚赏者，惟赵及殷钟林、潘荣三人而已。以后赏赐，亦多准此例。十年，十一月初四日，复应召，往热河行宫承差，明年八月，文宗崩，始得返京。同治二年，裁退外学之际，被留未去，四年五月初九日卒，年六十三岁。

钱明德

明德江苏人，习弦子兼笛。咸丰六年二月二十二日，升平署总管，会同内务府人等，在档案房堂上，考试外边随手时，明德以艺中选，三月十一日入署，赏食月银二两，白米十口，公费一串。七年，四月望日，在同乐园承差，得赏银五钱，八年十月二日，同乐园助演，得赏银三钱，十五日得五钱，十二月初一日，重华宫承应，得赏银二钱五厘，六月万寿，分钱一吊，八月十五日，分钱三百文，至十二月病殁，年四十八岁。有子曰三寿，亦习笛，即行挑补其缺云。

钱三寿

三寿为明德之子，初从内学王进贵习吹笛。咸丰八年十二月，补父缺，入内当差，时年仅一十七岁，每有承应，所得赏银及分钱，亦多如其父之数。其时，所有差事，悉在圆明园中，随手等眷属，亦于太平村设有传房，以备迁居。十年九月，圆明园毁，彼等即回城长住。十一月，应文宗召，于初八日往热河，承应一如在宫里之时。明年四月八日，给假省亲，二十四日返热。七月，文宗崩，始行回署。迄同治二年，裁退外学，而三寿因袭父缺，在十二名之内，遂得不去。开禁以来恩宠日隆，赏赐亦逐次添多，至同治十三年五月，更降旨增加月银一两，外随手中，除潘荣外，即数三寿与唐阿招，为最大之钱粮矣。德宗嗣位之后，赏给较前愈厚，每多次在四五两上下，以奏技年深，不一一举例。光绪二十一年九月初三日，卒于银丝沟官舍，年五十有四。生前授徒二，曰王春通，曰李如寿，子一人，即树琪，习手锣，前于十九年六月，已挑效力，盖总管何庆喜，顾恤旧交，是有此举，语见唐春明传中，兹则不赘述矣。

沈湘泉 兼胡琴

沈湘泉者，江苏人，生于嘉庆二十年乙亥，盖为与唐阿招同时北上者。本工擫笛，又善弹弦子，迨二黄改用胡琴时，而湘泉亦颇以该乐知名。咸丰间，在双奎班，为张二奎琴师，十一年夏，文宗在热河下谕，令挑选随手，外学人等，群推湘泉，遂召往行宫候命。总管安福为具奏云："安福谨奏，五月十五日，堂交与奴才双奎班胡琴笛弦子学生沈湘泉一名，奴才求恩，赏给月银二两，白米十口，请旨交御前大臣，行文办理，谨此奏闻。"宫中之挑选胡琴随手，常数湘泉为第一人物。惟是入内甫两月，即值文宗升遐，遣返京师。及同治二年，被裁退出。四年，吹笛人赵坤祥卒，乃与唐阿招、郭顺儿，同时复被召选。十二月初一日，在漱芳斋承应，得赏银一两二钱，五年正月初二日，得赏银一两八钱，十六日一两七钱，十九日八钱，二月初一日七钱，三月初一日八钱，十五日九钱，二十三日一两三钱，四月初三日七钱，初八日六钱，六月十五日五钱，七月初一日同，十五日二两，二八月初二日一两，九月十五日一两二钱，十月初五日六钱，十二月初六日七钱，以后赏赐，多准此例。光绪二年二月十四日卒，年六十二岁。后数载，乃卜葬崇外春台义地之东南隅，光绪六年三月立石，书沈府君湘泉之位。此碑今仍屹存，但其子为谁，及有无后嗣，则不得而考矣。

方秉忠

秉忠号星樵，为国祥长子，咸丰六年十二月初六日生。自为童子时，即嗜好音乐，每游戏，则品箫弄笛，竟日无倦。及稍长，从其父研习曲律，及擪笛之精蕴。某年冬天降大雪，秉忠于屋内试曲有误，其父即罚令跪雪地中重奏，俟其合拍，方得起。尝为友人约，赴通州奏技，归时携带酱豆腐一罐，冀博亲欢，而备佐食之用，不意反触国祥之怒斥。谓汝年尚稚，艺未精通，遽行远出，不惧增父母之忧耶！且吾月俸足自赡，无需尔力，后宜专心向学，屏绝闲务，若再犯，则决不尔宥矣。未几，即入内庭效力，帮吹下手笛，以资练习，时秉忠年才十六岁耳。旋其父，以宫内承应戏太多，供奉频繁，无暇教授，乃令拜王进贵为师。进贵系南府十番学旧乐工任得成弟子，精音律，通乐理，对吹笛之学，更所擅长，当日署中有鼓刘笛王喇叭张之语，皆内学场面之绝佳者，其笛王，即指进贵言。慈禧太后，每召往拍曲，极见宠幸，后擢升至七品首领，署内以场面而能膺此选者，前后尚不多见耳。惟王性高傲，初无收秉忠为门人意，只以国祥力请，乃允。尝令方收拾桌上什物及掸瓶尘垢，而预置铜钱于瓶，以试其品格，秉忠素笃实不作欺人语，及捡得铜钱，即呈交于王，王自是大器重。然尚不知其资质如何？遂又于案上，为诸弟子（与秉忠同学者，时尚有内学安来顺及外学钱三寿等人）每人设瓦罐一，并告之曰，汝等如习就一支曲牌时，须放专备小制钱一枚于内，俾记各人所学曲目之多寡，以备月终查看，而知其勤惰也。后逢检视，必以秉忠为最多，于是，又知秉忠为聪敏而有恒者，乃愈见喜悦，亲授以诸音乐之口诀密法，称高足弟子焉。斯际，任得成以八十高龄，尚犹健在，每值王教授生徒时，常倚杖入屋，召秉忠等垂问所习，遇不解者，便为指正，故方之艺术，悉能臻于最高境界者，盖有由矣。同治十二年，父国祥卒，即用秉忠承遗缺，总管韩福禄为具奏云："奴才韩福禄谨奏，为奏闻事，因内学民籍学生随手方国祥，于九月二十七日病故，现有伊子方秉忠，随伊父学习随手颇好，今奴才叩求佛爷鸿恩，将方秉忠现年十八岁，补替承差，为此奏请。"旋奉旨俞允，赏钱粮如其父之数。当穆宗演"黄鹤楼"以娱亲日，秉忠为吹下手笛，其上手笛则属内学安来顺，事见郝六传中，兹不详述。光绪二年冬，将赵坤群卒后所遗二两五钱缺，经王进贵、钱三寿保举，随即方由挑补。迄德宗亲政，而秉忠之宠幸愈深。盖帝性最嗜剧乐，复善昆曲，以秉忠供奉年深，经验宏富，遂常召入，或拍曲，或倚笛，日无暇晷，除常在瀛台，与刘兆奎、郝六、沈大、杨长庆等随帝供奉外，倘德宗往太后处问安时，更有在船上承应之事。此际，御舟上，先预置各种锣鼓乐器，帝司鼓板，令秉忠及浦阿四、杨长庆等，执乐伴奏"普天乐"一曲，（用《浣纱记》第五折"打围"之辞）游行环唱，定自某处奏起，至某地奏完，其间疾徐适合，无少参差，而帝技之优，亦可于此想见矣。又一日，帝自击鼓板，令秉忠教某监习"朱奴儿"曲，唱《虎口余生》，"乱箭"末折之词。某监来自乡间，语调多俗，音韵四声，更非所知，故于度曲一节，极感困难。首句"蟠螭旂云中摇漾"之"摇漾"二字，其腔本高，音节为工五六，五一。而彼乃唱作低音，反与第四句"马如龙掣断丝缰"之"丝缰"二字腔同音节为工，尺一，更于其下之"飞豹旌风外飘扬"等句，连唱不能合拢；秉忠屡为更正，亦无效；私心殊忧急。帝窥知其意，曰此无虑，可将"飞豹旌"数句删去，直接末尾之"遥望五云帝乡，指日里归吾掌"。虽属腔错词舛，而板眼尚合法度，曲名则改称"小朱奴儿"又谁谓其不宜哉。此语传出，宣闻立遍，咸以御制"小朱奴儿"称之，秉忠又请奏用于其他诸戏剧中，凡过将帅发兵施令等情节，于人数较少时，皆可吹奏，俾送之下场。迄今梨园乐工，虽皆沿用，而知其源流者寡矣。及光绪二十一年以后，潘荣、钱三寿，相继亡逝，所谓十二名随手者，只余秉忠及朱喜保。宫中以为穆宗旧人，熟习内事，凡有承值，多命方照管。故每届演期，必须较他乐工早到，一俟皇帝报请，即须上殿，至日昃乃出，是以怀中常私藏点心之类，用代小餐。沈立成尝因饥饿，故作狡狯，冀分玉食，时亦有秉忠在旁，亦一并赏用。平时则人给蒸食两个，令在殿中用之，若外出，即恐为太后所知耳。盖德宗虽曰亲政，而仍受制于慈禧，颁赏之费，亦难任意支配。若值令节，有例赏，每传旨随手，使自号所应得之数。秉忠及沈立成等，一闻此谕，辄为怏怏，如照实写，则赏无所得，如不书写，则又为抗旨。不得已，乃出滑稽一途，书写骨牌中二万四万三饼九饼等字，亦不过一哂而已。其于帝力之能及者，乃得常沾恩泽，德宗曾用长尺余、宽六寸之红纸，御书"大利"二字，赐之秉忠，使镇家宅，背面记有光绪十八年二月十八日，万岁爷钦赐等字样，回家后，置匣镜之内，而悬于中堂，作纪念皇恩，以永垂不朽也。其他珍秘品物，则尚有特制油漆黄龙盒子，系盛点心水果者（若上元赏元宵，端午赏粽子，中秋赏月饼及果品等）。则又慈禧后，为酬答其为本家太监说戏之劳也。颐和园修竣之后，太后常驻跸其中；秉忠亦数往承差，并教授内学及本家人等习曲。时间，由每日上午八时起，至十一时止，下午一时起，至五时止。若有余闲，即游览园中胜景，以畅胸襟，有时并携其二子入内，随意玩赏；倘与诸太监相逢，又可得饼果食物无算。此盖秉忠任内职久，年高德重，艺具特长，故诸内人，无不尊之敬之，推爱屋以及屋上之乌也。特长维何？即以擅吹海笛著称。缘内学所唱御制腔，本用海笛为主乐，而横笛副之，其音韵节奏，亦颇俱佳妙。此腔因出清高宗自制，故名御制腔，以为南府内学所专司，故又称南府腔。光绪朝，所传外边乐工，多不谙此；惟秉忠以内学所自出，故最精此腔；晚清，人才零落，能吹海笛者渐稀，内学需用随手，已舍方莫辨，诸内人所由爱戴者，则以此耳。凡上所叙，皆为属于署内之事；若其在外，虽搭班甚少（仅于光绪九十年之顷，一搭春台），而内外行人，亦均尊重不置，盖以秉忠为人，天性淑善，能抚恤贫寒，奖掖后进，凡亲友及同业中人，有所请求，无不尽力相助；其对昆曲艺术，有疑问者，更罄其所知以相告，无少蕴匿，是以名播海外，感应友邦；五十年间，凡习度曲之士，靡不奉为师表，称之曰方先生。其有组织科班者，昆曲一席，亦必聘秉忠担任，始觉光彩若杨隆寿之小荣椿及小天仙，陈丹仙之小鸿奎，陆华云之长春，陈春元之承平，以及民国之三乐、福清、斌庆等班，所有昆戏，十九为由方氏所授者。清亡之后，秉忠感三朝深惠，无意再问管弦，但以食指繁多，生计维艰，遂复授徒课业，以资糊口，列门墙者，计有徐兰园（今为梅兰芳琴师）、赵砚奎（尚小云琴师）、陆宝麟（尚小云笛师，兼弹月琴）、迟景荣（杨小楼笛师）、李佩卿（前余叔岩琴师，已故）、钟剑秋（前荀慧生琴师）、樊金奎（陈盛荪琴师）诸人，此皆民国以来，从受艺者；在前朝尚有英崇吉、孙福魁、傅荣斌三人，即世俗所称三大弟子者也。至内庭效力，如唐春明、鲍桂山、汪子良、潘寿山、郭得顺等之常受指导者，尚不在此列。余外知名之士，震其声名，执贽来请问业，或以得列弟子为荣者，则有庄清逸、溥西园、钟秋岩、赵子衡、胡子钧、袁寒云及名票刘鲤门、世哲生、颜慎夫、包丹庭等人，皆其荦荦显著者。民国十六年旧历三月二十五日，卒于宣外东椿树胡同十八号寓所，年七十二岁。有子二人，长宝奎，习武净，次宝泉，初习老生，今任管事，在梨园中，均极著佳誉，孙二，宝奎所出曰问溪，宝泉所出曰少泉。问溪少喜读书，尝从南皮张厚璜为声律之学，更复深研曲理，博极群书；撰述已行世者，有《撅笛述义梨园话》两种；举当代戏曲名家，均见器赏，英声已著，而仍努力不懈，是知他日成就，正未可加以限量耳。

唐宝山

宝山习吹笛，颇蜚声菊部，同治二年，在万顺奎班，为场面中之上选。时鼓师为郝春年，两人情极相洽，互倚如左右手，其后又同搭阜成班。未入署前，即在慈安太后宫中教授太监，同治十三年九月十三日，与郝春年并时改食升平署正项钱粮。光绪开禁以后，每有承应，辄得上赏，例如九年六月十四日，在漱芳斋，得赏银八两，十五日同，七月初一日得十二两，初七日又八两，后亦多如此数。与宫中太监荫刘、清杨，皆称莫逆，遇事悉肯竭力为之帮助；其后嗣子春明之得入升平署为效力者，即二监之力也。年四十三岁，以光绪十三年三月二十一日卒，葬于永定门外祖茔之次。其子春明，及孙锡光，今俱健在，随梅兰芳出演有年，故名字亦颇显著云。

陆得升 以下打家伙

陆得升者，江苏人，南府外学总管陆福寿之子也；嘉庆十六年，生于南府官舍。自幼即在景山小班习艺，为小生，年十余，便登台献技，计其演戏时地及赏赐如下：

道光三年正月初一日	重华宫
演　戏	赏洋钱一个
五月初五日	同乐园
阐道除邪 二本	赏手巾一条
十四日	同
问　探	
八月十二日	同
九九大庆 三本	银一两
四年五月初五日	同
阐道除邪	分钱一百五十文
十七日	同
皇后千秋戏	赏夏布一个　又香串一串
八月初一日	同
九九大庆 三本	银五钱
七年正月初二日	重华宫
天官祝福	楼福神　赏一两银锞一个
年年康泰	□小军　赏五钱银锞一个

是岁，宣宗降旨，将南府改为升平署，民籍人等，悉令回南。后数载，得升乃重返京师，搭班出演。及年事稍高，不宜粉墨，遂改操场面，而以打家伙为事矣。咸丰六年，由考试，再选入署中，赏月银二两，白米十口，公费制钱一串。十年，遭英法联军之变，圆明园被毁，文宗驾幸热河，得升亦于十一月初八日，应召往行宫承差，帝崩始回京。同治二年十二月二十日卒，年五十三岁，因无嗣，故其缺亦停止挑补矣。

钱恩福

　　恩福江苏人，南府外学学生。幼年曾随仁宗至热河，名见道光四年恩赏日记档。七年被裁退，回南，后数载，复回京，改搭戏班，以为生计。咸丰六年，考选随手，恩福又以打家伙入署。九年三月初一日，在同乐园承应，分赏钱二百文，十五日分赏钱三百文，五月初一日分赏钱一吊，十五日分钱五百，六月初一日同，八九两日，万寿，分钱一吊，十五日分钱五百，七月初一日同，八月十二日、十五日，九月初一日、十五日，十月初五日、十五日，十二月二十日、二十四日俱同，后来分赏，亦多准此。明年十一月初四日，应召，再赴热河行宫承差，山川犹是，园林无恙，而人事已大异于曩昔矣。十一年七月，文宗驾崩，始得回都下。同治二年，又裁外学，恩福以旧人未去。六年四月十二日卒，年六十六岁，即以嗣子祥瑞挑补其缺云。

钱恩寿

　　钱恩寿者，恩福之弟也，习打家伙。亦南府学生，常侍仁宗至热河者。道光七年，被裁退出；隔二十余载，至咸丰六年，与兄恩福复同时选入，赏食月银二两，白米十口，公费制钱一串。九年三月初一日，在同乐园承应，分赏钱二百文，十五日分赏钱三百文，五月初一日分赏钱一吊，十五日分赏五百文，六月初一日同，八、九两日，万寿，分钱一吊，十五日分钱五百文，七月初一日，八月十二日、十五日，九月初一日、十五日，十月初五日、十五日，十二月二十日、三十日俱同，后有赏赐，亦多准此。十年十一月初四日，应召，再往热河。翌岁，文宗崩，回京。同治二年，复裁外学之际，恩寿等六年所选者，独得保留。光绪二年八月十五日卒，年六十七岁。

朱桂林

桂林苏州人，似亦南府学生之留滞北方者，最后即住家于圆明园附近之成府焉。咸丰六年二月二十一日，应试，独以手锣中选。既入署，赏食月银二两，白米十口，公费制钱一串。八年四月初六日卒，年四十九岁。翌日，总管奏准，遗缺由其子喜保挑补，赏食原有钱粮，以示恩异云。

朱喜保

喜保为桂林之子，幼从其父习艺。年十八，补遗缺入署。是岁十月十五日，在同乐园承应，得赏银五钱，十二月一日在重华宫，得赏银二钱五。咸丰九年。六月万寿，分钱一千文，七月十五日分赏钱三百文，后来亦多与此同。十年九月，圆明园毁，十一月应文宗召，于初八日往热河，承应如在宫里之时。明年三月初八日，给假回家省视，二十二日返热。七月上崩，始归都下。同治二年裁退外边学生，惟十二名随手，得留署未去；以此时太监中，好手绝少，离去则无以为承应也。开禁以来，赏赐与前无异；光绪后稍重，以在署年多，不一一举列。三十四年，在成府罗圈胡同家内病殁。有子二，长文宾，早卒；次文濮，现存，今则改以售卖炸豆腐为业矣。

李福寿

李福寿者，春台班之名场面也，以善击大锣称。咸丰十年四月二十七日，与武净郭三元，同时挑入署中当差，其承应，悉在同乐园内。及遭英法联军之变，该园被毁，遂停止职务。十一月四日，复应召往热河。十一年三月，给假归京省视，四月初返热。七月，文宗升遐，始偕内外人等，悉数回署。同治二年七月，被裁退，时年三十岁。

孟大元

大元习打大锣。咸丰十一年四月初五日，由内务府挑选，在热河行宫承差，赏月银二两，白米十口，公费制钱一串。甫及数月，值文宗龙驭宾天，遂逳返京师。同治二年七月，被裁退，时年三十七岁。

刘双全

双全习打小锣。咸丰十一年四月初五日，由内务府挑选，在热河行宫承差，赏月银二两，白米十口，公费制钱一串。七月文宗崩，随返京师。同治元年五月十二日卒，年三十七岁。

唐宝海

宝海击大锣，自幼即搭四喜班奏技。同治五年二月二十六日，挑选入署；三月十六日，在漱芳斋承应，得赏银九钱，二十三日得一两三钱，四月三日六钱，八日同，六月十五日五钱，七月一日同，十五日得二两，八月二日一两，九月十五日一两二钱，十月初五日七钱，十二月六日九钱，以后之数，多准此。其在外，则又兼搭胜春奎者有年。光绪以来，内庭赏赐加重，每在四五两上下。光绪三十年，慈禧七旬万寿，赏加一两五钱粮。三十四年二月二十六日，卒于银丝沟官舍，年六十八岁。子一曰唐荣，民国初病故，无嗣。今唐氏，惟其侄春明及侄孙锡光尚在云。

钱祥瑞

祥瑞为恩福之子,父卒之翌日,升平署总管,即为具奏云:"奏为求恩事,因内学民籍打家伙随手钱恩福,于四月十二日病故,现有伊子钱祥瑞,随伊父学打家伙,颇好。今奴才求佛爷鸿恩,将钱祥瑞现年二十七岁,补替当差,照例赏给银二两,白米十口,公费一串,谨此奏请。"奉旨俞允,随即入署承应。七月十三日,在漱芳斋得赏银五钱,十月初三日同;七年后亦多如此数。光绪后加重,每在三四两之间。十年四月,以瑞字音犯某后讳,改名祥寿。十二年十一月二十六日,以病疯斥退,时年四十六岁,后事今不传。

郭顺儿_{梳水头}

顺儿京师人,生于道光二十五年乙巳。幼入梨园,以梳水头为长技。同治四年十月二十八日,与唐阿招、沈湘泉,同被选入署,赏月银二两,白米十口,署中之选梳水头人,应自隗始矣。十二月初一日,在漱芳斋承应,得赏银一两;明年正月初二日,得一两五钱,十五日同,十九日一两,三月初一日、十五日俱同,二十三日二两,四月初三日一两,初八日及六月十五日同,后来之数,亦多仿此。至德宗朝,赏银始较加重。以光绪十五年卒,年四十五岁。有子亦习梳头,早死,今尚有孙存在,而名则不甚彰矣。

下 卷

生

陈寿峰 昆

寿峰为金雀季子，道光二十二年正月十四日生。幼承家传，学昆腔老生，弱冠嗓败，曾改习场面，同治二年在三庆班奏技，及嗓复，再行登台，十年后即搭四喜。恭亲王出资创全福戏班之初，便聘寿峰为教习，亦时时出演，列班中昆生之首；该班为北方唯一昆曲科班，所成就人材众，领班旧系杜步云，成立未久，步云南返，即归寿峰主之，至今言昆腔科班者，无不知有小学堂，知小学堂者，又无不知为寿峰主办也。光绪初载，搭四喜如故，及金雀亡殁，弟兄异爨，寿峰遂赁大外郎营南口路西之宅以居，所分曲籍之富，近百年推为第一。九年四喜改组，又邀陈为助；时雅乐衰落，楚秦并兴，梨园中昆腔耆宿，已有无人之叹，则生末一色，舍陈莫属矣。十四年，自出厚蓄，由俞菊笙手，将春台班归己接办，三年始散。十七年又一度入洪奎班，仅与帮忙。此际昆调愈微，终于歌场绝迹，曲高和寡，言之慨然，南野翁亦尝谓不自知其究何故也。惟雅乐虽为时所弃，而宫内则仍甚重视。禁中太监，又每习之，用希宸眷，故寿峰之际遇，尚极良好。计陈自光绪九载四月初三日挑差之后，所演戏目有如下列：

　　　　九年六月十二日　　漱芳斋
　　谒　师　殷荣海　王阿巧
　　　　　　十三日　　同
　　逼　婚　王阿巧
　　　　　　劝　农
　　　　　　十五日　　同
　　假　癫　姚阿奔

	十月初六日	长春宫
望 乡		
	十一日	同
牧 羊		
	十一月初一日	同
梳妆跪池 王阿巧 李福贵		
	十五日	同
看 状 王阿巧		
	二十三日	同
望 乡		
	十二月十五日	同
访 普		
	三十日	同
跪 池 王阿巧 李福贵		
	十年正月初五日	同
逼 婚 王阿巧	赏银十两	
	十八日	同
劝 农	银十五两	
	二月十五日	漱芳斋
吊 打 王阿巧		
	三月初二日	同
逼 婚 王阿巧		
	四月初三日	同
召 登		
	十五日	同
牧 羊		
	五月初一日	同

　　　　　大 审 _{头本}

　　　　　　初五日　　同

　　　　　大 审 _{二本}

　　　　　　六月十五日　同

　　跪　池 _{王阿巧　乔蕙兰}

　　　　　　七月初一日　同

　　　　　大 审 _{头本}

　　　　　大 审 _{二本}

　　　　　　十五日　　同

　　逼　婚 _{王阿巧}

　　　　　　八月二十六日　同

　　吊　打 _{王阿巧}

　　　　　　九月初二日　同

　　　　望　乡

　　　　　　十五日　　同

梳妆跪池 _{李福贵　马得安}

　　　　　　二十日　　同

　　　　召　登

　　　　　　十月初二日　长春宫

　　谒　师 _{王阿巧}

　　　　　　初五日　　同

　　回　猎 _{鲍福山}

　　　　劝　农

　　　　　　初六日　　同

　　圆　驾 _{王阿巧　乔蕙兰}

　　　　　　十九日　　同

　　　　望　乡

十二月十五日	漱芳斋
望　乡	
十一年正月初一日	长春宫
劝　农	
初二日	同
回　猎　鲍福山	
十三日	同
小　逼	
十八日	同
假　癫	
二月初一日	漱芳斋
逼　婚　王阿巧	
神　谕　王阿巧　郭姓（内）	
十七日	同
看　状　王阿巧	
谒　师　同	
三月十二日	丽景轩
望　乡　王阿巧	
二月初一日	漱芳斋
大　审（头本）	
四月初二日	同
小　逼	
初三日	同
望　乡	
初八日	同
访　贤	
十五日	同

小　　逼	王阿巧	
六月二十五日		同
谒　　师	王阿巧	
八月二十六日		同
二本 大　审		
二十七日		同
看　　状	王阿巧	
九月初一日		同
访　　贤		
十月十三日		长春宫
谒　　师	王阿巧	
十四日		同
劝　　农		
假　　癫		
十二年五月初二日		漱芳斋
访　　贤		
二十日		同
头本 大　审		
六月初一日		同
二本 大　审		
十五日		宁寿宫
牧　　羊		
七月十五日		同
谒　　师		
十月初一日		长春宫
望　　乡		
初八日		同

谒　师	
十五日	同
牧　羊	
十一月初一日	同
望　乡	
二十八日	同
访　贤	
十二月初一日	同
牧　羊	
二十九日	同
谒　师	
十三年二月二十三日	同
小　逼	
六月十六日	漱芳斋
小　逼	
九月十五日	同
望　乡	
十四年十一月初一日	纯一斋
小　逼 方振泉	
十九日	同
放　羊	
十二月初一日	同
望　乡	
初二日	长春宫
封　王	
十五年九月初九日	纯一斋
望　乡	

十一月十五日	同
小　逼	
十六年闰二月初一日	纯一斋
小　逼	
十月十二日	颐年殿
望　乡	
十八年四月初一日	纯一斋
牧　羊	
望　乡	
十一日	同
访　贤	
十九年四月初八日	漱芳斋
逼　婚 王阿巧	
十五日	同
假　癫	
望　乡 王阿巧	
二十七年十二月二十九日	宁寿宫
回　腊 王桂花	
二十八年正月初一日	同
访　贤	
望　乡	
二月初一日	同
访　贤	
六月初一日	同
看　状	
十月十三日	颐乐殿
望　乡	

　　　　十一月二十四日　　　同
　　　　　　牧　羊
　　　　二十九年五月初五日　　同
　　　　　　访　贤

　　按昆曲兴于吴下，自清高宗传苏籍伶人入署供奉，而北方之流播始广。京师各戏班，自嘉道以还，悉推四喜为盛，同光之交，他部已多不演，独四喜，则每日仍夹二三出于其间。就中人物，除小生小旦，有纪艳群书可考外，生末角色，绝少知者，而署中自选外边教习以来，亦只得两人，曰黄春全，曰陈寿峰，皆四喜部曲师也。由黄、陈所演，则昆曲生色之传布于北方者，要以何出为普遍，聊可于此征焉。寿峰于是岁（二十九年）十二月十二日卒，年六十二岁。有子四人，长嘉梁，次嘉栋，三嘉麟，四嘉祥。除嘉梁早卒，余多在沪上谋生，余所及见，惟嘉梁子富瑞，能以演净色著，今住家在延旺庙街路东云。

殷荣海 昆

　　荣海幼入三庆班习艺，与老旦孙二官同科，职为老生，兼唱小生，昆腔乱弹，两擅其妙。同治十一年该班花名册，列于生行第六，光绪九年则改列第四名，仅出杨月楼、谭鑫培、庐胜奎之下，用此可占其当时声誉之显赫矣。是岁四月初三日，挑入署中为教习，赏月银二两，白米十口，公费制钱一串，除授艺外，并不时登台，计其所演如下：

　　　　　　六月十二日　　　漱芳斋
　　　谒　师　陈寿峰　王阿巧
　　　　　回　猎　鲍福山
　　　　　　十三日　　　同

封　王　_{鲍福山　姚阿奔}
　　　　十五日　　同
假　癫　_{陈寿峰　姚阿奔}　赏银二两
　　　　七月初一日　　同
起布问探　_{陈寿峰　姚阿奔}　赏银三两

所得赏银除如上列外，尚有六月十四日得六两，七月初七日二两又二两，十四日五两，十五日三两，不幸于十六日，遽行暴卒，年仅三十二三，无子嗣可继其业，三庆旧人，为述其事略如此云。

刘长喜_弋

长喜小名五顺，生于道光十七年丁酉。父玉泰为安庆班主刘玉秀之长兄，即京师所谓高腔刘家者是也，其住家在旃檀寺西麻花胡同。长喜幼习弋腔正生，与其昆仲及侄辈数人，悉以此腔著名。（按弋腔又称高腔。）同光两朝，其叔与兄，先后成立安庆、小恩荣两科班，凡庆字辈、荣字辈之高腔人材，概出刘氏门中。长喜即搭其叔父之安庆班出演，姓名具见同治十一年、光绪三年该班底册。十年后，其兄福泰（小名三顺）领取醇亲王之资，成立小恩荣科班，仍邀长喜加入，光绪十四年该班花名，亦见著列。当光绪九年挑选差事之际，内意本欲挑刘三顺者，因长喜力请，遂得膺选，弟兄之间，因而稍有不睦，但事过之后，即又和好如常。长喜既入署，因弋腔正生，只彼一人，故内庭承应，自尔频繁，统计所演，有如下列：

卖　菜　_{纪长寿}　赏银三两
　　　　十五日　　漱芳斋
赐　带　_{纪长寿}　银四两

七月初一日	同

卖菜 纪长寿

十月初八日	长春宫

追　信

十三日	同

罗卜行路 李来海（内）

十一月十二日	同

打　童

十年正月初五日	同
乍　冰	银六两
二月初一日	漱芳斋
斩丁香	银三两
三月初二日	同

投　水

初七日	同

闻　铃

九月十三日	同

赐带 纪长寿

十月初七日	长春宫

闹昆阳

十一月十五日	漱芳斋

卖菜 纪长寿

二十三日	同

蒙正祭灶 阿福

十一年三月十二日	丽景轩

赐带 阿福

十五日	漱芳斋

斩丁香
十月十四日　　长春宫
老僧点化

时长喜除在内供奉外，又兼于小恩荣任教习，若陈荣会、国荣仁等，即为刘所授者。光绪十五年病殁，年五十三岁。有二子，长文英，从军于外未返，次文昌，今在三庆园任事，其家况，亦远不及从前之盛矣。

李顺亭

顺亭行五，都人每以大李五称之，京兆籍，住家在陕西巷。幼年坐科小和春，习老生，艺兼文武，同治十二年入春台班，经二十载之久，光绪十八年始改三庆，直至三庆散，未他去。当光绪九年四月初三日，顺亭以武行挑选入署，每承应必有赏赐，平时多为五六两，过庆筹大典，辄增至十余两至二十两，所演戏目，有如下列：

十二年十一月二十七日　　长春宫
四郎探母　孙菊仙　时小福
　　二十八日　　同
战蒲关　孙菊仙　时小福
二十五年六月二十六日　　纯一斋
　取荥阳　孙菊仙
　　七月初一日　　同
　南天门　孙怡云
二十六年三月十五日　　颐乐殿
　二进宫　陈得林

五月十五日	纯一斋
宝莲灯 陈得林	
二十七年十二月二十九日	宁寿宫
教 子 孙怡云	
二十八年正月初一日	同
状元谱	
宝莲灯 陈得林	
十五日	同
捉 放 穆长久	
四月初四日	同
南天门 孙怡云	
宝莲灯 陈得林	
五月初五日	同
赶三关 陈得林	
七月初一日	同
牧羊圈 陈得林	
初七日	同
断密涧 郎得山	
二十九年正月初八日	同
黄鹤楼	
四月初七日	颐乐殿
宝莲灯	
六月二十六日	同
芦花河 陈得林	
十一月十五日	宁寿宫
宝莲灯 陈得林	

三十年慈禧七旬大庆，与李永泉在一谕内，并赏加二两钱粮，缘二人素称友好，已上达于天听也。至顺亭与永泉之能莫逆者，正坐质禀相近。旧传光绪中，顺亭尝为阳隆寿帮忙，出演于小荣椿科班。未几，杨又以赔累不堪，乃倩人由海上邀来龙长胜、李紫珊二伶，以壮声色。至京后，龙在第一日唱大轴"定军山"，以顺亭为配，原定尚带斩渊，但龙为新到之角，观者寥寥，致其兴趣索然，且天色已晚，遂欲截去后段不演；故于将收场时，即改戏中词句，向李示意曰："眼看不觉西日落。"若李亦答以同情之旨，则可谓成人之美矣。而顺亭平素，乃以阴险好挤弄同辈闻者，龙以远人，尚可顾惜，便应声而续曰，"你的车钱比座儿多"，盖讥其取班中戏份大，而叫座能力有限也。顾梨园中虽不满其行，而实多其艺，故各班之邀聘，仍无已时。自三庆散后，于光绪三十四年搭新天仙班，宣统元年搭双庆班，三年在喜庆班。入民国以来，因年纪老迈，乃多与人充配角，观者不察，咸目为始终作里子者，又孰知其在宫内，固常与谭、孙等亦能争一日之长也。据老于京师听戏者云，顺亭歌喉，朗润高爽，无花弄之处，尤工唢呐，尝与何桂山合演"风云会""太行山"，号为绝响"夺太仓"登山之唱，尤属苍劲浑灏，至"梁灏夸才""姜维探营""困曹府"诸戏，皆属他伶所无，惟李能之。偶于堂会中一演，使人辄有只应天上之叹，以能戏多，故有戏篮子之号，所惜不谙昆曲，于字音未尽讲求耳。晚岁与李永泉同染阿芙蓉癖，光绪末常到大栅栏东口近古斋烟馆消遣。某年除夕之夜，与永泉忽谈及人生要能早备身后，庶免临时有束手仓卒之虞，言罢即偕往东四南路东某木场内定购材木；适场中存有古柏十三根，平日非五十银不售，于时东方微亮，天已近曙，主人以为此乃新年第一宗生意，为取吉利故，遂以三十两鬻之，在顺亭之未雨绸缪，预先料理，可云聪哲之士；孰期人定有不克胜天者，民国八年，因应朱幼芬之邀，与陈得林、余叔岩偕赴汉口，演黎氏堂会，演毕即卒，年七十三岁，时旧历十月二十三日也，因之终未得用其所自备者。当日由叔岩出赀，为代购一百元棺木，载回旧都，卜兆永定门外而安葬焉。初顺亭有子在小荣椿习武生，极为特出，惜未及满科，便已夭折；顺亭哀痛异常，几成风疾。今所存，盖其不肖者，而家亦式微矣。

孙菊仙

　　菊仙本名濂,一名学年,字菊仙,号曰宝臣,祖籍奉天承德县,寄住于天津者约二百余年。上世业参商,至其父,始改粮行,后开铁厂,母贾氏。有兄一,名越,又名会年,号晋臣,尝以拔贡知县分发河南。菊仙生于道光二十一年元旦,八岁读书,颖慧不群,族中人咸叹异之。会太平军兴,捻匪剿掠河北,闾里骚然;菊仙见时势濒危,颇愤书生无用,思投笔从戎,率健儿杀贼,乃于十七岁丁巳,入天津城内太平街弓房,习武事,兼赴票房学戏,用资游息,曾在金声茶园消遣"捉放""教子""寄子"三出,为学余三胜者。三胜唱西皮中"自己做差"之差字,最动听,而最难学,与今之唱法迥异,后惟菊仙能得其一二。十八岁戊午,中武秀才,尝应试至京,不第。二十一岁辛酉,往投陈国瑞军入伍,参与剿捻之役,转战各地,为敌劫,受重伤者再,问道访医,七八月始愈,遂改派管理右路军械所差事,未几,解职归,家居无聊,乃不时往都下,朋知酬酢,辄至戏园聆剧。此际歌场,群推程长庚为领袖,菊仙亦私心淑之。二十七岁丁卯,投英西林宫保于皖,用军功得花翎三品衔候补都司,又保以游击记名。二十八岁戊辰,随至两广总督任,充武巡捕。三十岁庚午,宫保因粤省试闱赌博,被议去官,菊仙遂至沪上。既流落无所事事,乃出私蓄,与友人合管升平轩茶园,揭幕后,生理颇佳,收入亦厚;但孙以天性豪宕。喜挥霍,多与名士往还,凡有告急者,无不罄囊相助,故未及半载,即以亏累歇闭,举升平轩及他所有以偿,犹觉不足。三十二岁壬申,有老丹桂茶园主人刘维忠者,出为代还债务,请帮忙一年,用清客串三字,北方艺员用此,自菊仙始也。三十四岁甲戌,又与英商韩某合开大观茶园,二年,获利不赀,旋将该园让与黄月山、刘凤林。三十六岁丙子,北上,欲赴口北从军,至都为黄姓太监坚留,约入嵩祝成班出演,同时人物有黄三雄、王八十等,六年《都门纪略》用孙初之名,列于第一,初应作处,都人称票友之专用字也。光绪八年,尝入四喜,九年仍搭嵩祝成,嵩祝散,始专归四喜,与谭金培、时小福、余紫云、杨桂云、杨隆寿、姚增禄等同演,十三年《都门纪略》所录,则亦改为孙菊仙矣。前一年，四十六岁丙戌，于二月十五日，与二李及时小福，并被选入署，每赏与李燕云同，所演诸戏，则如下列：

十二年二月十六日　　漱芳斋
　探　母 _{时小福}
　樊城昭关
　二十二日　　同
　战北原
　_{全本}失街亭
　二十三日　　同
　群英会 _{时小福}
　举鼎观画
　牧羊圈
　三月初八日　　同
　天水关
　初九日　　同
　戏　妻 _{时小福}
　清官册
　十五日　　丽景轩
　鱼肠剑
　状元谱
　二十七日　　漱芳斋
　乾坤带
　一捧雪
　四月初四日　　同
　五雷阵
　一捧雪

　　　　审头刺汤
　　　　　初五日　　同
　　　　一捧雪
　　　　审头刺汤
　　　　回龙阁
　　　　　初八日　　同
　断密涧　穆长寿
　　　　乌盆记
　　　　　十六日　　同
　　　　雪杯圆
　　　　五月初一日　同
　　　　朱砂痣
　　　　　初二日　　同
　　　　战蒲关
　　　　善宝庄
　　　　　初五日　　同
　　　　七星灯
　　　　　初六日　　同
　　　　取帅印
　　　　审　刺
　　　　　十五日　　同
　　　　金马门
　　　　洪洋洞
　　　　　二十日　　同
　　　　黄鹤楼
　　　　六月初一日　同
　　　　捧　琴

初五日	宁寿宫
醉写	
十五日	同
碰碑	
二十五日	同
黄鹤楼　水战	
二十六日	同
御碑亭	
七月初一日	同
法门寺	
初七日	同
空城计	
八月初一日	同
法场换子	
黄金台	
十四日	同
御碑亭	
樊城昭关	
十五日	同
法门寺	
十六日	同
一捧雪	
九月初一日	同
朱砂痣	
捉放	
十一日	同
牧羊圈	

鱼肠剑	
十三日	丽景轩
乌盆计	
状元谱	
十五日	同
取帅印	
十月初一日	长春宫
黄鹤楼	
探　母	
初八日	同
赶三关	
金马门	
十一日	同
御碑亭	
十六日	同
捉　放 穆长寿	
十一月初一日	同
南阳关	
二十七日	同
御碑亭	
四郎探母 时小福 李顺亭	
二十八日	同
五雷阵	
战蒲关 时小福 李顺亭	
十二月十五日	同
一捧雪	
十五年四月初一日	纯一斋
断密涧	

十九年七月初一日	纯一斋
断密涧 刘永春	
二十三年十二月初一日	颐年殿
御碑亭	
二十三日	同
二进宫 陈德林	
二十四年正月十二日	同
状元谱 王桂花	
十三日	同
御碑亭 陈德林 王桂花	
二十日	同
天水关	
二月初五日	同
浣花溪 于庄儿 罗寿山	
八月十五日	纯一斋
探母回令 陈得林 孙怡云	
十月初一日	颐年殿
失街亭	
二十五年四月初八日	纯一斋
天水关 刘永春	
五月初六日	同
捉 放 刘永春	
六月初一日	同
樊城昭关	
二十六日	同
取荥阳 李顺亭	
七月初七日	同

乌龙院	于庄儿	
十月十一日		颐年殿
朱砂痣		
十二月十五日		同
取荥阳		
二十一日		同
天水关	刘永春	
二十六年正月初十日		同
黄鹤楼	谭金培 王桂花	
十三日		同
雪杯圆		
二月初八日		同
胭脂虎	李子山	
十五日		同
二进宫	孙怡云	
三月初二日		同
断密涧	刘永春	
五月初二日		颐乐殿
群英会	王桂花 谭金培	
初五日		同
樊城昭关		
十五日		纯一斋
清官册		

按菊仙虽入署，而于外则搭四喜如故；光绪十七年，该班改组，仍倚重菊仙为主角，十七年花名册，及十九年全班入宫演唱时，悉列孙名于首选。穆长久、龚云甫之得成名，悉出菊仙提掖之力，亦为此数年中事；缘孙以票友下海，

故对其他票友，即无不竭尽所能，以望其有就，若是美德，固又足令人生敬也。庚子夏，拳匪乱作，菊仙在东交民巷住宅之花园楼房，均被焚毁，妻刘氏及次妻蔡氏，亦相继而殁，家国既丧，身世飘零，遂携子暨孙，买舟南下。二十八年壬寅，在沪有潘月樵相邀，合开天仙茶园，又同李春来开春仙茶园，与夏月恒办新舞台。其长子在聂幼庭幕府，以盐大使保举，分省知县，二子士瑞，武举，候补守备，三子士珩，亦在南京营报效，皆伊父为之力也。而菊仙在申，除组班出演外，更极热心，襄助义举，清大吏吕海寰始倡红十字会于沪，以款项无着，当约菊仙为演戏数日，尽将所得以赠，其他因水旱而筹赈者，孙未有不踊跃参加，迄老不衰。南亭老人李伯元，主沪报笔政，与梨园中故有往来，而于孙为尤笃。三十二年丙午，伯元死，堂有老母，年九十余，诸子幼，不能自存；菊仙乃经纪其丧，护返常州原籍，并赠银千两，作养老恤孤之费，四方仕官之旅沪者，咸颂义不置。宣统初元，始北返津门。鼎革来，先后曾允俞振亭、杨小楼等之请，来京为帮演两次。十九年庚午八月，应中国红十字会为龙泉孤儿筹款演戏之邀，连日演于吉祥、哈尔飞等戏院，是为与平人士，最末次之相见。二十年七月二十九日，即旧历六月十五日，故于天津，年九十一岁，称为菊国人瑞，信不虚也。

杨月楼

月楼本名久昌，安徽潜山人也。父名二喜，习武旦，有大刀杨二之称。月楼生于道光二十九年己酉，幼入张二奎之忠恕堂为弟子，排名玉楼，与陆玉凤、沈玉连、俞玉笙（即菊笙）等同门，其后始更今名焉。月楼于艺，盖出天资，气沛声洪，像又雄伟，唱王帽一类冠冕堂皇之戏，最足传乃师衣钵；而武生各戏，亦复能具高山深林龙虎不测之气象，与菊笙相较，亦无愧色；故于出师之后，名即日显。程长庚以三庆班主，兼梨园首，演老生戏，无出其右者；而程亦高自位置，于时流少所许可，独对月楼则诚心悦服，延致入班，盖其计划，出于深远也。缘三大徽班，鼎峙而立，四喜以梅巧玲、时小福等旦角为主，而辅以王九龄之老生；春台以俞菊笙、胡喜禄为主，而辅以张三元、张喜儿等；群英济济，皆为三庆劲敌。而长庚时已衰老，设后继无人，则本班势难长久，积思远虑，物色选人，是有此举。及长庚殁，而月楼果能维持三庆至十年之久。光绪六年《都门纪略》，及十三年《续略》，皆用杨猴子以补程之缺，一则赏鉴不虚，一则无负知己，可谓两得之矣。月楼在京，继长庚而存三庆，其艺与名，固为人所共仰，而于外埠，则似属更驾此而上之。先是月楼初出科，居京不甚得意，即远赴申江。沪上戏园，本以丹桂为优，若金桂则远逊焉。及月楼一至，而声势立异，故袁翔甫癸酉竹枝词云："金桂何如丹桂优，佳人个个懒勾留，一般京调非偏爱，祇为贪看杨月楼。"虽曰以勾栏中独趋金桂，致招物议，但亦不能谓非艺术之力所致也。惟杨终亦有所沾污，致二次赴沪时，竟有捕缉之令，后赖张氏之助，方脱于祸，盖亦幸矣。月楼既得长保之荐，乃于光绪十四年十一月七日，被选入署；慈禧对之，亦极优宠，后二年闻月楼病，尝特赐银二十两，及良药四匣，他伶无此例也。若其平日赏银，则亦无异于二李、孙、时及杨、张所得者，每在十两至二三十两之间，所承应戏目，统计之可如下列：

十五年正月初七日　　长春宫
　　乾坤带
二月初一日　　　　　同
　　伐东吴
三月初二日　　　　　纯一斋
　　打金枝
十四日　　　　　　　长春宫
　　打金枝
四月初一日　　　　　纯一斋
　　探　母

初七日　　同
樊城昭关

　　明年六月初一日卒，年四十二岁。子一即小楼，门人有凤林、凤宝皆见于《菊台集秀录》者，其余则无闻焉。
　　附《菊台集秀录》忠华堂主人杨月楼之戏：

　　探母（四郎）　安五路（邓芝）　镇潭州（岳飞）　御碑亭（王有）　群英会（鲁肃）　取南郡（同上）　回龙鸽（薛平贵）　打金枝（唐王）　金水桥（同上）　定军山（黄忠）　阳平关（同上）　五雷阵（孙膑）　戏妻（秋胡）　下河东（呼延寿廷）　长板坡（赵云）　黄鹤楼（同上）　连环套（黄天霸）　恶虎村（同上）　翠屏山（石秀）　泗州城（猴儿）

　　又《都门纪略》杨猴子之戏：

　　法门寺（赵廉）　草船借箭（鲁子敬）

谭金培

　　金培本作鑫培，正名金福，湖北江夏人也（亦作黄陂人）。以道光二十七年丁未，三月初九日生。父志道，唱老旦，有"叫天"之号，故称金培曰"小叫天"焉。十一岁丁巳，入金奎班坐科，习文武昆乱老生。既满科后，一时不易搭班，尝随柏如意等，赴京东一带，赶野棚觅活，同治中返京，入三庆，师事程长庚，以武生出演，兼充武行头目。艺既猛遗，声誉亦显，同治十一年三庆花名，已列金培于生行第三位（首卢胜奎，次殷德瑞），直至长庚死，未尝他就，光绪二年《都门纪略》，所收录武生之戏如下：

大神州（王永）　金钱豹（猴儿）　攻潼关（二郎）　黄鹤楼（赵云）

光绪五年己卯，首次赴沪，偕孙彩珠同行。明年回京，重入三庆，是岁《都门纪略》仍置于武生之列。未几，值孝贞国服，各班辍演。光绪八年开禁，改入四喜班，与孙菊仙互唱大轴。九年，又兼搭三庆，花名单列生行第二（首为杨月楼）。十年甲申，与大奎官等，二次赴沪，演于新丹桂茶园。北上后，始专搭四喜，光十三《都门续略》改谭叫天，用老生与孙菊仙并列。十六年五月二十五日，与孙秀华、陈得林、罗寿山，同被选入署，每赏如孙秀华之数；十九年后方觉独异，重所演戏，则如下列：

　　二十三年十一月二十八日　　颐年殿
　　　　盘河战　李永泉
　　二十四年正月初六日　　同
　　　　群英会　王桂花
　　　　　十三日　　同
　　　　卖马
　　　　　十八日　　同
　　　　定军山　龙长胜
　　　　二月初四日　　同
　　　　一门忠烈
　　　　八月十五日　　纯一斋
　　　　镇潭州　王桂花
　　　　状元谱　王桂花　罗寿山
　　　　九月十五日　　同
　　　　磐河战
　　二十五年二月十六日　　颐年殿
　　　　战太平

四月初八日　　　纯一斋
群英会　罗寿山
　　　十五日　　　同
　　　乌龙院
六月二十六日　　　同
镇潭州　王桂花
七月初七日　　　同
宝莲灯　陈得林
十一月初九日　　　颐年殿
御碑亭　陈得林
　　　十一日　　　同
　　　平顶山
　　　十五日　　　同
打　嵩　李永泉
十二月十五日　　　同
　　　琼林宴
二十六年正月初一日　　　宁寿宫
梅龙镇　于庄儿
　　　初四日　　　颐年殿
戏　妻　陈得林
　　　初十日　　　同
黄鹤楼　王桂花　孙菊仙
　　　十三日　　　同
群英会　王桂花
二月初八日　　　同
　　　清官册
　　　十五日　　　同

战太平	
三月初二日	同
乌龙院 于庄儿	
初九日	颐乐殿
天水关 刘永春	
十五日	同
天雷报 罗寿山	
四日初一日	同
天雷报	
乌龙院	
十一日	同
天雷报	
琼林宴	
十五日	同
庆顶珠	
十六日	同
捉放 刘永春	
五月初二日	同
群英会 王桂花 孙菊仙	
二十八年四月初八日	宁寿宫
探母	
十五日	同
戏妻	
五月初一日	同
捉放 穆长久	
初四日	同
乌龙院 于庄儿	

	初五日	同
	定军山	
	十七日	同
	琼林宴	
	六月初一日	同
	樊城昭关	
二十八年六月十九日		宁寿宫
捉放 _{郎得山}		
	二十日	同
二进宫 _{陈得林 郎得山}		
	二十四日	同
	戏妻 _{孙怡云}	
	二十七日	同
	探母	
	七月初一日	同
	打嵩	
	二十六日	纯一斋
	乌龙院 _{杨得福}	
	八月十三日	颐乐殿
探母 _{陈得林 孙怡云}		
	十四日	同
一门忠烈 _{周长顺}		
	十五日	同
	琼林宴	
	十六日	同
捉放 _{郎得山}		
	九月初一日	同

失街亭	
十五日	同

牧羊圈　孙怡云

十月初二日	颐年殿
琼林宴	
初四日	颐乐殿
庆顶珠	
初六日	同
乾坤带	
初七日	同
黄鹤楼	
初八日	同
探　母	
初十日	同
状元谱	
十二日	同
平顶山	
定军山	
十三日	同
阳平关	
十一月初一日	同
一门忠烈	
十七日	颐年殿
牧羊圈	
二十四日	宁寿宫
乌盆计	
十二月初八日	同

戏　凤	
十五日	同
戏　妻	
三十日	同
取帅印	
二十九年正月初四日	宁寿宫
打　嵩	
初八日	同
骂　曹	
初九日	同
群英会　王桂花	
初十日	同
卖　马	
十七日	颐年殿
战长沙　汪桂芬	
一捧雪	
十八日	同
空城计	
十九日	同
琼林宴	
二月初三日	同
庆顶珠	
十六日	同
乌笼院　杨得福	
三月初四日	宁寿宫
乌盆计	
四月初一日	纯一斋

	阳平关	
	十八日	颐乐殿
	状元谱	
	五月初一日	同
	洪洋洞	
	初五日	同
	琼林宴	
	二十九年闰五月十五日	同
	阳平关	
	十六日	同
乌龙院	杨得福	
	六月初一日	同
	战蒲关	
	二十四日	同
战长沙	汪桂芬	
	二十五日	同
	阳平关	
	七月初二日	同
	洪洞洋	
	初七日	同
	战太平	
	十五日	同
	一捧雪	
	十九日	同
	伐东吴	
	八月初二日	同
	庆顶珠	

十四日	同
一门忠烈	
九月初九日	同
阳平关	
十五日	同
琼林宴	
十月初一日	同
定军山	
初三日	同
黄鹤楼	
十三日	同
镇潭州	
十五日	同
平顶山	
十一月初一日	宁寿宫
乌龙院 _{杨得福}	
十二月初一日	同
阳平关	
十五日	同
一捧雪	
二十三日	同
磐河战	
二十九日	同
打嵩	

按金培自改唱老生后，虽挂籍四喜，如《续略》所载，但时已稍破旧规，一伶人不必专演一班；故于光绪十三年即联合周春奎、王八十等，合组同春班，

在前外各园轮演，成绩亦佳，自杨月楼之卒，而三庆遂散；至光绪十八年，金培及王楞仙、陈得林等，集资使其复活。明年更率全班，入宫演唱者数月，旋因故中散。廿二年，王楞仙、朱四十、田际云等，再立三庆，仍邀金培在内。又兼搭喜庆，亦尝入内承值。二十六年庚子，联军陷东师，銮驾西幸，宫内无复承应之事，乃于二十七年辛丑，三次南下，演于三庆茶园；未几又搭丹桂、天仙等处。明年，回署供职，于外则加入同庆，为时亦久。三十三年《都门纪略》，用谭鑫培之名入选，所载戏目为"鱼藏剑"伍子胥，"洪洋洞"杨延景，"当锏卖马"秦琼，是当金培平生最扬眉吐气之时矣。盖三十年来，京师老生，群以谭、汪、孙三派并称；孙主四喜，汪在春台，悉足与谭，抗礼坛坫，争霸梨园，实未易分其强弱也。至是，菊仙不返，桂芬长逝，京城一隅，舍我孰尊。街头巷尾，得听店主东之唱辞（"卖马"一出，当时最受欢赏，社会人士，效法其唱，到处可以听到"店主东带过了黄骠马"其首句也）。皓首童颜，尽晓叫天儿之别号（京师俗谚有满城听唱叫天儿之语）；所谓"有字皆书埒（王埒），无腔不学谭"，盖为此发也。以一伶人，而遽享盛名，虽当代公卿，且有不及，因之缪悠附会之谈，遂层出不穷。其在内则有：初入值，首演"翠屏山"，慈禧称为单刀叫天儿；他伶之晚到者，辄有罚，金培偶一犯之，太后反嘉其治家有则，赏银百两；德宗既遭幽禁，而后之凌厉未已，尝特命金培刘先主死白帝城事，金培则于火烧连营翻倒毛时，故以额角触地流血，作晕厥状，用以为谏也；李莲英用事，人皆趋附，谭独否，及遭播弄，始相亲善，复为已助不少。其在外则有，庆邸生辰，那相提调，因欲请其连唱两出，致为屈膝，候补道员在京，以谭多与王公往还，每用重金夜叩，求其保荐；前门车站，带烟膏犯禁，人告以谭贝勒物，即不敢追究。诸如此者，不一而足，虽非齐东野语，而可征者，固十不得一二也。国政既更，署中无事，乃常在各园出演。又以前者，三次赴沪，皆不甚得意。宣统二年之行，亦颇平凡。迄民元，遂五至沪上演于新新舞台，海报特书伶界大王，气象之盛，迥非昔比，同往者，则有花脸金秀山，青衣孙怡云，小生德珺如，老旦文荣寿等。民四，六次南下，只演十日即返。民六，旧历三月二十日卒，年七十一岁。有子七，皆侯氏出，长子嘉善，小名大锁，习武老生；次子嘉瑞，小名七儿，字海清，习武丑；三子嘉祥，小名宝儿，习武且兼青衣；四子嘉荣，小名常明，习文武老生；五子嘉宾，小名五儿，即小培；六七子读书。女四人，长适夏月润，为夏奎章之次子，夏月恒之弟，上海新新舞台园主；次适王又宸，三四不详。弟子无几人，止王月芳、余叔岩等。其他用谭派标榜者，尽多私淑之人，吾未见其能为谭也，金培能戏至夥，统计前所演唱，其遗漏尚多，兹更抄外学戏目于后，作补遗焉。

平顶山　二刻	绝缨会　四刻
李陵碑　三刻	伏东吴　三刻
琼林宴　四刻	状元谱　二刻五
除三害　三刻	失街亭　四刻十
打　嵩　三刻五	清官册　三刻
斩　子　二刻十	卖马　二刻
盗宗卷　二刻十	教子　二刻十
银空山　四刻十	赶三关　三刻五
盘河战　三刻五	樊城昭关　四刻五
牧羊圈　四刻	捉放　四刻
洪洋洞　四刻	雄州关　四刻
法门寺　四刻十	战长沙　四刻
乌盆计　四刻	战太平　四刻五
朱仙镇　六刻	探母回令　六刻
滚钉板（九更天）七刻	一门忠烈　三刻
庆顶珠　三刻十	定军山　三刻十
胭脂雪　三刻	战浦关　二刻五
一捧雪　三刻十	戏妻　三刻
阳平关　四刻五	汾河湾　三刻十
南天门　二刻五	搜孤救孤　二刻十

黄金台 一刻五	芦花河 一刻十
宝莲灯 三刻	寄子 三刻
天雷报 四刻	审刺客 二刻
审头刺汤 三刻五	醉写 二刻
跑坡 二刻十	御碑亭 四刻
雪杯圆 三刻	连营寨 六刻五
七星灯 二刻	骂朗 一刻五
法场换子 二刻	善宝庄 二刻五
绑子上殿 二刻	珠帘寨 七刻

王福寿

　　福寿，安徽籍。父名荣年，业茶商至京，生子女各二，长女适董文，次女适阎金福，男二，其季为福寿，以行四，是有红眼王四之号。福寿生于咸丰二年壬子，六岁父归，赖母氏勤俭持家，得至成立。自幼入小福胜科班，习文武老生；既出科，便搭永胜奎出演。同治十二年，该班花名，列生行第十。光绪九年，改入嵩祝成。十四年陈寿峰接办春台，邀王为助；同时更与王长林、刘吉庆等，自立春福班，其中人选，颇多时隽，出演数年始散。十六年应汪桂芬之约，携眷南下申江，数月始返。二十二年，又与陈永元共立喜庆，名辈如谭金培、刘永春、田桂凤、李子山、罗寿山等，皆邀入班内；后入宫承值，极蒙宸眷，其挑差事，则在光绪十七年六月二十一日。十九年正月十九日，在长春宫承应，得赏银二两，二月初五日二两，十七日同，四月初五日五两，初八日二两，五月初五日三两，初十日四两，十五日二两，后来之数，亦多与此同。至所演戏则仅知于二十八年正月十日，在宁寿宫，曾与穆长久合唱，"黄金台"一次，他则无考。又传尝与汪桂芬配饰，"取帅印"之军师，至抢印后，例须抱之入场，而王于此日，适共同辈，有所愤触，怒而掷印于地；时太后存殿内微睡，为所惊觉，询得其故，乃罚俸数月，以示惩戒，此系在署内管箱者所述，似尚可信。若外传王之艺博，善于说不精于演，性狷介，与人少谐合，高自许可，傲视流辈，尝曰老生自程长庚死，能唱者仅一个半人，一个指己，其半乃指谭金培诸说，则未免近于野语矣。清室亡后，不常出演，家在兴胜寺四号，票友包丹庭、赵子宜等，每往问业。民国十三年旧历三月十五日卒，年七十三岁。子瑞林早卒，孙二人，长玉亮，从沈福海习弦子，现随邢君明出演；次世祥，富连成坐科，习武旦。玉亮年才弱冠，而接人待物，和蔼可亲，王氏为有后矣。

龙长胜

长胜字幼云，习皮黄文武老生，兼唱梆子，在沪上最负重名。光绪中叶，应小荣椿班主杨隆寿之约，偕李子山一同北来，即在该班出演。初寓班内，后则住李铁拐斜街路北（即今裕源酒店）。隆寿此举，本欲挽小荣椿之颓局，望其久存，然二人新自外至，与都人士之相识浅，故终无济于事，而荣椿竟散。光绪十七年，入四喜，列生行第二，仅出孙菊仙下，其他各伶之艺与名，皆不及也。明年十一月二十七日，与相九箫、刘七儿并被征入署，赏银多在七八两之间，所演戏有如下列：

    十九年正月十九日 颐年殿
   三疑计　相九箫　梆子
    二十二年八月十四日 颐乐殿
      骂　曹
    二十四年正月初六日 颐年殿
   海潮珠　侯俊山　梆子
     十三月   同
     一捧雪

	十八日	同
定军山 谭金培		
	八月十五日	纯一斋
下河东 孝永泉		
	二十五年三月初一日	同
琼林宴		
	四月十五日	同
一捧雪 时小福		
	十二月十五日	颐年殿
胭脂虎 于庄儿		
	二十一日	同
一捧雪		
	二十六年二月初一日	同
满床笏 陈得林		
	初八日	同
天水关 刘永春		

未几，遭"拳匪"之乱，于三月二十三日卒，年五十岁。有子二，名小云、少云，并唱老生，每用小龙长胜之名，演于京沪各地，其后事，今则不复能知矣。

曹永吉

永吉一作允杰，小名羊儿，同治七年戊辰生；为三庆老生曹六文奎之子，住家百顺胡同后河，尝坐科全福，艺名崇喜，全福散，即改从其父，习皮黄老生，亦搭三庆出演，见光绪十八年，该班花名。明年入同春，兼在小天仙班任教习，会授"鱼藏剑""取荥阳""天水关"等剧。二十二年搭双奎、福寿两班，中以在福寿最久。三十三年，改入新天仙班。其挑差事，则在二十一年十二月初二日，与王长林、孙怡云等，同时入署。赏之可见者，如二十五年正月六日得银六两，十六日四两，十九日同，二月初一日三两，十六日三月初一日俱同，十五日二两，四月初一日、初八日、十五日俱同，五月初六日五两，十五日二两，六月初一日三两，十五日二两，七月初一日四两，初七日二两，十五日、二十四日，八月初三日同，后来之数，亦多准此。又因在内，除授艺太监外，上场则多充里子，故甚少主演之戏可考。宣统间，因病退差，遂流落于外而卒。有妹嫁陈嘉梁，闻其后，现即附住于陈富瑞之家内云。

汪桂芬

桂芬号艳秋，字美仙，小名惠成，湖北汉川县籍。父年保，唱武生，隶四喜都久，为道咸闻名辈。初娶吕氏，继娶蒋氏，为昆旦蒋兰香之妹。生子三，长惠元，次惠恒，皆外行。桂芬生于咸丰十年八月十四日，九岁入陈兰笙之春茂堂，习正生，兼唱老旦，年十二出台，演于三庆、四喜两部，《菊部群英》载其首演之戏如下：

昭关（伍子胥） 醉写（李太白） 挡谅（康茂才） 戏凤（明正德）
五台山（杨延昭）

及十八满师，而嗓亦败，乃改学场面。拜樊景泰门下。景泰为长庚琴师，每演必偕；桂芬从先生之后，凝神壹志，默识其窍妙，或值其师不到，即由汪为代，故对程之腔调颇熟。不只得心，而又应手，如是者三载，而其艺乃成。光绪六年，长庚殁，明年又值孝贞国服，京师照例停演。斯际桂芬年二十有二，其喉音已逐渐复原，遂不时在前外玉顺轩茶社，演说白会唱。时有回回李四疤者，颇模仿长庚之调，辄自诩曰假长庚李四。汪一日从旁座听之，笑曰，使吾果出，斯人不能向京城立足矣。光绪八年开禁，应俞菊笙之邀，请入春台出演，一时都下群许为长庚再世，遂一跃而执菊坛老生牛耳，自后数年，未尝他就。光绪九年，该班两经改组，悉列桂芬于生行之首。是岁杨月楼、谭金培在三庆，孙菊仙在嵩祝，三班鼎峙，互争长雄，人物荟萃，兹焉极盛。及十四五年之后，则常外出。十六年八月，复南走申江，出演于大观园内，声誉之美，亦不亚于都下。

旋有丹桂、天福两园，争相延聘，竟致兴讼；后虽判归天福，园主又诱之以厚赀，挟之以势力，而桂芬终不屈，惟日坐静室，焚香诵经，致彼无可奈何，其事方寝。于是汪乃愈好佛不倦，并亲往普陀山，进香受戒，居则披长发，束金箍，作头陀之状，遗像存于今者，亦惟是而已。在沪八九载，至二十四年戊戌闰三月，始回京，为陈得林、于庄儿所挽，入福寿班演唱。二十八年六月十一日，与周长顺、钱长永等，同被选入署，每演得上赏，多为四五十两之敌，所承应戏，则如下列：

   二十八年六月十五日   宁寿宫
     天水关 郎得山
    战成都
     十九日   同
    举鼎观画 王桂花
     二十日   同
    樊城昭关
     二十四日 同
     状元谱
     二十五日 同
     取帅印
     二十六日 同

风云会 _{郎得山}

　　二十七日　　　同

　　御碑亭

　　骂　曹

　　七月初一日　　同

　　鱼肠剑

　　初七日　　　　同

　　朱砂痣

　　十五日　　　　同

战北原 _{郎得山}

　　戏　凤

　　二十六日　　　纯一斋

二进宫 _{陈得林　郎得山}

　　八月初一日　　同

　　洪洋洞

　　十三日　　　　颐乐殿

　　天水关 _{郎得山}

　　十四日　　　　同

　　樊城昭关

　　十五日　　　　同

　　群英会

　　十六日　　　　同

二进宫 _{孙怡云}

　　九月初一日　　同

　　取帅印

　　钓金龟

　　初九日　　　　同

打金枝
十五日　　同
一捧雪
十月初二日　　颐年殿
凤云会 _{郎得山}
初四日　　颐乐殿
戏　凤
初六日　　同
六　殿
初八日　　同
朱砂痣
初九日　　同
御碑亭
初十日　　同
朱砂痣
十一日　　同
骂　曹
十三日　　同
六　殿
钓金龟
十四日　　同
探　母
十五日　　同
打金枝
十一月初一日　　同
_{头本二}四进士
初十日　　同

四进士〔三本〕〔四本〕

  十七日 颐年殿

天水关 郎得山

  二十四日 宁寿宫

 樊城昭关

  六　殿

  二十五日 同

  战长沙

  二十六日 同

  黄鹤楼

十二月初一日 同

  骂　曹

  初八日 同

  洪洋洞

  十五日 同

战北原 郎得山

  二十三日 同

  朱砂痣

  二十九日 同

  天水关

二十九年正月初一 同

  御碑亭

  二日   同

  戏　凤

  初四日 同

  探　母

  初八日 同

风云会 _{郎得山}
　　　初十日　　同
二进宫 _{孙怡云 郎得山}
　　　十五日　　同
　　　打金枝
　　　十六日　　颐年殿
　　　御碑亭
　　　十七日　　同
战长沙 _{谭金培}
　　　十八日　　同
　　　六　殿
　　　十九日　　同
　　　钓金龟
　　　二月初三日　同
　　　樊城昭关
　　　十六日　　同
捉　放 _{郎得山}
　　　三月初四日　宁寿宫
　　　洪洋洞
　　　四月初一日　纯一斋
　　　打金枝
　　　初七日　　颐乐殿
取帅印 _{郎得山}
　　　初八日　　同
　　　鱼肠剑
　　　十三日　　宁寿宫
　　　六　殿

	十八日	颐乐殿
二进宫		
	五月初四日	同
捉　放 _{郎得山}		
	初五日	同
	天水关	
	闰五月十五日	同
捉　放 _{郎得山}		
	十六日	同
二进宫 _{陈得林　郎得山}		
	六月初一日	同
^{头二}_本四进士		
	十五日	同
捉　放 _{郎得山}		
	御碑亭	
	二十四日	同
战长沙 _{谭金培}		
	七月初二日	同
	取帅印	
	初七日	同
战北原 _{郎得山}		
	十九日	同
天水关 _{郎得山}		
	八月初二日	同
	樊城昭关	
	初八日	同
	御碑亭	

九月初二日　　　同
　探　母
初九日　　　　　同
　骂　曹
十五日　　　　　同
　朱砂痣
十月初一日　　　同
　天水关
初三日　　　　　同
　打金枝
初八日　　　　　同
　朱砂痣
初九日　　　　　同
　凤云会　郎得山
初十日　　　　　同
　御碑亭　陈得林
十二日　　　　　同
　探　母
十五日　　　　　同
　骂　曹
十一月十五日　　宁寿宫
　战长沙
十二月初一日　　同
　樊城昭关
十五日　　　　　同
　打金枝
二十三日　　　　同

状元谱
二十九日　同
探　母

是时，太后每驻跸颐和园中，故桂芬等，亦常有颐乐殿承应之事。一日杨得福雇车赴园，至西郊遇雨，值汪于半途，形容疲惫，如雨淋鸡，得福熟视之方觉，急呼同乘，嗣又觉其不洁，恐为路人所指笑，乃诡云外边有雨，让桂芬至车厢内坐，桂芬闻言大怒曰，汝真势利眼，谁希坐尔车者，愤然而下，步行以入，此固琐事，但亦足见汪之孤介也。据某前辈对余述，彼曾于堂会中，得聆汪之"洪洋洞"，念字分明，做派自然，而唱工又能阳刚之美，调高响逸，中气充沛，其一字一音，皆可入人耳鼓，得程氏之遗者，当以此为正；若"战长沙"剧，则尤为独绝。惟晚年，无论在戏馆堂会，多临时避演，即强之亦不可得，故京师有八不见之号焉。娶王氏，有女二人，后寓东城干面胡同圆通观内，光绪三十四年五月十二日卒，年四十九岁。

王凤卿

凤卿为瑶卿之弟，生于光绪九年六月九日。幼与其兄，同隶颖春堂，初学武生于崇富贵、陈春元，后则改唱老生，尝师事贾丽川、李顺亭等。年十四，名已显闻，《情天外史》册续，为列上品，称其戏曰"鱼肠剑""御林军""战蒲关""醉写""挡谅"，尤妙者"芦花河"一剧之薛丁山，真乃应弦赴节，高唱入云，赠诗谓："上下谁将明月分，品流消息近来闻，凤凰未合题凡鸟，卿子何须号冠军。"后与其兄，共立怡云堂，《新刊菊台集秀》称之曰二主人。当其隶颖春堂时，原在四喜出演，庚子乱后，则改入长春，三十三年《都门纪略》，载其所演，为"定军山"黄忠，"战成都"刘璋，"取帅印"秦琼。盖此时，凤卿之名，较前愈著，且受汪桂芬之赏识，授以"战成都""朱砂痣"两剧；他如"文昭关""战长沙""鱼肠剑"等，亦有指正，因是遂号汪派之传人焉。明年夏，五月，汪桂芬卒，遂挑凤卿入署，以补其缺，外学戏目列所能戏及演唱时刻如下：

赶三关	二刻五	群英会	五刻
战太平	四刻	天水关	三刻
探母	五刻五	伐东吴	三刻
黄鹤楼	三刻五	定军山	三刻十
捉放	四刻	战成都	三刻
乌盆计	四刻五	取帅印	四刻
战长沙	四刻	樊城昭关	四刻
飞义阵	四刻	骂曹	二刻五
鱼肠剑	五刻	戏凤	二刻十
二进宫	二刻五	打金枝	二刻五
举鼎观画	三刻五	朱砂痣	三刻五
华容道	一刻十	乾坤带	三刻
五雷阵	二刻五	凤鸣关	二刻
跑坡	二刻	镇潭州	三刻十
芦花河	二刻	阳平关	四刻十
风云会	二刻	南阳关	三刻
宫门带	二刻五	取荥阳	四刻

迄清室既亡，乃专演于外，民国四五年之顷，号为极盛，名仅出谭金培下，后以嗓音失润，又染阿芙蓉癖，故精神颓败，鲜能振作，惟与梅兰芳、尚小云作陪角而已。住家大马神庙，现仍与其兄同居。娶钱氏，生子二，长少卿，次幼卿，初俱习老生，今则幼卿改青衣，尚稍为知名耳。

李六

　　李六艺名成林，谱作寿峰，字伯华，为李七之长兄；其三弟曰福山，号寿安，字叔华，亦习武净；四曰鑫甫，号寿臣，字季华，小名库儿，习文武老生，颇有名。寿峰生于同治二年正月初三日，幼入三庆坐科，初习昆腔小生，后改乱弹文武老生，与陈得林、张淇林、陆杏林、侯幼云、叶福海等同时，迨满科后，仍搭三庆出演，光绪九年，该班花名，曾见著列。十七年入四喜兼搭春台，十八年重返三庆，二十三年入春和，二十五年在庆春，宣统元年搭双庆。三年正月二十八日，与范福泰、陆库等，同被选入署。承差不久，清室遽亡，入民国后，仍不时出演。又尝取巨资，与俞振亭共建文明茶园。娶安氏，有子三人，长凤鸣，艺名菊笙，演武生；次凤桐，艺名盛荫；三凤池，艺名盛藻，皆习老生，为富连成学生。民国七年旧历十月十二日卒，年五十六岁。

孙培亭 梆子

　　孙培亭者，山西人，艺名十三红。生于同治十一年壬申之岁，乡班出身，习梆子老生，兼唱小生。年十三，随其师黑七子来京，尝搭义顺和，后则改入玉成。演老武生，为其擅长，一时与郭宝臣、杨娃子齐名，悉属梆子老生中之上选。光绪三十年二月二十九日，与瑞得宝、王子实，同被选入署，外学戏目录其所能戏，与时刻如下：

少华山	二刻	翠屏山	四刻
双锁山	三刻	卖胭脂	二刻
拾玉镯	二刻	观阵	一刻十
烈女传	三刻	烈火旗	二刻
海潮珠	三刻	三疑计	三刻十
七星庙	二刻	五雷阵	二刻

英节烈	八刻	错中错	七刻
戏凤	三刻	赐环	一刻十
送灯	二刻	谢冠	一刻五
芭蕉扇	四刻	断桥	二刻
柳林池	二刻	凤鸣关	十二刻
头二三 春秋配	（四四三）刻五	珍珠衫	三刻
新安驿	三刻	头本 十万金	四刻
二本 十万金	四刻	忠孝图	三刻
芦花计	四刻	蝴蝶杯	二刻
破洪州	三刻	香山寺	二刻十
富春楼	二刻	延安府	三刻
五福堂	三刻	佛门点元	八刻五

此外则见于三十三年《都门纪略》者，尚有"十王府""铁冠图"两剧，亦云博矣。谈者谓其嗓音清脆，作工细腻，有时且较皮黄中人，胜过一筹。惟入民国以后，梆子即日趋衰落，乃不得不拦入天桥大棚出演，民国十一年，旧历五月初一日卒，年五十二岁。

武生

张长保

长保为富有长子，生于同治元年壬戌。幼在三庆坐科，艺名洪林，唱武生亦兼老生，与陈得林、李成林、陆杏林等同门。其人，英爽干练，有任事才，且慷慨好义，能周急难，勿论同辈中称赞不置，即公卿大夫，亦皆乐相交纳，与山西知州桑才、宁绍，台道王小雨，最称莫逆，桑王外任，家属留京，一切事务，概托长保为料理。其见重士林如此。杨月楼之赴沪上演剧也，以与粤籍某道台之女私，某耻之，言于当道，乘杨在台上演唱之际，即派人往捕；月楼闻急，于后台卸装未竟，便自楼窗逸出，趋赴码头，欲乘舟北返；及至则船已适开，离岸丈余，杨一跃而登，遂脱于难。抵京而沪讯已先到，下令五城严缉，月楼不护己，又往京一带，变姓名，赶野班，以作其逃死生活。长保以曾列门墙故，亟思为之解脱，乃谋于升平署总管，谓必选杨入署，方可缓其通追。议定，即于深夜。匿杨车中，而纳之入署。翌日，已登台出演，外间方知，即群相传语曰，杨猴子已挑差事矣。自后，杨虽负罪，亦无敢再过问者，时为光绪十四年事也。若长保之选，则在九年四月初三日，盖张氏至此，已三代为供奉矣。长保既入置，每演亦必受厚赏，如是岁六月十五日在漱芳斋得银三两，二十五日配演"金山寺"及"万寿祥开"，分银七钱，七月初一日二两，初七日同，十四日六两，十五日同，八月初一日同，十四日四两，九月初一日八两，初六日十两，九日四两，十五日同，十月初六日六两，十三日十五两，十五月六两，十一月十五日十两，十两月初一日五两，后仿此数，不烦多举。至其所演戏目，以初时悉数群戏（"泗水关""盗双钩"之类)，不得而详，其详者有如下列：

十年三月初二日　　　漱芳斋
对刀步战 _{鲍福山}

二十四年正月初十日　颐年殿
泗州城 _{李燕云}

十七日　　　　　　　同
昊天关 _{李永泉}

六月二十六日　　　　纯一斋
取荥阳 _{孙菊仙}

二十五年十月初九日　颐年殿

淮安府	李永泉	
二十六年正月十九日		同
淮安府	李永泉	
二十八年正月十五日		宁寿宫
十字坡		
二月初一日		同
蔡家庄	朱四十	
十五日		同
四杰村	李永泉	
四月初八日		同
泗州城	朱四十	
七月十五日		同
十字坡	朱四十	
十月十四日		颐乐殿
快活林	朱四十	
二十九年正月十五日		宁寿宫
蔡家庄		

　　迨清社既屋，署内列籍如旧，惟无演戏之事耳。先是长保，在光绪初既满科后，仍搭三庆班出演。三庆中散，方于光绪十七年改入春台。十八年谭鑫培、陈德林等复组三庆，又邀张加入。宣统五年，与王长林、崔禄春等，共组四喜班，十二月十一日，为四喜代表，参加取消私寓之会议。三年又曾搭喜庆班。民国十年十月十三日卒，年六十岁。长保初娶陈德林之妹，续娶程继仙之姊，皆无出。从受业者甚众，而杨小楼为独得其传，如"别母乱箭""武文华""状元印""麒麟阁""水帘洞""安天会"等，悉为长保指授，而愈臻于善。又闻晚清某贵胄贝勒，尝用千为为张寿，从习一剧。则其技之为降所重，于焉可知。惜余至平晚，未及一晤，每道南城，经四圣庙，未尝不留恋系思于其人之高义也。

杨隆寿

　　隆寿，安徽安庆人。自其父福元始执梨园业。福元少失怙，依母洛氏，避荒乱来京。以乡人介，遂入歌馆习艺，为昆腔小生，兼唱旦色，在道光间颇著声誉。娶孙氏，生子二，长即隆寿，诞于道光二十四年腊月，自幼坐科双奎，艺名曰双全，故《都门纪略》皆作杨全，以其小名加姓而称之也。次曰双贵，与兄同科，习小花脸，后显于沪上未返。福元以咸丰六年二月二十一日卒，年仅三十九岁，其母洛，又于明年三月二十六日逝世。时隆寿年才十三四岁，孤子童子，连遭两丧，而能持哀尽节，慎以处事，诸前辈皆惊异之。同治二年，年十九岁，坐科已满，便搭入阜成班出演。翌岁又加入嵩祝成班，以演猴儿戏，为世所重，是有杨猴子之号，《都门纪略》曾列载所主演者，曰"闹地府"猴儿，"四杰村"余千，"泗州城"猴儿，以少年而博盛名，良以其艺，自为超群不凡也。十二年，始别搭四喜，自后光绪三年及光绪九年，该班数经改组，但悉倚重隆寿，为武生之主角，不肯令其他去。当俞菊笙主持春台班日，一时武生皆避舍，能与抗者，唯隆寿而已。故班主梅巧玲、时小福等，待杨均极殷勤。而隆寿之足传世不朽者，又非第以艺术称，盖能默察时势，有所建树。光绪八年，尝联合姚增禄、沈景丞、范福泰、沈易成、唐玉喜、沈明、裕云鹏、王求安、万春茂九人，在自所居李铁拐斜街路南住宅之内，创办小荣椿科班，济济英俊，萃于门墙，人物之盛，自光绪来，未见能与比伍。十四年头科期满，曾向梨园馆供献匾额一方，录诸弟子姓名，今不难详查也。惟是学者既众，所费亦多，致杨之财力渐不给，或劝其辍业，隆寿慨然曰，君意固善，但吾苟如此，则数百童子失所学，将终身为无业之人，予岂忍哉！于是多方擘划，勉力维持，孰料命运多舛，事与愿违，在二科未满之前，一代名部，竟致报散。其门人有因失倚赖而沿街求乞者，隆寿见而大悲，乃再纠合朋好，于光绪十九年，成立小天仙班，班址仍小荣椿之旧，集股者有刘吉庆、张玉贵、胡俊廷、王春山等，而报案时，则出管事者迟遇泉之名。是科班中所收，虽稍逊于前，但亦不无秀隽于内。凡此前后两班学生之得以成业扬名者，悉出隆寿尽心培养之力也。旧人之存者，今在梨园中，颇据势力，一话其先师，未有不思念惠泽，而继之以流涕也。就中弟子，享大名于外者不论，及挑差事者，则唐春明为荣椿头科，杨小楼为二科，董生则本习上下手，经杨之提携，亦得用武生入署，此皆为杨死后之事。至隆寿被选，则在九年四月三日。第一次挑选教习之时，武行共六人，而隆寿为之首，所演多群戏，如"泗水关""盗双钩"等，剧中主角，悉杨饰之，故每次赏银，亦以杨为较多，例如六月十四日在漱芳斋得银八两，十五日得十五两，又三两，七月初七日六两，十四日六两，十五日六两，八月初一日六两，十四日同，九月六日十两，初九日五两，十五日同，十月初六日八两，十三日二十两，十五日六两，十一月十五日十二两，十二月初一日六两，后则仿此不再举。时隆寿，内则屡有承应，外则搭四喜露演，而又兼负小荣椿全责，若非才智大过人者，乌能肩此巨任耶？迄十七年，四喜主事易人，杨遂改入三庆，二十二年一度入奎洪，二十三年，又搭春和。庚子之岁，联军既入，城市骚然，隆寿亦死于慌乱之间，乃七月二十五日事也，年五十七岁。有女四人，长适梅竹芬，是生兰芳，次适黄小生，三适朱玉龙，四适徐兰沅。子二，曰长林、长喜。长林习武生，虽年少，已崭然头角，惜其早夭，闻者悼焉。长喜与余过从甚密，另有详传，兹不附及矣。

瑞得宝

瑞得宝者，北京旗籍人；生于光绪三年丁丑。自幼师事李连仲，习武生兼唱老生。与同时学艺者，曰刘玉宝，唱武丑，与得宝且为郎舅之亲，技术极佳，惜未及享名即卒。光绪二十五年，其师自立玉成班，得宝即随该班出演，名在武行之列；盖正当用功之际，其艺尚未底于就也。庚子之后，名渐显著，已成为武生唯一人物，光绪三十三年《都门纪略》载其戏曰，"镇潭州"岳飞，"剑峰山"邱成，"挑滑车"高宠。得保又以在玉成，与黄月山相处久，故对于黄派之戏，除"剑峰山"外，若"莲花湖""独木关""精忠传"等，亦能得其真传，用是名满都下，遐迩知名。其挑差事，则在光绪三十年二月二十九日，系与老生孙培亭、丑角王子实同时被选入署者，计外学戏目所录得宝之戏及演唱时刻如下：

头二 连环套	八刻	红桃山	二刻
独木关	二刻五	界牌关	二刻
花蝴蝶	三刻	八蜡庙	三刻
四杰村	四刻	十字坡	二刻十
淮安府	三刻	普求山	三刻
摇钱树	二刻	牛头山	三刻
泗州城	二刻十	铜网阵	
剑峰山	二刻十	洗浮山	四刻五
霸王庄	三刻十	画春园	三刻五
拦江	二刻	摩天岭	三刻五

其在外，则自宣统初，即脱离玉成，而入春庆，名列武行第一。民国以后外出，历演于天津上海各埠，闻至今尚留沪上，日以授徒为生计云。

周如奎[1]

周如奎者（又名二庚），不详所自来，盖亦微矣。始入梨园，充上下手，名见同治十二年三庆班花名，其时则正谭金培演武生之际也。至光绪三年，则搭阜成班，九年在嵩祝成，渐染既深，乃得充二三路武生，如"八蜡庙"王栋之类。二十年以后，又改入梆子戏班义顺和之中。谭金培以为旧人，竭力保荐，遂于光绪三十年三月十一日入署。不数年，值清室灭亡，如奎亦飘泊外埠

---

[1] 陈志明先生修正了该条目的部分内容，在此表示感谢。

演出而病故。据说如奎生有五子，三子周瑞安、四子小奎、五子周春亭，均习武生。

杨小楼

小楼为月楼之子，谱名嘉训；生于光绪四年十一月初十日。八岁甲申，入小荣椿坐科，从杨隆寿、姚增禄习武生，年十一出台，首演"锤换带"之高怀亮一角。未及满科，而该班散，乃从其师伯俞菊笙请益，致以"铁龙山""挑滑车"等剧。时有杨公者，随菊笙久，颇能说戏，复为小楼指点，俞派衣钵，至是乃尽得其传。而谭金培、张长保，又皆以三庆旧人，与其父善，亦悉肯出真学相授，"战宛城""状元印"则得之于谭，"麒麟阁""安天会"等，则得之于张。中间，又尝外出之京东，与鲍吉祥、傅荣斌偕行，燕居多暇，吉祥即为正确字音，判别尖团，用荣斌操弦，为之调嗓，既有以上诸人之指授，复经一己之奋发，若是而后，乃能集武生之大成，故知戏曲虽小道，亦断无不从困苦中得来也。年二十，搭双奎班出演，见二十二年该班花名。二十七年，入宝胜和，明年又兼搭同庆。三十三年《都门纪略》载其戏目曰"连环套"黄天霸，"泗州城"猴儿，"邓家堡"花冲。其挑差事，则在前一年十月十五日，外学戏目，录小楼之剧及演唱时刻如下：

头二本连环套	八刻	金钱豹	三刻五
青石山	四刻	战宛城	七刻五
霸王庄	三刻十	殷家堡	四刻
恶村虎	三刻五	落马湖	七刻
八蜡庙	三刻	艳阳楼	三刻五
铁龙庄	二刻五	牛头山	三刻
溪黄庄	五刻	水帘洞	四刻

下河东	四刻	长板坡	五刻
武文华	二刻五	泗州城	二刻五
金锁阵	二刻	临潼会	七刻十
朱仙镇	五刻十	界牌关	二刻五
嘉兴府	二刻五	飞义阵	三刻
蜈蚣岭	二刻	翠屏山	五刻
金沙滩	二刻十	反西凉	五刻
贾家楼	四刻五	黄鹤楼	三刻五
赵家楼	四刻	回龙阁	二刻
阳平关	三刻五	收关胜	二刻
磐河战	三刻五	恶虎村	
战冀州	四刻十		

以上诸剧，尤以"长板坡""金钱豹"等，为得慈禧赏识，闲尝语人曰，小猴儿不错。清室既亡，内演停止，民国元年，应吕月樵、白文奎之约，南赴申江，在三马路大舞台演唱，越年方归。经此一番经验，初觉京师戏园之陈旧，不适于用，乃联合姚佩秋等，出巨资，在西柳树井地方，仿上海新式，建筑第一舞台，即今常演义务戏之所也。民八二次赴沪，出演于天蟾舞台，与尚小云、荀慧生、谭小培等同班；二月又由沪赴汉，与余叔岩合演一月，始北上。民十一偕梅兰芳三次赴沪，以"霸王别姬"最受欢迎。据其自述云，始尝与尚小云合排"楚汉争"系贾洪林旧本，分前后部，两日演完。后由梅氏之编剧家某为重定词句，加入舞剑等场，一日可毕，易名曰"霸王别姬"是为新翻剧本之最完善者。小楼娶周氏，为周春奎之侄女，无子；一女适刘砚芳，其艺即多传与外孙宗杨。生平笃信老氏之道，每年必往白云观作布施。近来练习太极拳，使身体老而逾壮，今以六十衰翁，而犹不时出演，诚为难得者矣。后以民国二十七年正月十五日卒，年六十二岁。

董生

　　董生正名凤岩，为前供奉董文长子；生于同治三年甲子。其父在四喜久，人望最重，艺德兼全，班中咸以老夫子称之。凤岩自幼即在四喜充上下手，为杨隆寿所赏识，因拜杨为师，从习正工武生戏。光绪九年，该班花名，入于武行之列。至十七年，则已改入小生行内，自后即常演正角戏。二十四年，入天福，三十年，入洪奎，宣统元年，张淇林等复组四喜，仍将凤岩邀回，三年在新天仙班。是岁正月十八日，与李六、范福泰等，同被选入署，承应数月，而清室灭亡。鼎革以来，尝在富连成科班任教习，民国九年卒，年五十七岁。有子皆外出未返，今惟其弟凤年，则仍在旧京居住云。

杨长福

　　长福即杨隆寿之次子，本名曰长喜，因喜字触太后讳，遂改作福。光绪六年七月十四日生。自幼坐科小天仙，从沈景丞习武生，兼唱小生，属于昆腔者，学有"天官赐福""富贵长春""财源辐辏""十面""三挡""仙圆""扫花三醉"等戏；属于乱弹者，有"镇潭州""借赵云""对刀步战""百寿图"等。未及满科，而天仙散。年十七，搭玉成班效力，不久即行开份。明年为光绪丁酉，改搭四喜，直至二十六年未他去。二十八年，复回玉成，明年用旗人永立名，入署为筋斗，赏食二两钱粮。至宣统三年正月十八日，始换用杨长福名，以武生膺选。是年秋，遇国家大变，乃随众退出。民国二年，与方宝奎、郭四、小花猴、姚得保等，同赴开封在火神庙新剧团出演，曾饰"金钱豹"悟空、"四杰村"濮天鹏、"艳阳楼"花逢春等角，演毕赴济南，仅唱一日，即先回京。民八，应王蕙芳之约，赴汉口演唱，数月，期满北上，自后即不再登场。时已由李铁拐斜街迁移至永光寺中街居住，民十五复徙寓小外郎营路北。二十二年夏，余始与相识，暇辄过从，时家中惟其母毕氏，及子盛春三人。盖自发妻方氏之亡（氏为方秉忠之女）君即抱义不娶，侍养老母，抚育幼子，茹辛含酸，弗辞劳瘁，知者称其孝行焉。又君有外甥梅兰芳，少失怙恃，孤苦伶仃，在家更常受凌逼于伯母胡氏，食每不饱，衣多敝败，赖君之回护周旋，方期于成立，即梅氏举室有匮乏时，君亦稍稍赒恤之。迨后兰芳既享盛名，拥厚资，则月致馈金，以报其惠，此事在梨园行中类多能言者，而君乃绝口未尝道及，所谓施恩于人，而不以为德者，岂斯之谓欤？君天资颖敏，颇异于众，儿时耳濡目染之事，一晤再见之人，至今犹能历历而谈，百不失一，余之撰述伶官，得君助为最多。客岁为其子完婚，燕客同兴堂中，余亦亲往致贺，以见交情。今则定新居于四川营路东，值余休沐出城，仍不时访君闲话，聊用示念旧不忘之意耳。后以一九五八年十一月二十三日卒，年七十九岁。

小生

王阿巧_昆

阿巧正名子襄，苏州人。幼在原籍学艺，为昆腔小生；艺成北上，一时梨园名辈，莫能或之先者。光绪初在四喜班中，九年，该班报庙底册，著列姓名（王子襄）。是岁四月初三日，被选入署，演戏之繁为诸伶冠，计有如下列：

    九年六月十二日 漱芳斋
  教 歌 <small>袁大奎 姚阿奔</small>
  谒 师 <small>陈寿峰 殷荣海</small>
     十三日 同
  逼 婚 <small>陈寿峰</small>
     十五日 同

卖　花 张云亨
　　　　假　颠
　　　　二十五日　　同
赏　荷 严福喜
　　　　八月十五日　同
赏　秋 严福喜
　　　　九月初一日　同
乔　醋 严福喜
　　　　十月初二日　同
亭　会 李福贵（内）
　　　　初六日　　　同
　　　　看　状
　　　　十一月初一日　同
梳妆跪池 陈寿峰 李福贵
　　　　十二日　　　同
　　　　思　乡
　　　　十五日　　　同
看　状 陈寿峰
　　　　二十三日　　同
亭　会 李福贵
　　　　十二月初一日　同
乔　醋 李福贵
　　　　三十日　　　同
梳妆跪池 陈寿峰 李福贵
　　　　十年正月初二日　长春宫
　　　　七盘山　　赏银八两
　　　　初四日　　同
逼　婚 陈寿峰

偷　诗 _{李福贵}
　　　初五日　　同
　　冥　勘
　　　初六日　　同
亭　会 _{李福贵}
乔　醋 _{李福贵}　　赏银十两
　　　十八日　　同
醉　归 _{李福贵}
　　　十九日　　漱芳斋
偷　诗 _{李福贵}　　赏银十五两
　　二月十五日　同
吊　打 _{陈寿峰}
　　三月初二日　同
琴　挑 _{乔蕙兰}
逼　婚 _{陈寿峰}
乔　醋 _{乔蕙兰}
　　　初六日　　同
亭　会 _{乔蕙兰}
　　偷　诗 同
　　四月初八日　同
　　小　宴 _乔
　　　十五日　　同
姑阻失约 _{张云亭　乔蕙兰}
　　偷　诗 _乔
　　六月初一日　同
　　乔　醋 _乔
　　　十五日　　同
跪　池 _{陈寿峰　乔}

琴 挑 乔		
二十六日	同	
赏 荷 阿寿（即乔蕙兰为上所赐名）		
亭 会 乔		
二十七日	同	
定情赐盒 乔		
偷 诗 乔		
七月十五日	同	
姑阻失约 张云亭 乔		
逼 婚 陈寿峰		
八月十三日	同	
偷 诗 乔		
二十六日	同	
偷 诗 乔		
吊 打 陈寿峰		
九月初二日	同	
亭 会 乔		
十三日	同	
乔 醋 乔		
十五日	同	
絮 阁 李福贵 丁淮寿（内）		
二十日	同	
赏 秋 乔		
十月初一日	长春宫	
扫花三醉 乔		
琴 挑 乔		
初二日	同	
絮 阁 乔		

谒　师 _{陈寿峰}

　　　　初四日　　同

　　亭　会 _乔

　　　　初六日　　同

　　琴　挑 _乔

圆　驾 _{陈寿峰　乔}

　　　　初九日　　同

佳　期 _{魏成禄（内）}

　　　　十四日　　宁寿宫

　　琴　挑 _乔

　　亭　会　　同

　　　　十一月初五日　漱芳斋

　　亭　会 _{谦祥（本）}

　　　　十二月十五日　同

　　琴　挑 _乔

　　　　二十三日　　同

　　乔　醋 _乔

十一年正月初一日　长春宫

　　后　亲 _乔

　　　　初五日　　同

　　亭　会 _乔

醉　归 _{李福贵}

　　　　十二日　　同

扫花三醉 _乔

　　　　十五日　　同

　　玩　笺

　　　　十六日　　同

　　亭　会 _乔

十八日　同
乔 醋 乔
十九日　同
盘 夫 乔
南 浦 乔
二月初一日　漱芳斋
赏 荷 乔
逼 婚 陈寿峰
神 谕 陈寿峰
十七日　同
琴 挑 乔
看 状 陈寿峰
谒 师 同
三月十二日　丽景轩
亭 会 乔
望 乡 陈寿峰
十五日　漱芳斋
看 状
偷 诗 乔
二十一日　同
乔 醋 乔
四月十五日　同
琴 挑 乔
五月初九日　同
琴 挑 乔
六月十五日　同
偷 诗 乔
二十五日　同

谒　师 陈寿峰
　　二十六日　　同
　亭　会 乔
　七月初一日　　同
　醉　归 乔
　　十五日　　同
　圆　驾 乔
　八月初三日　　同
　琴　挑 乔
　　二十六日　　同
　絮　阁 乔
　　二十七日　　同
　赏　秋 乔
看　状 陈寿峰
　九月十五日　　同
　偷　诗 乔
　十月初一日　　长春宫
　定情赐盒 乔
　　初七日　　同
　茶叙问病 乔
　小　宴 同
　　初九日　　同
　乔　醋 乔
　　十一日　　同
　赏　荷 乔
　　十二日　　同
　亭　会 乔
　　十三日　　同

谒　师	陈寿峰	
赏　秋	乔	
十五日		同
醉　归	乔	
十六日		同
吊　打		
十一月十七日		同
乔　醋	乔	
二十一日		同
赏　秋	乔	
二十二日		同
琴　挑	乔	
赏　荷	同	
二十三日		同
亭　会	乔	
十二月初一日		同
乔　醋	乔	
十五日		同
瑶　台	乔	
十六日		同
阳关折柳	乔	
二十九日		同
絮　阁	乔	
三十日		同
乔　醋	乔	
十二年正月十二日		同
游园惊梦	乔	
乔　醋	同	

	十五日	同
亭　会 乔		
	十九日	同
茶叙问病 乔		
	二月十六日	漱芳斋
琴　挑 乔		
偷　诗 同		
	二十二日	同
亭　会 乔		
乔　醋 乔		
	二十三日	同
后　亲 乔 张云亭		
	三月十五日	丽景轩
乔　醋 乔		
	二十七日	漱芳斋
独　占 乔		
	四月初八日	同
醉　归 乔		
	十六日	同
游园惊梦 乔		
	收罗成	银
偷　诗 乔		
	二十日	同
乔　醋 乔		
	六月初一日	同
偷　诗 乔		
	十五日	宁寿宫
小　宴 时小福		

七月初一日	同
亭　会 乔	
初七日	同
后　亲 乔	
十五日	同
秋　江 乔 张云亭	
八月初一日	同
乔　醋 乔	
十一日	同
琴　挑	
十月初九日	长春宫
琴　挑 乔	
赏　秋	
偷　诗 同	
十六日	同
亭　会 乔	
十七日	同
偷　诗 乔	
十八日	同
游园惊梦 乔	
十一月二十七日	同
醉　归 乔	
小　宴 同	
二十八日	同
偷　诗 乔	
十三年二月十五日	同
偷　诗 乔	
七月十八日	漱芳斋

乔　醋 乔
八月初四日　　　同
琴　挑 乔
　　十四日　　　同
秋　江 乔
　　十五日　　　同
亭　会 乔
九月初一日　　　同
偷　诗 乔
十月十五日　　　长春宫
游园惊梦 乔
十一月初八日　　同
亭　会 乔
十二月二十九日　同
亭　会 乔
十四年正月十七日　同
梳妆跪池 乔
二月十五日　　　漱芳斋
琴　挑 乔
四月初五日　　　同
赏　荷 乔
　　初八日　　　同
琴　挑 乔
六月十五日　　　纯一斋
梳妆跪池 乔
八月初一日　　　同
乔　醋 乔
九月初一日　　　同

　　　　　游园惊梦 乔
　　　　　　初九日　　　同
　　　　　偷　诗 乔
　　　　　十月十一日　　长春宫
　　　　　游园惊梦 乔
　　　　　　十三日　　　纯一斋
　　　　　琴　挑 乔
　　　　　十二月初二日　长春宫
　　　　　偷　诗 乔
　　　　　　初四日　　　长春宫　大征之礼
　　　　　茶叙问病 乔
　　　　　十五年正月初一日　同
　　　　　亭　会 乔
　　　　　　初六日　　　同
　　　　　偷　诗 乔
　　　　　四月初七日　　同
　　　　　亭　会 乔
　　　　　　十五日　　　同
　　　　　琴　挑 乔
　　　　　六月十五日　　同
　　　　　絮　阁 乔
　　　　　八月十四日　　同
　　　　　亭　会 乔
　　　　　十六年正月十六日　纯一斋
　　　　　琴　挑 乔
　　　　　十二月二十三日　颐年殿
　　　　　小　宴 乔

十八年正月初五日　　同
　　　　小　宴
八月初五日　　纯一斋
　赏　荷 乔
九月初九日　　同
　定情赐盒 乔
十九年四月初四日　　漱芳斋
　偷　诗 乔
　赏　秋 同
　　初八日　　同
逼　婚 陈寿峰
絮　阁 陈德林
梳妆跪池 乔
　　十五日　　同
望　乡 陈寿峰
梳妆跪池 乔
　　二十日　　同
定情赐盒 乔
二十一年十一月二十日　　颐年殿
　偷　诗 乔
二十五年二月十六日　　同
　偷　诗 乔
二十八年正月初十　　颐寿宫
　偷　诗 乔
三月二十三日　　同
　亭　会 乔
四月初四日　　同

琴 挑	乔
十一月二十六日	同
絮 阁	陈德林

按阿巧自九年入署，因差事频繁，即不常在外露演，故梨园中人，即其正名，亦多不识，仅知有王阿巧其人而已，事迹则罕有能述及者。以光绪二十九年十二月十三日卒，年四十九岁。据升平署老伶工为余言，阿巧北来后，其在京之寓址屡迁，约在大安澜营玉皇庙等处，尝娶妻生子，但已早殁，今其后不传矣。

王桂花 兼昆

王桂花者，本作桂官，名树荣，号楞仙，顺天宛平人也。咸丰九年四月初四日生。为闻德堂徐阿三之徒，同时在寓者，有桂林、桂芝、桂芸三人，皆习昆旦，惟桂官则习小生。眉宇爽朗，清雅不凡，《评花新谱》称为绝世丰神，有看杀卫玠之目。同治癸酉，楞仙年十五，已能戏近三十许出，《菊部群英》载录如下：

寄子（伍兴） 回猎（咬脐郎） 看状（苏公子） 冥勘（炳灵公） 荣归（赵廷王） 后亲（韩琦仲） 长亭（张珙） 打番（番儿） 游园惊梦（柳梦梅） 醉归（秦钟） 独占（同上） 舟配（陈春生） 琴挑（潘必正） 姑阻失约（同上） 吞丹（李余林） 乔醋（潘五） 藏舟（刘蒜） 亭会（赵伯畴） 后约（唐伯虎） 赠剑（梅俊） 回头岸（刘达生） 大小宴（吕布） 奇双会（知县） 说亲回话（王孙） 游湖借伞（许仙） 水门（哪吒） 双官诰（冯雄） 乾元山（哪吒） 鹊桥密誓（唐明皇）

时闻德堂在三庆部出演，程长庚喜其英隽，尝令从产金传问业，又兼习乱弹，每向其师伯除小香处请益，故所能极博，文武兼长，念唱工做，俱臻上乘，徐小香后，群推小生第一，洵足当之而无愧也。既出师，遂改搭四喜，九年花名单，曾见著列。其后脱离四喜。在光绪十八年，与谭金培、陈得林等，共组三庆，为班主。二十二年，该班改组，楞仙为班主如故。后于二十五年，又应李连仲、响九霄之邀，复在玉成出演。总观前后以三庆之日居多，故至今言楞仙者，辄每称为三庆旧人，亦不为无因耳。楞仙娶刘氏，为刘兆奎之女。兆奎三世名家，曲学极深，既成亲后，更常求其指正。终因泰山之力，以光绪十四年十一月初七日，改易今名，与杨月楼等，并被选入署，每赏亦与杨同。所演之戏，初期昆曲为繁，后则渐唱乱弹，其与谭孙合演者，皆为不易得之佳构，早已为世所钦羡，以此机会，在外为难逢也。计所承应，有如下列：

十四年十一月十五日　　纯一斋
　琴　挑 乔蕙兰
十二月初九日　　长春宫
　乔　醋 乔蕙兰
　　　十五日　　同
　梳妆掷戟
　虹霓关
　　　二十八日　　同
　乔　醋 乔
　　　二十九日　　同
　小　宴 时小福
十五年正月十三日　　同
　梳妆掷戟
　　　十五日　　同
　琴　挑 乔
　二月初一日　　同
　梳妆掷戟

初四日	同	
乔醋		
十六日	同	
琴挑 乔		
三月初二日	纯一斋	
醉归 乔		
十三日	长春宫	
独占		
十五日	同	
阳关折柳		
十六日	同	
小宴 乔		
四月初一日	纯一斋	
琴挑 乔		
初八日	同	
阳关折柳 乔		
六月初一日	同	
梳妆掷戟 乔		
八月十五日	同	
阳关折柳 乔		
十月初一日	同	
亭会 乔		
初七日	同	
琴挑 乔		
初八日	同	
梳妆掷戟 乔		
初九日	同	
乔醋 乔		

十一日	同
阳关折柳	
十二月初九日	长春宫
亭　会 乔	
十六年正月初一日	同
琴　挑 乔	
初二日	同
独　占 乔	
初五日	同
亭　会 乔	
初十日	同
醉　归 乔	
十二日	同
小　宴 时小福	
闰二月初一日	纯一斋
梳妆掷戟 乔	
十三日	同
醉　归 乔	
十四日	同
琴　挑 乔	
二十四日	同
乔　醋 乔	
四月初三日	同
独　占 乔	
五月初六日	同
乔　醋 乔	
初七日	同
阳关折柳 乔	

六月二十六日	同
琴 挑 乔	
八月初四日	同
琴 挑 乔	
九月十四日	同
醉 归 乔	
十五日	同
梳妆掷戟 乔	
十月初一日	颐年殿
独 占 乔	
十一日	同
琴 挑 乔	
十二月二十二日	同
亭 会 金	
三十日	同
琴 挑 乔	
十七年正月初十日	同
独 占 乔	
琴 挑 同	
十二日	同
小 寄 陈得林	
十五日	同
阳关折柳 乔	
三月初一日	同
梳妆掷戟 乔	
五月初六日	纯一斋
絮 阁 陈得林	
六月十五日	同

琴　挑 乔

　　二十四日　　同

　　小　宴 乔

　　八月十五日　　同

琴　挑 陈得林

　　十月初七日　　颐年殿

乔　醋 乔

　　初九日　　同

琴　挑 陈得林

　　十一日　　同

游园惊梦 陈得林

　　十五日　　同

阳关折柳 乔

　　十一月初一日　　同

梳妆掷戟 乔

　　二十四日　　同

琴　挑 乔

　　二十五日　　同

醉　归 乔

　　十八年正月初二日　　同

琴　挑 乔

　　十六日　　同

阳关折柳 乔

　　四月初一日　　纯一斋

独　占 乔

　　九月十二日　　颐年殿

琴　挑 乔

　　十月十五日　　同

小　宴	陈得林	
十二月三十日		长春宫
琴　挑	乔	
十九年二月十七日		颐年殿
乔　醋	乔	
四月初四日		漱芳斋
亭　会	乔	
小　宴	同	
初五日		同
阳关折柳	时小福	
琴　挑	乔	
十五日		同
游园惊梦	陈得林	
起　布		
十九日		同
乔　醋	乔	
二十日		同
小　宴	陈得林	
五月初八日		颐年殿
亭　会	乔	
二十一年十一月二十日		同
折　柳	时小福	
二十二年八月十五日		颐乐殿
琴　挑	陈得林	
二十三年正月初二日		颐年殿
乔　醋	乔	
二十四年正月初二日		同
连升三级	罗寿山	

	初六日	同
群英会	谭金培	
	十二日	同
状元谱	孙菊仙	
	十三日	同
御碑亭	陈菊仙 陈得林	
	八月十五日	纯一斋
镇潭州	谭金培	
状元谱	谭金培 罗寿山	
二十五年四月十五日		同
翠屏山	相九箫 侯俊山	
	六月十五日	同
琴　挑	陈得林	
	二十六日	同
镇潭州	谭金培	
	十月十五日	颐年殿
琴　挑	陈得林	
十二月二十一日		同
玉玲珑	于庄儿	
二十六年正月初十日		同
黄鹤楼	谭金培 孙菊仙	
	十三日	同
群英会	谭金培	
	二月初八日	同
拾玉镯	罗寿山 于庄儿	
	四月十五日	颐乐殿
得意缘	李子山	
	十六日	同

　　　　破洪州 李子山
　　　　　五月初二日　　同
　　　群英会 谭金培 孙菊仙
　　　　　　初五日　　同
　　　翠屏山 李子山
　　　　　　　十五日　　纯一斋
　　　马上缘 李子山
　　　二十七年十二月二十九日　　宁寿宫
　　　　回　猎 陈寿峰
　　　二十八年正月十九日　　同
　　　　翠屏山 于庄儿
　　　　　四月初四日　　同
　　　　翠屏山 于庄儿
　　　　　五月初四日　　同
　　　　得意缘 于庄儿
　　　　　六月十九日　　同
　　　举鼎视画 汪桂芬
　　　　马上缘 杨得福
　　　　　　二十四日　　同
　　　　得意缘 于庄儿
　　　　　七月初七日　　同
　　　　翠屏山 杨得福
　　　　　　十五日　　同
　　　　马上缘 杨得福
　　　　　八月初一日　　纯一斋
　　　　游园惊梦 陈得林
　　　　　十月十五日　　颐乐殿
　　　　　乔　醋 乔

十二月初八日	宁寿宫
琴挑 乔	
二十九日	同
跪池 乔	
二十九年正月初九日	同
群英会 谭金培	
二月初三日	颐年殿
马上缘 杨得福	
三月初四日	宁寿宫
翠屏山 杨得福	
四月十三日	同
穆柯寨 于庄儿	
八月二日	颐乐殿
得意缘 杨得福	
十月初一日	同
破洪州 杨得福	
初八日	同
得意缘 杨得福	
初十日	同
连升三级 罗寿山	
拾玉镯 杨得福	
十四日	同
穆柯寨 杨得福	
十二月十五日	宁寿宫
得意缘 杨得福	

楞仙晚岁颇精医理，以外科称。庚子后，在外搭班渐少，光绪三十四年七月初六日卒，年五十岁。子二，曰小王桂官、小王桂花，今住香炉营头条东头路南，

至其门，犹见医生匾额悬挂于外也。有孙名世荣，习胡琴，后在京剧四团工作。

鲍福山

福山号兰笙，小名黑子，江苏苏州人。父秋文，唱昆旦，尝自立保安堂以教授弟子。福山生于咸丰四年甲寅之岁，幼从一沈姓者习艺（或云即沈景丞，为老嵩祝学生），唱小生，昆乱兼擅其长。年十余登台，在四喜出演，《菊部群英》尝录其所能之戏如下：

群英会（周瑜） 黄鹤楼（同上） 辕门射戟（吕布） 白门楼（同上） 凤凰台（孙策） 借赵云（赵云） 盘河战（同上） 监酒令（刘璋） 烈火旗（狄青） 延安关（同上） 取洛阳（岑彭） 穆柯寨（杨宗保） 八大锤（陆文龙） 破洪州（杨宗保） 镇潭州（杨再兴） 岳家庄（岳云） 飞虎山（李存孝） 雅观楼反五侯（俱同上） 举鼎观画（薛蛟） 孝感天（公叔段） 绝缨会（唐交） 御碑亭（柳生春） 清河桥（养由基） 翠屏山（石秀） 胭脂虎（王寿玉） 玉玲珑（韩世忠） 得意缘（罗昆杰） 虹霓关（王伯当） 红鸾喜（莫稽） 五方阵（严应方） 马上缘（薛丁山） 三休（同上） 打金枝（郭暧） 双沙河（高将军） 教枪换带（高怀亮）

光绪初，仍搭四喜，三年花名，曾见著列，自后二十余年，悉未他就。直至庚子乱后，始改福寿，二十八年在同庆，三十年入源顺和。其挑差事，则在光绪九年四月三日，系与陈寿峰、王阿巧等，同时被选者。其赏银在五六两至十两之间，所承应戏，则如下列：

九年六月十二日　　漱芳斋

回　猎　殷荣海

	十三日	同	
封　王	殷荣海　姚阿奔		
	七月初一日	同	
起布问探	殷荣海　姚阿奔		
	十年正月初二日	长春宫	
	七盘山		
	初四日	同	
	射红灯		
	十九日	漱芳斋	
梳妆掷戟	方镇泉　李福贵		
	三月初二日	同	
对刀步战	张长保		
	四月初一日	同	
梳妆掷戟	方镇泉　乔蕙兰		
	九月初九日	同	
阳关折柳	乔蕙兰		
	十月初二日	长春宫	
封　王	姚阿奔		
	初五日	同	
回　猎	陈寿峰		
阳关折柳	阿　寿		
	十七日	同	
梳妆掷戟	方镇泉　阿寿		
	十一年正月初二日	同	
阳关折柳	阿　寿		
	三月十二日	丽景轩	
梳妆掷戟	方镇泉　阿寿		

	十月初一日	长春宫
梳妆掷戟 方镇泉 阿寿		
	十一月初一日	同
阳关折柳 阿寿		
	十二年九月初一日	宁寿宫
梳妆掷戟 方镇泉 阿寿		
	十月十三日	长春宫
阳关折柳 时小福		
	十三年十月初一日	同
阳关折柳 时小福		
	十四年正月初四日	同
阳关折柳 时小福		
	四月十五日	纯一斋
阳关折柳 时小福		
	八月十四日	同
梳妆掷戟 方镇泉 阿寿		
	十九年四月二十	漱芳斋
瑶 台 阿寿		
	五月十五日	颐年殿
梳妆掷戟 阿寿		

光绪三十年，慈禧七旬万寿，赏加一两钱粮。宣统二年十二月初七日卒，年五十七岁。福山初娶徐氏，为徐宝成之女，早殁；后娶某氏，生一子，名吉祥，习老生，为吴连奎弟子，后与杨小楼、余叔岩配演最久，至今称里子老生之最焉。

陆华云

　　华云又名景云，小名喜儿，行四，锡庆主人陆玉凤之子，前供奉陆双玉之胞侄也。生于同治九年十月二十二日。幼入郑秀兰之春馥堂为弟子，习小生，尝从其舅父沈景丞问业。年十余即知名。《瑶台小录》谓其性情温厚，曲艺亦工，时誉颇以为重，是乃指华云未出师之日而言也。既冠而后，声望益显，光绪十七年，应春台班之邀，加入演唱。十九年入同春，尝随全班入宫承应。二十二年，陈得林、余玉琴等组织福寿，聘华云为该班小生主角；福寿班新排之戏以"儿女英雄传"八本、"雁门关"等为著。"英雄传"中之安公子，及"雁门关"之八郎，悉由华云担任，至今演"悦来店""能仁寺"之饰小生者，其身段悉效法于陆，则以此角，由华云始也。其他之见于新刊《菊台集秀》录者，尚有"孝感天""大岳家庄""粉妆楼""十粒金丹""举鼎"等剧。光绪三十年二月二十九日，挑选入署，每演皆受厚赏，明年复与胡素仙共起长春科班，出演于三庆园中，除生角王凤卿，青衣姜妙香，净角黄润甫、李七，丑角高四保诸人而外，科中学生之俊异者，则有张毓亭、朱桂芳、荣蝶仙、张春彦等。所演之戏，多载三十三年《都门纪略》，从简不录。是年宫内亦欲排演"雁门关"剧，华云乃与陈德林、王瑶卿等，将自有之切末进呈，二月十六日，下谕赏银二百两，用作酬劳之费。不幸于十月五日，遽尔逝世，年仅三十八岁。有子宝琳，从方秉忠习吹笛，在旧京场面中，颇占势力，现历搭各班，为文场领袖云。宝琳之子振英、佩英，一习老生，一习丑。

朱素云

　　素云一名沄，号纫秋，字雅仙，江苏苏州人。同治十一年九月二十一日生。父小元，号吉仙，唱武旦，出吟秀堂，与名小生徐小香、李小珍等为师兄弟。出师后，自营咏秀堂，搭班则在四喜，具见同治二年该部花名。娶钱氏，为维新主人钱金福字绍卿之长女。生子三，首素云，次玉康，三四龙。素云年九岁，即入熙春堂钱秋菱门下，先学昆旦，后改小生，师事鲍福山，又尝从其师伯徐小香问业。《瑶台小录》称其意度温朗，如裴叔则一流。十二岁癸未，即南下申江，及返京，益衰然举首，声气隆隆，一时名士，多为诗词以揄扬之。十八岁已丑，甫脱籍，身世之感，有不能自遣者。长洲王韬尝为赋浣溪沙云："生本华严十种仙，茫茫抱月又飘烟，最无聊赖是情天。应有雄心偿怨抑，已成瘦骨奈愁煎，愿君珍重过韶年。"其慰许之意深矣。二十二岁癸巳，搭小丹桂班出演。尝随之入宫承应。庚子乱后，改搭玉成。光绪三十三年十月初七日，与李宝琴同时被选入署，外学戏目，载所能之戏及演唱时刻如下：

戏目	时刻	戏目	时刻
托兆小显	一刻十	射戟	二刻五
马上缘	一刻五	玉玲珑	二刻十
胭脂虎	三刻	镇潭州	三刻十
岳家庄	二刻十	穆柯寨	三刻十
临江会	四刻五	延安关	一刻十
黄鹤楼	三刻五	群英会	五刻
得意缘	五刻	虹霓关	四刻
破洪州	四刻	借赵云	二刻
打金枝	三刻	雅观楼	一刻十
飞虎山	三刻	御碑亭	五刻
玉门关	二刻十	白门楼	三刻五
美人计	四刻	夺小沛	三刻
朱仙镇	六刻		

是岁素云于外，又自立庆寿班，但不久即散。此时王楞仙、陆华云皆先后物故，论小生，自应推素云第一。盖朱少有昆曲根底，念白唱词，步法身段，无不并臻于妙。余昔尝观其"黄鹤楼"之周瑜，虽年逾不惑，而风采如旧，所谓偁俍

潇洒，英俊风流者，诚足当之而无愧也。宣统初，又搭春庆与陈得林、余庄儿、王瑶卿等同台。民国以后，与尚小云合演为久。娶李氏，系秦腔名花旦李富财号蔼卿之胞妹。有子早卒，孙一，曰盛龄，习青衣，富连成四科学生。朱以民国十九年，旧历六月十五日卒，年五十九岁，其孙辈，闻今已零落不堪矣。

陆库

陆库艺名杏林，为前供奉陆双玉次兄佩湘之子。生于同治初元。幼入三庆坐科，习昆乱小生，以形容寒削，演穷生戏为最工，故于"红鸾喜"之莫稽，"连升店"之王名芳，"状元谱"之陈大官，"关王庙"之王景龙诸角，其神情之佳，虽王楞仙且有不及。出科之后，仍搭三庆。光绪九年该班花名，曾见著列。十七年入春台，明年复回三庆，二十二年同，二十三年入春和，二十七年入福庆，旅又搭玉成。三十三年《都门纪略》录其戏曰："玉玲珑"韩世忠，"御碑亭"柳生春，"红鸾喜"莫稽。宣统元年，改入双庆。三年正月二十八日，与李六范福泰等，并被选入署。未几，即罹疾病，遂于五月初十日，被裁革。或传杏林既充供奉，其心殊快，孰意入宫后，未及上场，而忽发癫疾，甫抵家，而病又愈，因是不敢再往，托辞引退，或信或否，不可知矣。民国六年秋间卒，葬于松柏庵义地，子振泉，为立石以志其处云。

冯蕙林 梆子

蕙林字振东，生于同治五年五月二十五日。其先来自苏州，后占籍京师，父营商业。蕙林幼年，拜戴锦山为师，习小生，以靠把儿长。光绪十八年搭三庆出演，该班花名曾见著列。时蕙林年才二十余，而声誉亦显，则其不群于众，为可知矣。二十二年，仍搭三庆，尝随班入宫承应。二十五年，改入同庆，常与谭金培、金秀山等合演。庚子后，入福寿班，宣统三年在喜庆班。是年五月，陆杏林因病革退，即用蕙林，递补其缺。按杏林本为补王楞仙者，今既改选蕙林，故凡王所演之戏，冯亦悉能演之，而其名，亦能与艺称，足可为楞仙之后继也。民国以来，尝任承平、斌庆等班教习，最近应戏曲学校之聘，为之授课。有子五人，长子坐科长春，习武生，五子宇兰，习小生，由其父亲授，今历搭各班，声名渐起。住家在椿树三条，余亦尝数与晤面，畅谈甚洽云。后以民国三十年九月间卒，年七十六岁。

马全禄 梆子

全禄直隶河间人，生于同治五年丙寅。幼习梆子小生，系请专师教授者。艺成至京，即搭玉成班出演，相九箫最倚重之，尝随班入内演唱。二十五年，该班底册，列小生第一。同年又搭庆春出演，时胖小生在义顺和，王小旺在宝胜和，皆系梆子小生之秀出者，与马并称，曰三杰焉。以光绪二十一年十二月初二日，挑选入署，每赏在四五两之间，所演戏，则如下列：

二十五年四月初八日	纯一斋
双锁山 侯俊山	
二十六年四月初一日	颐乐殿
拾玉镯 李子山	
二十八年正月初一日	宁寿宫
双锁山 侯俊山	
二月十五日	同
蝴蝶梦 侯俊山	
五月初四日	同
蝴蝶梦 侯俊山	
二十九年十二月十五日	同

　　　　谢　冠 相九箫
　　　二十九日　　同
　　双锁山 相九箫

至光绪三十二年，全禄因病退差。宣统三年正月二十八日，始再回署。国变后，即不尝出演，民国十二年卒，年五十八岁。

李玉福 梆子

玉福本作玉贵，直隶涿州人，生于光绪二年丙子。年十二入玉成坐科，习梆子花旦。光绪十三年，随赴沪上，至十七年返京。越二年随全班入宫承应，二十五年，除玉成外，复兼搭庆春班。光绪三十年三月二十九日，以小生挑选入署，所演多充配角，无甚可录。在外则仍唱花旦。三十三年《都门纪略》，载其戏为"遗翠花"春香，"闯山"董金莲，"杀狗"萧氏等出。民国以后，弃去伶业，迄今仍在旧京居住云。

旦

乔蕙兰 昆

乔蕙兰者，号纫仙，小名桂祺，冀州人。先世以营商至京，及蕙兰始入梨园行。蕙兰生于咸丰九年己未，幼在章丽秋之佩春堂为弟子，习昆腔小旦，同治十年辛未出台，演于三庆、四喜等班，《菊部群英》尝载其戏目如下：

花鼓（婆子） 折柳（霍小玉） 偷诗（陈妙常） 盗绡（红绡） 琵琶行（花秀红） 戏叔（潘金莲） 说亲回话（田氏） 游园惊梦（杜丽娘）

及出师之后，颇能自立，旋受业师张云亭之提拔，于光绪十年二月二十七日，以教习保荐入署。时署中昆曲人材，最感零落，福喜既死，而云亭又老，凡有重戏，悉由蕙兰饰之，承应之频，与所得赏赐，悉与王阿巧等，统计所演，有如下列：

    十年三月初二日   漱芳斋
   琴 挑 _{王阿巧}
    乔 醋 _同
     初六日   同
   亭 会 _{王阿巧}
    偷 诗 _同
    四月初三日   同
    昭 君
   相 约 _{张云亭}
     初四日   同
   游园惊梦

"独占"是日奉上谕改名"阿寿"。

     初八日 漱芳斋
   小 宴 _{王阿巧}
     十四日   同
   讨 钗 _{张云亭}
     十五日   同

下卷 旦

姑阻失约 张云亭 王阿巧
　偷　诗 王阿巧
　　六月初一日　　同
　乔　醋 王阿巧
　　十五日　　同
跪　池 王阿巧 陈寿峰
　琴　挑 王阿巧
　　二十六日　　同
　赏　荷 王阿巧
　　亭　会 同
　　二十七日　　同
　定情赐盒 王阿巧
　偷　诗 同
　　七月初一日　　同
　　讨　钗
　　十五日　　同
姑阻失约 张云亭 王阿巧
　　八月十三日　　同
　相　约 张云亭
　偷　诗 王阿巧
　　二十六日　　同
　偷　诗 王阿巧
　　九月初二日　　同
　亭　会 王阿巧
　　初七日　　同
昭　君 姚阿奔 汪十儿
　　初九日　　同

369

相约相骂 张云亭
阳关折柳 鲍福山
　　　十三日　　同
乔　醋 王阿巧
　　　二十日　　同
赏　秋 王阿巧
　　　十月初一日　　长春宫
　　扫花三醉
琴　挑 王阿巧
　　　初三日　　同
讨　钗 张云亭
　　看　状
　　　初四日　　同
亭　会 王阿巧
　　　初五日　　同
阳关折柳 鲍福山
　　　初六日　　同
琴　挑 王阿巧
圆　驾 王阿巧 陈寿峰
　　　初十日　　同
　　思　凡
　　　十四日　　宁寿宫
琴　挑 王阿巧
　　亭　会　同
　　　十七日　　长春宫
梳妆掷戟 方振泉 鲍福山
　　　十九日　　同

劝 妆	张云亭	
定情赐盒	王阿巧	
十二月初一日		漱芳斋
亭 会	马得安（内）	
十五日		同
琴 挑	王阿巧	
二十三日		同
乔 醋	王阿巧	
十一年正月初一日		长春宫
后 亲	王阿巧	
初二日		同
絮 阁	马得安 何庆喜（内总管）	
初四日		同
昭 君	姚阿奔 汪十儿	同
初五日		同
亭 会	王阿巧	
十二日		同
扫花三醉		
琴 挑	王阿巧	
独 占	同	
十六日		同
亭 会	王阿巧	
十七日		同
阳关折柳	鲍福山	
十八日		同
乔 醋	王阿巧	
十九日		同

盘　夫	王阿巧	
南　浦	同	
二月初一日		漱芳斋
赏　荷	王阿巧	
三月初一日		同
昭　君		
十二日		丽景轩
亭　会	王阿巧	
梳妆掷戟	方振泉　王阿巧	
十五日		漱芳斋
偷　诗	王阿巧	
二十一日		同
乔　醋	王阿巧	
四月初八日		同
游园惊梦		
十五日		同
琴　挑	王阿巧	
五月初九日		同
琴　挑	王阿巧	
六月十五日		同
偷　诗	王阿巧	
二十五日		同
昭　君	姚阿奔	
二十六日		同
亭　会	王阿巧	
七月初一日		同
盗　绡	王阿巧	

醉　归　同
　　　十五日　　同
圆　驾　王阿巧
　　　八月初三日　　同
琴　挑　王阿巧
　　　二十六日　　同
讨　钗　张云亭
絮　阁　王阿巧
　　　二十七日　　同
赏　秋　王阿巧
　　　九月十五日　　同
偷　诗　王阿巧
　　　十月初一日　　长春宫
定情赐盒　王阿巧
梳妆掷戟　鲍福山　方振泉
　　　初七日　　同
茶叙问病　王阿巧
小　宴　同
　　　初九日　　同
乔　醋　王阿巧
　　　十一日　　同
相约讨钗　张云亭
赏　荷　王阿巧
　　　十二日　　同
亭　会　王阿巧
　　　十三日　　同
赏　秋　王阿巧

　　　　　十五日　同
醉　归 王阿巧
　　　　　十六日　同
　　　盗　绡
　　　　　十八日　同
　　　草桥惊梦
　　　十一月初一日　同
阳关折柳 鲍福山
　　　　　十七日　同
乔　醋 王阿巧
　　　　　二十一日　同
赏　秋 王阿巧
　　　梳妆掷戟
　　　昭　君
　　　　　二十二日　同
琴　照 王阿巧
姑阻失约 张云亭
赏　荷 王阿巧
　　　　　二十三日　同
亭　会 王阿巧
　　　十二月初一日　同
乔　醋 王阿巧
　　　　　十五日　同
瑶　台 王阿巧
　　　　　十六日　同
阳关折柳 王阿巧
相约讨钗 张云亭

二十九日	同

絮 阁 _{王阿巧}

三十日	同

乔 醋 _{王阿巧}

十二年正月十二日	长春宫

游园惊梦 _{王阿巧}

乔 醋 _同

十三日	同

独 占

十五日	同

亭 会 _{王阿巧}

十九日	同

茶叙问病 _{王阿巧}

二月十六日	漱芳斋

琴 挑 _{王阿巧}

偷 诗 _同

二十二日	同

亭 会 _同

乔 醋 _同

二十三日	同

后 亲 _{王阿巧 张云亭}

三月初九日	同

讨 钗 _{张云亭}

十五日	丽景轩

乔 醋

二十七日	漱芳斋

独 占

	四月初八日	同
醉　归 王阿巧		
	十六日	同
游园惊梦		
	五月初六日	同
	琴　挑	
	十五日	同
偷　诗 王阿巧		
	二十日	同
乔　醋 王阿巧		
	六月初一日	同
偷　诗 王阿巧		
	七月初一日	宁寿宫
亭　会 王阿巧		
相约讨钗 张云亭		
	初七日	同
后　亲 王阿巧		
	十五日	同
秋　江 王阿巧 张云亭		
	八月初一日	同
乔　醋 王阿巧		
	九月初一日	同
梳妆掷戟 方振泉 鲍福山		
	十一日	同
琴　挑 王阿巧		
	十月初九日	长春宫
琴　挑 王阿巧		

赏　秋	同
偷　诗	同
十六日	同
亭　会	王阿巧
十七日	同
偷　诗	王阿巧
十八日	同
游园惊梦	王阿巧
十一月二十七日	同
醉　归	王阿巧
小　宴	同
二十八日	同
偷　诗	王阿巧
十二月十五日	同
昭　君	
十三年二月十五日	同
偷　诗	王阿巧
七月十八日	漱芳斋
乔　醋	王阿巧
八月初四日	同
琴　挑	王阿巧
十四日	同
秋　江	王阿巧
十五日	同
亭　会	王阿巧
九月初一日	同
偷　诗	王阿巧

　　　　十月十五日　　　长春宫

游园惊梦 王阿巧

　　　　十一月初八日　　同

亭　会 王阿巧

　　　　十二月二十九日　　同

亭　会 王阿巧

　　　　十四年正月十七日　同

梳妆跪池

　　　　二月十五日　　　漱芳斋

琴　挑 王阿巧

　　　　四月初五日　　　同

赏　荷 王阿巧

　　　　　初八日　　　　同

琴　挑 王阿巧

　　　　五月初四日　　　纯一斋

　　　昭　君

　　　　六月十五日　　　同

梳妆跪池 王阿巧

　　　　八月十一日　　　同

乔　醋 王阿巧

　　　　　十四日　　　　同

梳妆掷戟 方振泉 鲍福山

　　　　九月初一日　　　同

游园惊梦 王阿巧

　　　　　初九日　　　　同

偷　诗 王阿巧

　　　　十月十一日　　　长春宫

游园惊梦 _{王阿巧}
　　　十三日　　纯一斋
琴　挑 _{王阿巧}
　　十一月十五日　　同
琴　挑 _{王阿巧}
　　十二月初二日　　长春宫
偷　诗 _{王阿巧}
　　　初四日　　长春宫　大征
茶叙问病 _{王阿巧}
　　　初九日　　同
乔　醋 _{王桂花}
　　　二十三日　　同
　　絮　阁
　　　二十八日　　同
乔　醋 _{王桂花}
　十五年正月初一日　　同
亭　会 _{王阿巧}
　　　初六日　　同
偷　诗 _{王阿巧}
　　　十五日　　同
琴　挑 _{王桂花}
　　三月初二日　　纯一斋
醉　归 _{王桂花}
　　　十六日　　长春宫
小　宴 _{王桂花}
　　四月初一日　　纯一斋
琴　挑 _{王桂花}

初七日	同
亭　会　王阿巧	
初八日	同
阳关折柳　王桂花	
十五日	同
乔　醋　王阿巧	
六月初一日	同
梳妆掷戟　王桂花	
十五日	同
絮　阁　王阿巧	
二十六日	宁寿宫
亭　会　马得安	
八月十四日	纯一斋
亭　会　王阿巧	
十五日	同
阳关折柳　王桂花	
十月初一日	同
亭　会　王桂花	
初七日	同
琴　挑　王桂花	
十五年十月初八日	同
梳妆掷戟　王桂花	
初九日	同
乔　醋　王桂花	
十一日	同
阳关折柳　王桂花	
十二月初九日	长春宫

亭　会　王桂花

十六年正月初一日　　同

琴　挑　王桂花

　　　初二日　　同

独　占　王桂花

　　　初五日　　同

亭　会　王桂花

　　　初十日　　同

醉　归　王桂花

　　　十六日　　纯一斋

琴　挑　王阿巧

闰二月初一日　　同

梳妆掷戟　王桂花

　　　十三日　　同

醉　归　王桂花

　　　十四日　　同

琴　挑　王桂花

　　　二十四日　　同

乔　醋　王桂花

　　　四月初三日　　同

独　占　王桂花

　　　五月初六日　　同

乔　醋　王桂花

　　　初七日　　同

阳关折柳　王桂花

　　　六月二十六日　　同

琴　挑　王桂花

八月初四日	同
琴挑 王桂花	
九月十四日	同
醉归 王桂花	
十五日	同
梳妆掷戟 王桂花	
十月初一日	颐年殿
独占 王桂花	
十一日	同
琴挑 王桂花	
十二月二十二日	同
亭会 王桂花	
二十三日	同
小宴 王桂花	
三十日	同
琴挑 王桂花	
十七年正月初十日	同
独占 王桂花	
琴挑 同	
十五日	同
阳关折柳 王桂花	
三月初一日	同
梳妆掷戟 王桂花	
六月十五日	同
琴挑 王桂花	
二十四日	同
小宴 王桂花	

十月初七日　　同
乔　醋 王桂花
　　　十五日　　同
阳关折柳 王桂花
　　十一月初一日　　同
梳妆掷戟 王桂花
　　　二十四日　　同
琴　挑 王桂花
　　　二十五日　　同
醉　归 王桂花
　十八年正月初二日　　同
琴　挑 王桂花
　　　十六日　　同
阳关折柳 王桂花
　　四月初一日　　纯一斋
独　占 王桂花
　　八月初五日　　同
赏　荷 王阿巧
　　九月初九日　　同
定情赐盒 王阿巧
　　　十二日　　同
琴　挑 王桂花
　　十二月三十日　　长春宫
琴　挑 王桂花
　十九年二月十七　　颐年殿
乔　醋 王桂花
　　四月初四日　　漱芳斋

亭　会 _{王桂花}

　　小　宴 _同

偷　诗 _{王阿巧}

　　初五日　　　同

琴　挑 _{王桂花}

　　初八日　　　同

梳妆跪池 _{王阿巧}

　　十五日　　　同

梳妆跪池 _{王阿巧}

　　二十日　　　同

定情赐盒 _{王阿巧}

瑶　台 _{鲍福山}

　　五月初九日　颐年殿

亭　会 _{王桂花}

　　六月十五日　同

梳妆掷戟 _{鲍福山}

二十一年十一月二十日　同

　　偷　诗 _{王阿巧}

二十三年十二月初一日　同

　　乔　醋 _{王桂花}

二十五年二月十六日　同

　　偷　诗 _{王阿巧}

二十八年正月初十日　宁寿宫

　　偷　诗 _{王阿巧}

　　三月二十三日　同

　　亭　会 _{王阿巧}

　　四月初四日　同

琴　挑 王阿巧
　　　十月十五日　　颐乐殿
乔　醋 王桂花
　　　十二月初八日　　宁寿宫
琴　挑 王桂花
　　　二十九日　　同
跪　池 王桂花
　　　二十九年正月初十日　　同
乔　醋 王桂花

　　自光绪中叶以后，都中昆曲，几致绝迹（指外边言），故蕙兰在外，亦甚少搭班，仅光绪二十八年，一度见于洪庆奎中，及清室灭亡，内职罢辍，蕙兰即家居不出。时已置宅在粉房琉璃街路东，间或为朋知所挽，亦偶出任教师，除在富连成三科授艺外，梅兰芳、尚小云、程艳秋等之昆腔戏，悉出乔所亲授，故能使真正昆山一脉之传，得保留于今日者，盖蕙兰一人之力也。民国十八年六月二十九日卒，年七十一岁。有子二，长玉琳，习管事，次玉泉，习打鼓，今不时出入各戏园中，而知者鲜矣。

纪长寿 弋腔

　　长寿一名德泰，字云青，又字英鹏，行大，京兆旗籍人；生于道光十八年戊戌。幼在豫王府玩票，习弋腔正旦。光绪初搭安庆班出演，三年该班底册，列占行第二；九年又入恩庆，十四年在小恩荣任教习。晚清之际，弋腔已归衰竭，论旦色则必推纪大、惠二，外此无闻矣。其挑差事，则在光绪九年四月三日，系与刘长喜同时被选者，既入之后，承应颇繁，统计所演，有如下列：

　　　　九年六月十二日　　　漱芳斋
　　　　　卖　菜 刘长喜　　赏银三两
　　　　　　十五日　　　　同
　　　　　赐　带 刘长喜　　银四两
　　　　　　七月初一日　　同
　　　　　卖　菜 刘长喜　　银三两
　　　　　　初七日　　　　同
　　　　　　抱妆盒
　　　　　九月初三日　　　同
　　　　　殷氏祭江
　　　　　　初五日　　　　同
　　　八戒成亲 白进贵（内）
　　　　　　女　诈
　　　　　十月初六日　　　长春宫
　　　　　　骂　城　　　　银八两
　　　　　　十三日　　　　同
　　　　　　演寿戏　　　　赏银十五两
　　　　　十二月初一日　　同
　　　　　　三元记
　　　　　十年四月初一日　漱芳斋
　　　　　　当绢投水
　　　　　　六月十五日　　同
　　　怀　春 阿福（即惠二）
　　　　　　九月初二日　　同
　　　　　　拷　红 阿福
　　　　　　初九日　　　　同
　　　　　　怀　春 阿福

十三日	同
赐　带 刘长喜	
二十六日	丽景轩
八戒成亲	
十月初四日	长春宫
玉面怀春 阿福	
十一月十五日	漱芳斋
卖　菜 刘长喜	
十一年正月十五日	长春宫
殷氏祭江	
三月初一日	漱芳斋
玉面怀春 阿福	
二十一日	同
拷　红 阿福	
四月初八日	同
上路魔障 李金福（内）	
十一月初一日	长春宫
上路魔障 李金福	
十二月初一日	同
三元记	
三十日	同
八戒成亲 白进贵	
十二年正月十二日	同
怀　春 阿福	
十四年六月十五日	纯一斋
上路魔障 李金福	
十五年六月二十六日	宁寿宫

上路魔障 _{李金福}
卖　菜

未几，因刘长喜、惠二先后亡故，一人不能独演，遂改为打家伙。光绪二十四年，昆弋庆寿班成立，邀纪加入，出演于崇外广兴茶园，但不一年即散。宣统三年正月十八日卒，年七十四岁。

惠成 弋腔

惠成行二，号仲秀，京师旗籍人，家在隆福寺东剪子巷居住。幼年在豫王府票房，习唱弋腔正旦，初搭安庆班出演，同治十一月该班花名及光绪三年之花名，并见著列。旋又赴京东一带，曾在玉田、王绳祖所立之益合班任教习，所谓益字辈如侯益太、朱益琤等，即多为仲秀弟子。九年回京，搭恩庆班；及小恩荣成立，亦请惠为教师，以光绪九年九月初八日，挑选入署，赏月银二两，白米十口，所演之戏，则如下列：

九年十一月初一日	长春宫
鬼辩	
十二日	同
拷红	
十二月初一日	同
三元记 _{纪长寿}	
十年正月初五日	同
赠钗	
初十日	同
女诈	

二月初一日　　漱芳斋
　　　拷　红
　　　十五日　　同
　　　宫花报喜
　　三月初七日　　同
　　　尼姑思凡
　　四月初三日　　同
　　吃　糠 白进贵（内）

是日奉上谕改名阿福。

　　　　初八日　　漱芳斋
　　　八戒成亲
　　　十四日　　同
　　　油漆罐
　　　十五日　　同
　　　梦　榜
　　　赠　钗
　　五月初一日　　同
　　　拷　红
　　六月十五日　　同
　　怀　春 纪长寿
　　七月初一日　　同
　　　宫花报喜
　　九月初二日　　同
　　拷　红 纪长寿
　　　初七日　　同

　　　　梦　榜
　　　　初九日　　同
　怀　春 纪长寿
　　　　十月初四日　长春宫
　玉面怀春 纪长寿
　　　　十七日　　同
　　　　梦　榜
　　　　十一月十五日　漱芳斋
　　　　赠　钗
　　　　二十三日　同
　蒙正祭灶 刘长喜
　十一年正月初一日　长春宫
　　　　宫花报喜
　　　　三月初一日　漱芳斋
　玉面怀春 纪长寿
　　　　十二日　　丽赐轩
　赐　带 刘长喜
　　　　二十一日　漱芳斋
　　　　拷　红
　　　　四月初三日　同
　　　　宫花报喜
　　　　七月初三日　同
　　　　梦　榜
　　　　十二月初一日　长春宫
　三元记 纪长寿
　　　　二十九日　同
　　　　还乡团圆

十二年正月初二日	同	
怀　春 _{纪长寿}		
八月十四日	宁寿宫	
讨　钗		
十五年六月二十六日	同	
梦　榜		

按仲秀自十年四月三日，由上谕令改为阿福后，档案所录，即悉依此入册，与乔蕙兰之写阿寿者，同一例也。以光绪十六年正月十八日卒，年五十四岁。仅一女，入某邸为妾，今其嗣无矣。

时小福[1]

小福正名庆，字琴香，一号赞卿，江苏吴县人。道光二十六年丙午，九月初九日生。幼遭洪杨之乱，避难来京，年仅十二。学于清馥徐阿福，先居春馥，后主绮春，皆隶四喜部者。琴香环姿靡丽，神采飞扬，当其被祎翟，尚琼英，细步甗瓐，严然华贵，以酡粹胜也。于技，昆乱皆精，尤擅卷袖青衣，如"桑园会""教子"等戏；盖其仪闲体静，身分恰合，每引喉一歌，广场百诺，重垣属耳者，亦皆叹赏；至节烈悲愤处，能感人泣下。平时喜与文士游，善谈噱，能饮酒，觥筹交错，舌本澜翻，辄能使四座倾倒，所谓人皆劫劫，而我独有余光，李纯客《越缦堂日记》，称时与朱霞芬、钱秋菱为花部三珠，亦可想见其时誉之盛矣。若为人，则天性独真，可共患难，同业中有困厄，无不尽力援救，于交友亦然。传所认有江南士人二，欲捐资补官，而苦于拮据，商之琴香，拟各借银千两，以十六缴官，十四为路费，事就倍偿之，而琴香亦非厚资

---
[1] 陈志明先生修正了该条目的部分内容，在此表示感谢。

者，乃转贷于人，以房契作押，而署券焉。追二人外补后，遑论还金，即消息亦杳如黄鹤，不得已自卖房产，为清此债，且口无怨言，委诸天命，其行谊实有足多者。四喜部自蕙仙殁后，其班务即归琴香承管，时值孝贞国服，海内遏密，班中人衣食之费，悉由时一手筹措，其同曹感激，至今犹能言之，称为善人不置。又尝与程长庚、俞菊笙辈，同膺梨园会首，所成就于人者甚众。梨园旧规，凡在京城内，欲组织新班者，须先将所拟班名，交由四大会首，向内务府堂郎中处，请求立案，俟其批准，方得开演。于此四人中，有一为之代呈便可，批出后，仍须四会首签字，方有效。光绪间，有许多新班，以时之和霭可亲，多往恳之，而时亦不辞劳瘁，足履破败，弗惜也。其后卸去班务，不常出演，只供奉内庭，慈禧后知其嗜好杯中物，当与孙菊仙合演"群英会"时，曾敕赐御酒，令在台上饮之，亦殊典也。其入署为在光绪十二年二月十五日，系与二李及孙菊仙同时被选者，赏与孙同，而承应亦未尝落后，统计所演，有如下列：

十二年二月十六日　　　漱芳斋
　　探　母 _{孙菊仙}
　　彩楼配
　二十二日　　　同
　　玉堂春
　二十三日　　　同
　群英会 _{孙菊仙（小生）}
　　宇宙锋
　三月初八日　　同
　　祭　江
　初九日　　　　同
　　戏　妻 _{孙菊仙}
　　射　雁

十五日	景轩丽
射雁	
四月初四日	漱芳斋
祭塔	
初五日	同
探窑	
初八日	同
小宴	
十六日	同
斩窦娥	
五月初五日	同
射雁	
初六日	同
宇宙锋	
十五日	同
教子	
六月初一日	同
南天门	
初五日	宁寿宫
彩楼配	
十五日	同
小宴 王阿巧	
射雁	
二十五日	同
彩楼配	
七月初七日	同
祭塔	

八月十四日	同
教　子	
九月初一日	同
教　子	
十一日	同
拦　江	
十三日	丽景轩
祭　江	
十五日	同
斩窦娥	
十月初一日	长春宫
击　掌	
初八日	同
射　雁	
十一日	同
彩楼配	
十三日	同
阳关折柳 _{鲍福山}	
十六日	同
拦　江	
十一月二十七日	同
四郎探母 _{孙菊仙}	
二十八日	同
战蒲关 _{孙菊仙 李顺亭}	
十三年十月初一日	同
阳关折柳 _{鲍福山}	
十四年正月初四日	同

阳关折柳	鲍福山	
四月十五日		纯一斋
阳关折柳	鲍福山	
十二月二十九日		长春宫
小　宴	王桂花	
十九年四月初五日		潊芳斋
阳关折柳	王桂花	
二十一年十一月二十日		颐年殿
折　柳	王桂花	
二十三年十二月十五日		同
五花洞	陈得林	
二十四年正月初五日		同
孝感天	孙怡云	
二十五年四月十五日		纯一斋
一捧雪	龙长胜	

是岁秋月，琴香在外，往应某堂会之召，有记名弟子张蔼卿者，当演"五花洞"，夜将半，张犹未到，乃愤而自登台出演，唱毕饿甚，归家后，饮酒食肉过量，翌日大吐不止，遂病。明年五月十三日逝世，年五十五岁。值拳匪扰京师，乃移灵下斜街长春寺，后改葬永定门外焦家花园。有子四，皆正室陈氏所出，长炳奎，即德宝，次子炳章，即慧宝，字曰智侬，再次炳郁，小名四宝，即玉奎，再次炳文，小名十宝。幼女为陈德林先生续弦。炳奎、炳文皆早卒，余未及见，所见者玉奎、慧宝。所授门徒，后有玉仙、金仙、兰仙、顺仙，前则云仙（姓张）、艳仙（秦）、桐仙（陈）、凌仙霭仙（吴）、仪仙（王）、畹仙（章）、笛仙（翟）、云仙等，尝于重阳节为其师称觞，是有八仙庆寿之佳传云。

附《菊部群英》所录绮春主人戏目：

挑帘做衣（潘金莲） 折柳（霍小玉） 小宴（杨贵妃） 彩楼配（王宝川） 击掌 探窑 跑坡 回龙鸽（俱同上代禅公主） 赶三关（代禅公主） 打金枝（正平宫公主） 金水桥（西宫银屏公主） 法门寺（宋巧娇） 探母（四夫人） 教子（王春娥） 戏妻（罗敷） 斩子（穆桂英） 祭江（孙夫人） 汾河湾（柳迎春） 斩窦娥（窦娥） 南天门（曹玉莲） 二进宫（李燕妃） 宇宙锋（赵小姐） 芦花河（樊梨花） 放羊圈（赵景棠） 玉堂春（苏三） 虹霓关（丫环）

又《菊台集秀》所录除前见外，尚多小生数出如下：

群英会（周瑜） 孝感天（公叔段） 雁门关（杨八郎） 打金枝（郭暧）

陈德林[1]

　　陈德林者，名鋆璋，字麓畊，号潊云，小名石头，顺天宛平人也，旗籍。祖世寿，世袭二等子爵，任山东青州副都统，伯父名广忠，承袭子爵，父名广志，行二，在山东武定业粮行，母滕氏。得林同治元年九月初五日生，十二岁，入全福班习昆旦，艺名金翠。未几，入改三庆坐科，排林字，得今名，从长庚子章圃，习刀马旦。长庚对班中子弟，督促最严厉，传授一字音，一手式，或阅时数月，非达准确地步，必不令改习，鞭仆之加，日有所闻，诸生后来得多享盛名者，以根柢深厚故也。年十九出科，后又从田宝琳兼学乱弹青衣，搭三庆出演如故。光绪九年，该班花名，及十三年《都门纪略》，皆见著录。十八年，与谭金培、王楞仙合资，重兴三庆。二十二年与余玉琴、贾丽川等，成立福寿科班，宣统元年，曾搭春庆。其挑差事，则在光绪十六年五月二十五日，

---

[1] 陈志明先生修正了该条目的部分内容，在此表示感谢。

每承应，赏如孙秀华之数，所演各戏，有如下列：

十六年六月初一日　　纯一斋
　　　　昭　君

十月初八日　　颐年殿
　　　　昭　君

十七年正月十二日　　同
　　　小　宴　王桂花

　　　　十三日　　同
断　桥　常顺（本）

五月初六日　　纯一斋
　　　絮　阁　王桂花

八月十五日　　同
　　　琴　挑　王桂花

十月初八日　　颐年殿
　　　　昭　君

初九日　　同
　　　琴　挑　王桂花

十一日　　同
游园惊梦　王桂花

十八年正月初五日　　同
　　　小　宴　王桂花

八月初五日　　纯一斋
　　　　昭　君

十月十五日　　颐年殿
　　　小　宴　王桂花

十九年四月初八日　　漱芳斋

絮　阁　王阿巧
　　　十五日　　　同
游园惊梦　王桂花
　　　十九日　　　同
乔　醋　王桂花
　　　二十日　　　同
小　宴　王桂花
二十年二月十四日　　颐年殿
　　　昭　君
二十二年八月十五日　颐乐殿
琴　挑　王桂花
二十三年十二月十五日　颐年殿
五花洞　时小福
　　　二十三日　　同
二进宫　孙菊仙
二十四年正月十三日　同
御碑亭　孙菊仙　王桂花
　　　二月初四日　同
孝感天　孙怡云
　　　十二月二十八日　同
探　亲　罗寿山
二十五年六月十五日　纯一斋
琴　挑　王桂花
　　　七月初七日　同
宝莲灯　谭金培
　　　十月初九日　颐年殿
御碑亭　谭金培

	十一日	同
昭　君		
	十五日	同
琴　挑		
二十六年正月初四日		同
戏　妻 _{谭金培}		
	十九日	同
孝感天 _{孙怡云}		
	二月初一日	同
满床笏 _{龙长胜}		
	三月十五日	颐乐殿
二进宫 _{李顺亭}		
	四月十六日	同
孝感天 _{孙怡云}		
	五月十五日	纯一斋
宝莲灯 _{李顺亭}		
二十八年正月初一日		宁寿宫
昭　君		
	初十日	同
宝莲灯 _{李顺亭}		
	十五日	同
奇双会		
	十六日	同
孝感天 _{孙怡云}		
	十九日	同
昭　君		
	二月十五日	同

　　　　　祭　江
　　　四月初四日　　同
　孝感天 熊连喜
　宝莲灯 李顺亭
　　　　五月初四日　　同
　赶三关 李顺亭
　　　　六月二十日　　同
　二进宫 谭金培　郎得山
　　　　七月初一日　　同
　牧羊圈 李顺亭
　　　　二十六日　　纯一斋
　二进宫 汪桂芬　郎得山
　　　　八月初一日　　同
　游园惊梦 王桂花
　　　　十三日　　颐乐殿
　探　母 谭金培　孙怡云
　　　　十月十四日　　同
　　　　　昭　君
　　　　十五日　　同
　探　母 罗寿山
　　　　十一月二十六日　　宁寿宫
　絮　阁 王阿巧
　　　　十二月二十九日　　同
　落　园 孙怡云
　　　二十九年闰五月十六日　　颐乐殿
　二进宫 汪桂芬　郎得山
　　　　六月二十五日　　同

探亲	罗寿山
二十六日	同
芦花河	李顺亭
十月初十日	同
御碑亭	汪桂芬
十一月十五日	宁寿宫
宝莲灯	李顺亭

光绪三十年十月，上谕令专管文旦角之戏，赏加双份钱粮。民国以后，外边各班，多改名曰社，无一定班址，与固定组织，遂从简略不论。所与演者，仍以谭金培、李顺亭等为多。又先后曾赴南京、蚌埠、沈阳、天津等地演唱，然均为时甚暂。民九秋间，随其婿余叔岩往汉口，出演十日，回京后，即未外出。民十九旧历闰六月初二日卒，年六十九岁。得林住家在前门外百顺胡同，初娶沈氏，系著名昆旦丽华堂沈芷秋之长女，继娶时氏，系小福次女。有姊二，长适袁姓，次适沈小金；妹二，一适赵宝铃，号翠琴，又号仙舫，一适张长保。子二人，曰福喜，小名大套，号少云，从王月芳习老生；曰福寿，小名二套，号少林，从余叔岩学。女二，一适叔岩，一未嫁。门人除票友不计外，如王瑶卿、王蕙芳、梅兰芳、王琴侬、黄桂秋、姜妙香、韩世昌、姚玉芙、俞步兰、李香匀等，皆尝从受业。民十六七之际。在柳树井第一舞台演义务戏，余尚及聆其"战蒲关"一出，郭仲衡饰王霸，刘景然饰刘忠，以花甲老叟，而歌喉圆润，如新炙簧，确乎其艺，有非新进之徒，可以望其项背也。

孙怡云

怡云字芝卿，京师人。父心兰，唱青衣，隶三庆部颇久。怡云生于光绪元年乙亥，幼入钱秋菱门下。初亦尝从严福喜学度昆曲，后则师事田宝林、孙双玉，习皮黄正旦。十二三岁，名已显闻，长洲王韬尝称其端丽如静女，时于言笑中见真性情，并赠以五律一首云："筝柱数华年，依依共绮筵。兴来非有忤，小极倍生怜。逸性宜书画，雏音尼管弦。相逢频掷果，芳思落谁边。"其所赏誉，允为至恰，今接其人，犹不异于童年之娴雅也。至所云宜书画、尼管弦一联，亦属语无泛设，足概平生。盖怡云旧与何维朴善，每从问业，维朴□何道州后，书画家传，由来尚矣。若其歌喉，则出天赋，玉润珠圆，差可比似。年甫弱冠，声名已出陈得林上。光绪十九年，在小丹桂，常时入宫承应，极蒙宸眷。乃于二十一年十二月初二日，选其入署，充任教习，每赏在十二两至三十两之间；所演戏，有如下列：

二十四年正月初五日　　颐年殿
　　孝感天　时小福

二月初四日　　同
　　孝感天　陈得林

八月十五日　　纯一斋
探母回令　孙菊仙　陈得林

二十五年七月初一日　　同
　　南天门　李顺亭

十月十五日　　颐年殿
　　宇宙锋　李永泉

二十六年正月十九日　　同
　　孝感天　陈得林

二月初一日　　同
　　祭江

十五日　　同
　　二进宫　孙菊仙

三月初二日　　同

　　　　宇宙锋
　　四月十六日　　颐乐殿
孝感天 陈得林
二十七年十二月二十九日　宁寿宫
　　教　子 李顺亭
二十八年正月初一日　　同
　　　　落　园
　　十二日　　同
　　　　彩楼配
　　十五日　　同
探　窑 熊连喜
　　十六日　　同
孝感天 陈得林
　　三月初一日　　同
　　　　宇宙锋
　　三月二十三日　　同
　　　　彩楼配
　　四月初四日　　同
南天门 李顺亭
　　十五日　　同
戏　妻 谭金培
　　五月初一日　　同
　　　　祭　江
　　十七日　　同
　　　　宇宙锋
　　十四日　　同
戏　妻 谭金培

　　　　　七月初一日　　同
　　　　　　玉堂春
　　　　　八月十三日　　颐乐殿
　　探　母 谭金培　陈得林
　　　　　　十六日　　　同
　　　　　二进宫 汪桂芬
　　　　　九月初一日　　同
　　　　　　祭　江
　　　　　　十五日　　　同
　　　　　牧羊圈 谭金培
　　　　　十二月初一日　宁寿宫
　　　　　　宇宙锋
　　　　　　二十九日　　同
　　　　　落　园 陈得林
　　　　二十年正月初四日　同
　　　　　　彩楼配
　　　　　　初十日　　　同
　　二进宫 汪桂芬　郎得山
　　　　　十月初七日　　颐乐殿
　　　　　　彩楼配
　　　　　　十五日　　　同
　　　　　　宇宙锋
　　　　　十月十一日　　同
　　　　　　彩楼配
　　　　　十一月十五日　宁寿宫
　　　　　　宇宙锋
　　　　　十二月三十日　同
　　　　　　彩楼配

明年，太后七旬大庆，与谭金培、汪桂芬等，并赏双份钱粮。其在外，则自小丹桂散后，即偕其弟喜云，同入玉成演唱。光绪三十三年《都门纪略》，著录其戏，为"岳家庄"岳夫人，"教子"王春娥，"祭江"孙夫人。民国元年，与谭金培同赴上海，亦深受欢赏。及返京，鉴于梨园行之改组，仅凭一艺，恐犹不能立足，遂又与杨长春互为师友，随之练习胡琴。旋在三乐社任教习，尚小云即其高足弟子。自后常以授徒为事，便不再登台。有子甫亭，唱老旦，为罗福山门人。今住大吉巷路北，余时至其家，往询梨园旧事，侃侃而谈，辄忘日夕，渊穆之气，使人如聆七弦琴，与神俱化，其古之人哉！于今为难得也。

王瑶卿

王瑶卿者，怡云堂主人王彩琳之子也。据《明僮续录》载："彩琳字绚云，江苏淮阴人。孤芳自挺，目无下尘，于侪辈中，有鹤立鸡群之概。"则其在咸同间，得名之盛，可以知矣。彩琳生二子，长瑶卿，次凤卿。当其父卒时，二子幼，不克自存，乃入其姊夫朱桂元之颖春堂为弟子。（见《情天外史》续册）按私寓制度，创于嘉庆中叶，《听春新咏》中，始有堂之名称。时有殷采芝者，字眉卿，苏州人，隶和春部；切其殷姓立堂，号曰日新，在道光间收徒甚众。（见杨掌生《丁年玉笋志》）内有钱金福者（钱阿四胞兄，花脸钱宝奎之父），于后自立维新堂，钱弟子陈兰仙，立嘉荫堂，兰仙有徒李艳侬，立嘉颖堂。（以上均见《菊部群英》）朱桂元者，则嘉颖之所自出也。（见《瑶台小录》）由此而言，则瑶卿后立之怡云堂，按其传统论，实私寓中之最有历史者矣。瑶卿生于光绪八年八月初七日，幼师谢双寿，习皮黄正旦。年十四五，名已大噪，《情天外史》续册，列于妍品，称其擅长之戏，曰"彩楼配""击掌""祭塔""祭江""跑坡""落园""芦花河""五花洞"等，尤妙者"战蒲关"一剧之二夫人，真乃鹃啼夜月，蛩语秋风，并赠诗云："妍色原难妙艺兼，品评应不混施盐。瑶精山草千年瑞，卿指春葱十指纤。"其后能自立，则复怡云堂之旧，新刊《菊台部集秀》录，谓"怡云主人王瑶卿，系绚云主人之子，甲午花榜第一人"。录其戏，已较多"牧羊圈""金水桥""虹霓关""玉堂春"数出。时瑶卿约当弱冠之岁，声名籍甚，各班皆争为延聘，前应陈永元、王福寿之邀，搭喜庆班出演，光绪二十二年，该班花名，尝见著列。二十四年入天福，二十七年入久和，旋又入福寿，以排演"儿女英雄传"八本、"雁门关""梅玉配"诸戏，为世所重。三十年三月十一日，与沈小金同被选入署，外学戏目，录所演戏及时刻如下：

牧羊圈	三刻十	汾河湾	四刻
御碑亭	四刻	乾坤带	三刻
落园	二刻五	玉堂春	三刻五
樊江关	二刻十	芦花河	一刻十
孝感天	三刻	探母回令	六刻
孝义节	二刻十	银空山	四刻十
跑坡	二刻十	沙陀国	二刻五
南天门	二刻十	回龙阁	二刻
打金枝	三刻十	祭江	三刻
戏妻	三刻	赶三关	二刻十
金锁记	二刻	探窑	三刻
宝莲灯	三刻	彩楼配	二刻五
寄子	三刻	女起解	二刻十
祭塔	二刻	击掌	二刻
宇宙锋	三刻十		

三十三年宫内将排"雁门关"剧，瑶卿与陈得林、陆华云，取自有切末进呈，得赏银二百两。其在外，则于宣统元年，改搭春庆班，十二月为代表，列席梨园会议，实行取消私寓制度。民国以后，常与谭金培合演，谭死则搭程艳

秋之班，寓提掖之意，而望其有就也。近数年已辍演，日以授徒为事，所收女伶之众，当为现代第一。按彼五旬寿辰，所列名者，计有雪艳琴、马艳云、李艳香、新艳秋、华慧麟、毛剑佩、李慧琴、李吟香、李沁香、赵岫云等；近则如王玉蓉、赵金蓉，亦为新列门墙。承百余载香天翠海之绪，录十数辈艳容慧性之雌，咏"秦宫一生花里活"句，惟斯人，足与并美矣。

相九霄_{梆子}

相本作想，霄本作霁，姓田氏，名际云，谱曰瑞麟，直隶高阳人也；同治三年十二月二十七日生。十二岁，入涿州白塔村双顺科班坐科，习梆子花旦兼小生。嗣值孝贞国服，该班解散，随班主赵某来京，在粮食店梨园会馆，说白清唱，后至天津，名渐彰，又应上海金桂园主之聘，往唱三年。《瑶台小录》尝称之曰："姿韵幽娴，音调清脆，与凡为秦声者不同"，是亦可想见其当年风采。旋应武得泉之约，于光绪十一年北上，搭入瑞胜和班，与侯后山、李连仲、李燕云等，同台出演；光绪十三年《都门纪略》，具载其号，即作想九霄者。《小录》又云："弱冠后，复之京师；至则结束登场，发吭引声，一座尽惊叹。于是贵人达官，下至贩夫驺卒，无不啧啧想九霄者。或偶觏一面，接一语，则视轩冕圭组之荣，不啻过之。一时声誉所流，遂远胜沪渎十倍，呜呼盛矣！"是岁三月，创立玉成科班；九月，即率全班，再赴申江先，演于天成茶园，后演于新丹桂，自排"佛门点元""错中错""斗牛宫"诸戏。演唱四载，至光绪十七年，返都下，更组大玉成班，班址在长巷头条丰城会馆。其后又聘黄月山、王楞仙等加入，开二黄梆子合演之例，行语名曰，两下锅焉。十八年十一月二十七日，被选入署，每赏多为八两至十二两之数，所承应戏，有如下列：

十九年正月十五日　　颐年殿

烈火旗　侯俊山（小生）

	十九日	同
三疑计 龙长胜		
	七月初一日	纯一斋
双锁山 侯俊山（小生）		
	二十三年十二月十六日	颐年殿
谢　冠 侯俊山（小生）		
	二十八日	同
少华山 侯俊山（小生）		
	二十四年二月初四日	同
海潮珠 侯俊山（小生）		
	二十五年四月十五日	纯一斋
翠屏山 王桂花 侯俊山		
	二十六年正月初二日	颐乐殿
少华山 侯俊山（小生）		
	四月十六日	颐年殿
送　镫 侯俊山（小生）		
	二十五年二月十六日	颐寿宫
谢　冠 侯俊山		
	三月二十三日	同
双锁山 侯俊山		
	六月十五日	同
二本 珍珠衫		
	十一月十七日	同
海潮珠 侯俊山		
	二十九年四月十三日	宁寿宫
卖胭脂 侯俊山		
	十二月初一日	同

芭蕉扇

十五日　　同

谢　冠 _{马全禄}

二十九日　　同

双锁山 _{马全录}

戊戌政变之际，都人士以际云思想新颖，交游众广，故多传为尝与党人通消息，并为德宗进氅履，致下令缉捕，经孙菊仙为之力保，始免于难者。余尝用此说，询诸旧伶官之前，悉皆一笑置之，似未足信其为有征也。庚子，"拳匪"乱作，逃避于外；辛丑回京，仍在署供奉。于外则重建天乐茶园，并起小吉祥科班。宣统元年，首倡取消私寓之议，当于十二月二十一日，召在京各戏班，开代表大会。议定，凡伶人外作应酬者，即不准登台唱戏。取二百年社会不良制度，一举而扩清之，田氏之功，不亦伟欤！未几，遭言官参奏，谓其勾通革党，诋毁政府（指演新剧而言），捕入狱中，百日始放。入民国后复组正乐育化会，以革善梨园内部为宗旨；使京师歌场，顿能与国势并呈焕新气象，厥功亦匪浅者。又尝本男女平等主义，首立崇雅女科班；授徒甚众，亦属近百年旷有之举。民国十四年旧历闰四月初二日卒，年六十二岁。有子两农，唱武生，已于民国六年先卒，年仅二十四岁。今之能言际云者不少，但失实而多胶，无所取材，故兹所传，悉从略焉。

侯俊山 _{梆子}

俊山名达，小名瑞子，号十三旦，俊山则其字也。原籍山西洪桐，后移住张家口。父世昌，以农为业。俊山生于咸丰四年十月十五日；年九岁，入太原府某科班坐科，艺名喜麟，习□子花旦，三月即出台，转演于晋北及张家口一带。同治九年，年十七，始入都，搭全胜和班。甫行登场，名即大著，闾巷传闻，有口皆遍；故《粉墨丛谈》有癸酉（同治十二年）甲戌（十三年）间，十三旦以艳名噪燕都之语。而《越缦堂日记》同治十一年条下，亦云："都中向有梆子腔，多市井鄙秽之剧，惟与台贾竖听之。其旦色有十三旦及海上新来名一阵风者"，是皆纪实之语也。连演五年，值穆宗崩逝，乃停止彩唱，光绪二年开禁，仍在全胜和班，是岁《都门纪略》，载十三旦之戏如下：

三上轿（崔氏）　断桥（白蛇）　牧羊圈（赵锦棠）　三堂会审（玉堂春）

三年丁丑，赴上海，演唱几及一载，光绪四年方北归。后即改搭瑞胜和班，六年《都门纪略》所载，与二年略同。七年，遇孝贞国服，二次南下，越明年返都门，重入瑞胜和，十三年《纪略》所录麟儿，即俊山也。按同治末年，在京梆子戏班，仅双顺和、鸿顺和、全胜和等三班，势力薄弱，与徽班相差远甚。及俊山一出，而情形遽变，使社会风尚，亦能随之转移。清震钧《天咫偶闻》载："光绪初，忽竟尚梆子腔，其声至急而繁，有如悲泣，闻者生哀。余初从江南归，闻之大骇，然士大夫好之，竟难以口舌争。"即俊山，亦尝自谓，当初梆子二黄，界限极严，罕能接近；所有堂会外串之戏，均属用皮黄班者；及彼来京，始有外串演戏事。于以见俊山一身，与梆子腔之发扬方面，实有莫大之关键也。以光绪十八年十二月初四日，挑选入署，每赏在二十两左右，所演之戏，有如下列：

十九年正月十五日　　颐年殿
　　　辛安驿
　　烈火旗　相九箫
　　七月初一日　　纯一斋
　　　双锁山　相九箫
　　二十年正月初四日　　颐年殿
　　　烈火旗
　　　辛安驿

| 二十三年十一月二十八日 | 同 |

双合印 _{刘七儿}

| 十二月十六日 | 同 |

谢　冠 _{相九箫}

| 二十八日 | 同 |

少华山 _{相九箫}

| 二十四年正月初六日 | 同 |

海潮珠 _{龙长胜}

| 十九日 | 同 |

双合印 _{刘七儿}

| 二月初四日 | 同 |

海潮珠 _{相九箫}

| 初五日 | 同 |

延安关

| 八月十五日 | 纯一斋 |

迎　亲 _{刘七儿}

| 十二月二十九日 | 颐年殿 |

放　牛 _{刘七儿}

| 二十五年二月十六日 | 同 |

双合印

| 三月初一日 | 纯一斋 |

紫霞宫

| 四月初八日 | 同 |

双锁山 _{马全禄}

| 十五日 | 同 |

翠屏山 _{王桂花} _{相九箫}

伐子都

| 五月初四日 | 同 |

　　　　　珍珠衫
七月初七日　　同
　　　　　延安关
十月十五日　　颐年殿
　　　　　铁弓缘
十二月初一日　同
　　　　　双合印
　　十五日　　同
　　　　　珍珠衫
　　二十四日　同
　　　　　双锁山
二十六年正月初二日　同
　　　　少华山 相九箫
　　十九日　　同
　　　　　谢　冠
　　二月初一　同
　　　　　紫霞宫
　　初八日　　同
　　　　　双锁山
　　十五日　　同
　　　　　送　灯
三月初九日　　颐乐殿
　　　　　蝴蝶梦
　　十五日　　同
　　　　　铁弓缘
四月初一日　　同
　　　　　紫霞宫
　　十一日　　同

　　　　双合印
　　　　　十六日　　　同
送银灯　相九箫
　　　　　五月初二日　　同
　　　　双锁山
　　　　　初六日　　　同
　　　　海潮珠
二十七年十二月二十六日　　宁寿宫
　　　　铁弓缘
二十八年正月初一日　　　同
　　　　双锁山　马全禄
　　　　迎　亲
　　　　　初十日　　　同
　　　　新安驿
谢　冠　相九箫
　　　　　十二日　　　同
　　　　紫霞宫
　　　　　十五日　　　同
　　　　延安府
　　　　　十六日　　　同
珍珠衫　刘七儿
　　　　　十九日　　　同
　　　　伐子都
　　　　双合印
　　　　　二月十五日　　同
蝴蝶梦　马全禄
　　　　　三月初三日　　同
珍珠衫　刘七儿

二十三日	同
双锁山 相九霄	
四月初四日	同
新安驿	
初八日	同
芭蕉扇	
十五日	同
伐子都	
五月初四日	同
蝴蝶梦 马全禄	
十七日	同
新安驿	
六月初一日	同
海潮珠	
二十七日	同
送　灯	
七月十五日	同
延安府	
二十六日	纯一斋
伐子都	
八月初一日	同
蝴蝶梦	
十三日	颐乐殿
铁弓缘	
十四日	同
紫霞宫	
九月初九日	同
双合印	

十九日	同
紫霞宫	
十月初二日	颐年殿
双锁山	
初四日	颐乐殿
送　灯	
初十日	同
芭蕉扇	
十三日	同
延安府	
十一月十七日	颐年殿
海潮珠 相九箫	
十二月二十九日	宁寿宫
新安驿	
二十九年正月初一日	同
谢　冠	
初二日	同
双锁山	
十八日	颐年殿
双合印	
十九日	同
铁弓缘	
二月初三日	同
蝴蝶梦	
四月初一日	纯一斋
双锁山	
初七日	颐乐殿
伐子都	

初八日	同
延安府	
十三日	宁寿宫

卖胭脂 相九箫

十五日	颐乐殿
蝴蝶梦	
十八日	同
芭蕉扇	
五月初一日	同
迎 亲	
初六日	同
谢发冠	
闰五月十六日	同
海潮珠	
六月十五日	同

拾玉镯 罗寿山

二十四日	同
辛安驿	
二十六日	同
延安府	
七月初二日	同
铁弓缘	
初七日	同
伐子都	
十五日	同

杀 狗 董林元（内）

十九日	同
珍珠衫	

八月初二日	同
迎亲	
紫霞宫	
初八日	同
蝴蝶梦	
九月初九日	同
伐子都	
十月初一日	同
谢冠	
初三日	同
延安府	
初八日	同
芭蕉扇	
十二日	同
双锁山	
十三日	同
辛安驿	
十四日	同
铁弓缘	
十五日	同
延安府	

初俊山在瑞胜和既散后，即改搭宝胜和班，约七八年之久，名见十九年该班底册。至光绪二十四年，乃自立太平和班，庚子之乱辍演。三十年，慈禧太后万寿，十月下谕，谓梆子文武旦角之戏，着侯俊山专管，并加双份钱粮，以酬其绩劳。在外则已搭入玉成班内。三十三年《都门纪略》，录其戏为"汴梁图"刘娘娘，"黄鹤楼"周公瑾，"红梅阁"蕙娘。迄宣统二年，有张国瑞、张斌荣等，复用太平和字号组班，约侯及其他皮黄诸名辈加入，固已非纯粹之梆

子班矣。国政变后之三年，又曾四次赴沪（其第三次，为在光绪十三年），在丹桂第一台演唱，一月即回京。未几，即摆脱伶业，遄返故乡，纳清闲之福，与世无闻。民八，应王琴侬之邀来京，参与丁厚斋宅中堂会，连演"八大锤""伐子都"两出。越数日，又赴津，唱堂会三天。民九，复至，在第一舞台出演十数次，乃北。时家人以侯年近古稀，有曾孙已授室矣，殊不宜登场，再作妇人装，乃决意留须，以示永绝。民国二十四年五月初一日卒，年八十二岁。有子，年三十八岁即殁，孙及孙女各三，其孙皆供职银行界，并有曾孙玄孙数辈，在张，称富厚之家焉。闻侯之为人，资性和蔼，重情感而好义，平日不拘细谨，又每好作诙谐语。在光绪初，与程长庚、徐小香极相得，其"八大锤"一剧即从徐所习。及小香之南返也，俊山送之津门，黯然而别，后每一念及，辄为泪下。民八赴津之际，与陈得林等偕行，暇辄与为笑谑。陈语拙，每为窘迫，经得林弟子王琴侬解围，乃建议使侯与陈结金兰之谊；故民十九，得林卒，俊山于闻电之后，星夜来吊，悲痛异常；高义如此，是岂得以一伶官而目之耶！余前曾有意，往张一访，惜乎已无及矣。

除见上所演在外学戏目所列尚多五出如下：

戏叙　一刻十　　英节烈　九刻五
狮子楼　四刻　　头二凤仪亭　四刻
回荆州　三刻十

老旦

孙秀华

秀华小名二官，唱老旦，与殷荣海等，俱属三庆头科学生；出师后，仍搭该班未他就；同治十二年、光绪九年、光绪十八年等花名单，皆见著录。光绪十六年五月二十五日，与谭、陈、罗并被选入署，担任教习。每承应，悉有厚赏，计六月十五纯一斋，得银二十两，七月初七日三十两，十五日十两，八月初一日二两，初五日十二两，十五日二两，九月初一日十两，十五日十六两，二十七日二两，十月初七日十五两，十五日三十两，十一月初三日十五两，十二日十二两，十五日十两，十二月初四日二两，二十四日二十两，后来亦多仿此。所演戏，则仅知于十六年九月一日，在纯一斋，曾度《红梨记》中"花婆"一出。以光绪二十一年十月二十八日卒，年五十四岁。子二，长曰十六，正名小华，习丑，生盛芳、德治；次曰惠亭，习月琴，现仍随梅兰芳为操弦云。

熊连喜

连喜京师人，幼习老旦，昆乱并臻佳妙，似系前供奉杨瑞祥氏之弟子。同治初即搭四喜，三年《都门纪略》录其戏为"金水桥"长孙后，"马蹄金"柯氏。十二年，该班底册，名列老旦第一，自后见于光绪三年、九年者悉同。十九年，又与高德禄、张胜奎、冯金福、杨荫堂、胡德仲五人，共办四喜，一时有六贼之号。是时，龚云甫以票友新进，为孙菊仙所赏识，欲使有所深就，乃恳之于熊，录为弟子，而教诲焉。二十一年十二月初二日，挑选入署，每赏在七八两之间，所演戏有如下列：

   二十八年正月十五日   宁寿宫
    探 窑 _{孙怡云}
    四月初四日   同
   孝感天 _{陈德林}

是岁六月初七日，而连喜卒，年五十四岁。有子，亦习伶业，但不甚显著。据歌坛老旦首席，享盛名将近三十余年之伶官，今多已不复能知其为何如人矣！

周长顺

长顺安徽人。父名天九，为三庆班名鼓师，即程章圃之先师也。天九死，章圃为立木主于家，岁时祭祀无缺。天九生二子，长长山，唱老生，次即长顺，自幼坐科三庆，初习正旦，见同治十二年该班花名。光绪初外出，演于沪津各地，与杨月楼最称最逆。中叶以后，始返京，乃改唱老旦，光绪十九年在小丹桂，列占行之首，尝随入宫承应。二十二年又兼搭三庆，三庆散，又入福寿班。二十八年六月十一日，与汪桂芬、杨得福等，同被选入署；每有赏在四五两至二十两之间，所承应戏，有如下列：

二十八年六月十五日	宁寿宫
六　殿	
七月初一日	同
钓金龟	
八月十四日	纯一斋
一门忠烈 谭金培	
二十九年七月十五日	颐乐殿
六　殿	
十一月十五日	宁寿宫
六　殿	

三十年慈禧七旬大庆，赏加一两钱粮。于外则改入洪奎出演。或谓长顺之

唱，音宽泛，而微少韵味，但能恪守规矩，典型不坠，自光绪中叶以来，终不失为成名人物。三十三年正月十七日，卒于百顺胡同寓内，年四十有九。

龚云甫

云甫名瑗，又名世祥，京师人；生于同治元年九月十三日。幼年业玉器商，在前外廊房二条宝珍斋学徒；惟性耽歌唱，暇则用以自遣。光绪八九年之顷，有陈毓成者，在元明寺组织票房，邀其加入，初唱老生。十四年，经果桐来、迟韵卿之介，在小洪奎班出演，三月即罢。旋经孙菊仙之提掖，得搭入四喜班中，菊仙以其嗓窄，不宜唱老生，劝改习老旦，并令拜熊连喜门下，时为光绪十八年也。庚子以后，改搭福寿班，日与陈得林、王瑶卿等同演。三十年三月二十九日，挑选入署，食月银二两，白米十口，每赏多在十二两以下，外学戏目，录云甫之戏及演唱时刻如下：

孝义节	二刻五	戏妻	三刻
回龙阁	二刻十	金水桥	四刻
钓金龟	二刻五	探窑	三刻
药茶记	二刻十	滑油山	二刻
望儿楼	一刻十	别宫	四刻
六殿	一刻十	辞朝	二刻
孝感天	三刻	天齐庙	二刻
行路寻子	三刻十	棉山	二刻
劝善金科	三刻十		

三十三年三月，太后传旨，将弋腔中之"上路魔障"（即《劝善金科》之一折）改为二黄，并多加跳鬼，即令云甫与谢宝云学习，既上演，极博宸欢，恩

赏有加。时云甫在外，已改入玉成班演唱，《都门纪略》载其戏，曰"打龙"李宸妃，"六殿"刘氏，"辞朝"佘太君。鼎革以后，尝应刘鸿升之约，搭鸿庆班，遂日演于广和楼之内，价额低廉，每唱必满座；及二人受聘赴沪，该班始散，民七八，在中和，曾以"行路寻子"唱大轴，且座无余地，自来演老旦者，无此魄力也。盖梨园常例，多置于开场或中场，即见于大轴，亦仅充配角而已。独云甫以票友下海，颇自奋发，闲居辄精心研究，其腔调如何而后能圆稳，做派如何而后能传神，如是者，非一日，而其艺乃迥异畴常。论者谓其腔杂青衣，派称革命，洵不诬也。惟其有超众之技，故亦有空前之举，以老旦而唱大轴，固其宜耳。又云甫之为世所重者，不仅以艺，而又能以德。其律己训人，以方寸为贵；用福己福人，修道修心，为处世圭臬；祸福无门，性人自召，以诰诫子孙。鼓师礼顺卿随龚有年，后老迈不能献技，或劝其辞退者，而云甫不忍使无所归养，故每逢堂会，必仍添札鼓金一份，给其家，念旧不忘，帏蔽老马，高谊薄于云霄矣！民国二十一年旧历五月初九日卒，年七十一岁。子汉章，孙涌泉，皆未习伶业，而颇能树立。私淑弟子有禹敬臣（即卧云居士）、李多奎等。龚之琴师陆长林，今即为李司弦云。

谢宝云

宝云号月珊，小名昭儿，顺天府大兴县人；生于咸丰十年庚申。幼入钱阿四之瑞春堂为弟子，习昆旦，兼唱老旦须生，与田宝琳（字玉珊，即陈得林孙怡云之师）、姚宝香、刘宝玉并称瑞春四宝。十三岁出台，演于四喜部中，据《燕台花事录》载："当癸酉时（同治十二年），谢生（指谢唱生）、刘净（谓宝玉唱净）与姚妙珊（宝香之号）合演'进宫'诸剧，令人耳目一快。"则其少时声誉，固已昭昭于世矣。《菊部群英》录其始演之戏目如下：

女词（李小姐）　望儿楼（窦太后）　探窑（老夫人）　回龙阁（同上）

戏妻（秋胡） 教子（薛保） 纺花 打金枝（郭子仪） 二进宫（杨博）

追后因嗓败，遂不能登场；已复原，即专唱老旦。光绪九年仍搭四喜班，该班花名，曾见著录。十四年，入小鸿奎，十五年入春台。中间常外出，至三十年，入鸿奎，未几，又改同庆，宣统三年在喜庆。当其在同庆之日，每与谭金培合演"状元谱"老旦，"盗宗卷"夫人，"坐楼"高二娘，"杨四郎探母"佘太君，"八大锤"乳母等，皆深为谭所倚重，无谢则宁不演，亦不轻易他人。余若八本"雁门关"太君，"回荆州"孙国太等，亦为谢擅长之作。但彼于一剧中，只有一两句，肯尽力唱去，一行博彩，便复平平，是有"谢一句"及"谢打拉"之称，但人亦终不因此而少之也。光绪三十三年二月二十八日，挑选入署，所演之戏，见于外学戏目者，悉与龚云甫同，不再赘录。论老旦者，咸以谢之平正通达，老练稳当，而称为旧派；以龚之能出花腔，目为新派，似谓宝云属保守之人，不知此正其天性淡泊，不愿争名之美德耳。年逾不惑，始授室，故无子，以民国五年旧历十二月十八日卒，年五十七岁。

花旦

张桂香

桂香本名天元，字瑞香，以字行。入署之时，因瑞字犯讳，遂更此名。原为天津籍，同治庚午，年十四，始自津来，起瑞香堂于百顺胡同，隶三庆部，唱青衫兼花旦刀马旦，同治十二年及光绪九年，三庆花名册，悉见著列。若其擅长之戏，则《菊部群英》为详，计所录有如下列：

探窑（王宝川） 探母（公主） 戏妻（罗敷） 二进宫（李燕妃） 赶三关（代

禅公主）　宇宙锋（赵小姐）　三关（樊梨花）　芦花河（同上）　胭脂虎（石中玉）　翠屏山（潘巧云）　摇会（大娘）　杀狗（萧氏）　湘江会（钟无盐）　破洪州（穆桂英）　玉玲珑（梁红玉）　延安关（双阳公主）　彩楼配（王宝川）　击掌跑坡　回龙鸽（俱同上，代禅公主）　金水桥（西宫银屏公主）　教子（王春娥）　探母（萧太后）　面缸（周蜡梅）　双沙河（公主）　攻潼关（余小姐）

及光绪丙戌腊月二十九日，与杨永元同时入署，每赏亦十九相等，但有时或稍逊焉，其所承应，仅知于光十五正月二十二日在长春宫演"延安关"一出，余则不详。二十年甲午正月十二日卒，年只三十八岁。有子习胡琴，今不知所往矣。

于庄儿

庄儿名玉琴，本姓余，作于者误也；谱名曰润卿，行二，安徽潜山县余家湖人。父得海，与四川道台某，有金兰契，尝随之入蜀，掌文书之事。迨解职归田，为继母所不容，乃随乡人之贩冬笋者，步行至京。遇同乡之在三庆班者，遂介其长子润华，入该班执伶业。润华字春芳，习武净，颇得时誉，后卒于外。玉琴生于同治九年庚午。年七岁时，有父执何名芳在上海立福寿堂科班，召玉琴往入科，习为花旦兼武旦，六年期满，即搭丹桂茶园出演，一时声誉大噪，雷震申江。时班中老生有周春奎、孙瑞棠，净色有常国泰、郝二名、赵虎儿，武生有黄月山、李春来、郝福芝等，皆京班耆宿，群望所归；但至是亦不能不让玉琴出一头地也。计尔日所演，以"大卖艺""醉酒""画春园""杀子报""虹霓关"等为受彼邦人士，莫大欢赏。光绪十年后进京，搭入四喜班，十七年改春台，该班花名，具见著列。是岁六月二十一日，即与王福寿、刘永春等，并被选入署；每赏在十两上下，所演之戏，有如下列：

二十三年四月初一日　　　颐乐殿
　　拾玉镯 罗寿山
二十四年二月初五日　　　颐年殿
　　浣花溪 孙菊仙　罗寿山
二十五年五月初六日　　　纯一斋
　　荷珠配
　　七月初七日　　　　　同
　　拾玉镯 罗寿山
　　乌龙院 孙菊仙
　　十月十五日　　　　　颐年殿
　　荷珠配 罗寿山
　　十二月十五日　　　　同
　　胭脂虎 龙长胜
　　　二十一日　　　　　同
　　玉玲珑 王桂花
二十六年正月初一日　　　宁寿宫
　　梅龙镇 谭金培
　　二月初八日　　　　　颐年殿
　拾玉镯 王桂花　罗寿山
　　三月初二　　　　　　同
　　乌龙院 谭金培
　　五月初四日　　　　　颐乐殿
　　打樱桃
　　初六日　　　　　　　同
　　荷珠配
　　十五日　　　　　　　纯一斋
　　查　关 罗寿山
二十七年十二月二十九日　宁寿宫

拾玉镯 罗寿山

二十八年正月初二日 　同

荷珠配 罗寿山

初十日 　同

马上缘

十六日 　同

红鸾喜 罗寿山

十九日 　同

翠屏山 王桂花

二月初一日 　同

打樱桃 罗寿山

马上缘

三月二十三日 　同

拾玉镯 罗寿山

四月初四日 　同

翠屏山 王桂花

初八日 　同

荷珠配 罗寿山

五月初四日 　同

乌龙院 谭金培

得意缘 王桂花

初六日 　同

打樱桃 罗寿山

十七日 　同

胭脂虎

六月初一日 　同

玉玲珑

二十日 　同

摇　会 <small>杨得福</small>

　　二十四日　　　　同

得意缘 <small>王桂花</small>

七月二十六日　　　纯一斋

　　穆柯寨

八月十六日　　　　颐乐殿

　　马上缘

十月初七日　　　　同

　　打　焦

二十九年正月初一日　宁寿宫

　　荷珠配

　　初九日　　　　　同

　　入　府

四月初七日　　　　颐乐殿

　　胭脂虎

　　初八日　　　　　同

　　荷珠配

　　十三日　　　　　宁寿宫

穆柯寨 <small>王桂花</small>

五月初一日　　　　颐乐殿

双摇会 <small>杨得福</small>

十月初九日　　　　同

双摇会 <small>杨得福</small>

　　十一日　　　　　同

荷珠配 <small>罗寿山</small>

玉琴为人精爽，思虑远深，非如其他优伶之顽如块石，故步自封者，所能同日而语。故于内，则三十年慈禧七旬大庆，尝下谕令专管武旦之戏，加双份钱粮，以旌其能。在外，则于光绪二十二年，自营建广兴茶园于崇外茶食胡同；同时又与陈得林共立福寿科班，日以培育人才排演本戏为务，如"儿女英雄传""十粒金丹""五彩舆""德政坊""龙马姻缘""粉妆楼""梅玉配""十五贯"等，在当日皆极有号召能力。庚子之乱，该班中辍，至二十七年始行恢复，又数载方散。光绪三十三年，又立庆寿班，宣统元年，则搭春庆班，十二月为该班代表，参与取消私寓会议，时论称之。玉琴昔又数任梨园会首，对于会中事业，亦多所兴创，除恶务尽，见善如不及，同业中有难决之事，每造门请其料理，无不如愿以退，晚清伶界，具有治事才者，惟余与相九霄二人而已。客岁，予特至其茶食胡同宅内晤谈，话及梨园会中之纲纪，现已破坏无余，其愤慨之意，溢于言表，虽怀千里之志，而时移事异，良筹莫展，亦惟相对太息，輙唤奈何！呜呼，若余君者，自可谓伶官之杰出士矣。后于民国二十九年卒，年七十一岁。

李子山

子山亦作紫珊，直隶天津人。唱花旦，艺名万盏灯；光绪初岁，在沪上最负盛名，与日月红、吴兰仙、蔡桂喜、小桂凤等，俱以色艺冠梨园，语载黄式权之《淞南梦影》书中。其后，应杨隆寿之约，与龙长胜、夏月恒一同北上，出演小荣椿班。迨荣椿散，即改入玉成；并时自立玉华堂于百顺胡同路南，与其子同居。子金卿，小名柱儿，又名灯儿，新刊《菊台集秀》载子山所擅长之戏曰：

小上坟　红鸾喜　马上缘　坐楼

金卿之戏：

双沙河　玉玲珑　双摇会　卖胭脂

至二十二年，又改隶喜庆，二十四年入天福，各该班花名册内，均见著录。时杨立山尚书，最厚子山，力为保荐，乃于二十六年正月初六日，偕朱四十、李七等，同被选入署；每赏在八九两之间，所承应戏，有如下列：

二十六年二月初一日　　颐年殿
　　　虹霓关
　　　初八日　　同
胭脂虎 孙菊仙
　　　十五日　　同
　　　马上缘
　　　荣　归
　　　三月初二日　　同
　　　玉玲珑
　　　初九日　　颐乐殿
　　　双钉记
　　　十五日　　同
　　　穆柯寨
　　　四月初一日　　同
拾玉镯 马全禄
　　　十一日　　同
　　　红鸾喜
　　　十五日　　同
得意缘 王桂花
　　　十六日　　同
破洪州 王桂花
　　　五月初二日　　同
　　　虹霓关
　　　初五日　　同

　　　　翠屏山　王桂花
　　　十五日　　纯一斋
　　　马上缘

　　五月望后某日，坐轿车进城，行至前门桥头，车倒翻，将腿摔伤，不能再事登台。未几，大乱即作，由外人保护之回上海，不久便卒，年三十八岁。

杨得福

　　得福为入署新改之名，其人即杨小朵也。名楸麟，字孝亭，号曰隶侬，为德春主人杨桂云号朵仙之子，光绪七年二月十一日生。儿时，婉好如女子，而有娇憨之态。年十二，中壬辰花榜第二人之选，以花旦著称，新刊《菊台集秀》录其戏曰："双沙河""铁弓缘""樊江关""赶三关"，其后艺事与貌俱进，年十五，以艳名噪都下，士大夫之倾倒者，不知凡几，轶闻遗事，颇有流传，但无征之语，不足取也。《情天外史》续册，记小朵擅长之戏，较前增多"闯山""入府""摇会""女店""何珠配"等数出，则正为其月半芳年之所常演者也。得福初随其父演于四喜班中，庚子乱后，改入玉成。光绪二十八年六月十一日，与汪桂芬、郎得山等，同被选入署；每赏多与汪等，所承应戏，有如下列：

　　　二十八年六月十五日　　宁寿宫
　　　　红鸾喜　罗寿山
　　　　拾玉镯　罗福山
　　　　　十九日　　同
　　　　马上缘　王桂花
　　　　　二十日　　同
　　　　摇　会　于庄儿
　　　　　二十六日　　同

打樱桃 罗寿山
　穆柯寨
　二十七日　　同
　胭脂虎
　七月初一日　同
　玉玲珑
　初七日　　　同
　翠屏山
　十五日　　　同
马上缘 王桂花
　二十六日　　纯一斋
乌龙院 谭金培
　八月初一日　同
　虹霓关
　十三日　　　颐乐殿
打樱桃 罗寿山
　十五日　　　同
　玉玲珑
　十六日　　　同
　翠屏山
　九月初一日　同
　拾玉镯
　初九日　　　同
　胭脂虎
　十月初二日　颐年殿
　马上缘
　初八日　　　颐乐殿
　玉玲珑

	初九日	同
	马上缘	
	初十日	同
	荷珠配	
	十一日	同
	铁弓缘	
	十二日	同
	破洪州	
	十四日	同
	穆柯寨	
十一月初一日		同
	玉玲珑	
	十七日	颐年殿
	马上缘	
	二十五日	宁寿宫
	虹霓关	
	二十六日	同
	翠屏山	
十二月二十三日		同
	还乡 罗寿山	
	三十日	同
	打樱桃	
二十九年正月初四日		同
	拾玉镯	
	十五日	同
	双沙河	
	十七日	颐年殿
	查关 罗寿山	

二月初三日　　同
马上缘 王桂花
　　十六日　　同
乌龙院 谭金培
　　三月初四日　宁寿宫
翠屏山 王桂花
　　四月初一日　纯一斋
　　虹霓关
　　初七日　　颐年殿
　　破洪州
　　下河南
　　十三日　　宁寿宫
　　拾玉镯
　　十五日　　颐乐殿
　　马上缘
　　十八日　　同
　　得意缘
　　五月初一　同
摇　会 于庄儿
　　初六日　　同
打樱桃 罗寿山
　　闰五月十五日　同
　　翠屏山
　　十六日　　同
乌龙院 谭金培
　　六月初一　同
　　红鸾喜
　　十五日　　同

　　　　查　关
七月初二日　　同
　　　　得意缘
　　　初七日　　同
　　　　玉玲珑
　　　八月初二日　同
得意缘 王桂花
　　　初八日　　同
　　　　穆柯寨
九月初九日　　同
　　　　荷珠配
十月初一日　　同
破洪州 王桂花
　　　初三日　　同
　　　　胭脂虎
　　　初八日　　同
得意缘 王桂花
　　　初九日　　同
双摇会 于庄儿
　　　初十日　　同
　　　　拾玉镯
　　　十四日　　同
穆柯寨 王桂花
十一月初一日　宁寿宫
乌龙院 谭金培
　　　十五日　　同
　　　　打樱桃
十二月十五日　同

得意缘 王桂花	
二十三	同
胭脂虎	
二十九	同
探 亲	

　　明年，慈禧七旬大庆，赏加一两五钱钱粮。于外，则又搭长春。光绪三十三年《都门纪略》以杨孝亭名入选，列戏三，为"拾玉镯""荣归""打樱桃"。入民国后，以染阿芙蓉故，玉貌歌喉，两俱憔损，其出演遂稀。得福在京，房产甚多，经营有道，在梨园中以富厚称。民五四月十六日，在天乐园，与荣蝶仙同演，"樊江关"比剑一场，因误将头面网子挑落，遂由是辍演，改为其子宝忠司弦。娶妻朱氏，为朱莲芬次女，继娶姜氏，系姜双喜长女。有子三，长宝忠，演文武老生，幼时出台，名小小朵；次宝义，习青衣；三子宝祥，不详所悉。民国十二年二月初二日，即旧历壬戌十二月十七日卒，年四十二岁。

　　除见上演在外学戏目所列尚多十二出如下：

过年 二刻	一匹布 三刻
双钉记 五刻五	双铃计 五刻五
贪欢报 二刻	十二红 三刻五
浣花溪 四刻五	阴阳合 一刻十
打面缸 一刻十	打皂 二刻
戏凤 二刻十	顶传 一刻十

李宝琴

　　宝琴初字小华，后改玉珊，直隶沧州人；生于同治七年壬戌。八岁至京师，入国兴堂为弟子，习花旦兼唱青衣；本师梁姓，后又从赵宝铃（即赵仙舫）受业，年十二，在四喜出台，数年后，改入三庆。光绪九年八月十六日，在广和楼内，与杨月楼合演"御碑亭"，自饰孟月华一角，时宝琴年仅十六岁；《菊台集秀》曾载其擅长之作，计有：

得意缘（云鸾） 杀皮（内掌柜） 玉玲珑（梁红玉） 胭脂虎（石中玉） 拾玉镯（孙玉姣） 下河南（媒婆） 贪欢报（李湘兰） 双摇会（二奶奶） 闯山（董金莲） 浣花溪（任荣卿） 红鸾喜（金玉姐） 探亲（旗婆） 翠屏山（潘巧云） 打灶（李三春） 思志诚（女老板）等出。

十三年《都门纪略》，亦尝列宝琴名，入于花旦之选，十一年，复立金奎班，出演于各戏园中，十八年，再返三庆，十九年入同春，二十二年仍搭三庆。上海老丹桂，曾派钱巧玲来京，邀宝琴往演，即住于万盏灯家内，议将成，为其岳母所阻，遂罢。庚子乱后，改于福寿出演。光绪三十三年十月十三日，与张文斌同时被选入署；每演皆受厚赏，外学戏目，记宝琴所能戏及演唱时刻如下：

祭江 二刻　　孝感天 二刻十
玉玲珑 二刻十　　乾坤带 三刻五
芦花河 二刻　　拾玉镯 二刻五
下河南 二刻　　查关 二刻
入府 一刻十　　戏妻 三刻
胭脂虎 三刻　　一匹布 三刻
打樱桃 二刻十　　打金枝 三刻
戏凤 一刻十　　得意缘 五刻
回龙阁 五刻　　探亲 二刻
延安府 三刻

国变之后，内庭无复承事，乃得外出演唱，曾遍历太原、烟台、济南、奉天等地。授徒有章遏云、富竹友姊妹。二十二年冬，余尝至其麻线胡同宅内一晤，时亦为新自河南返回者。宝琴初娶张氏，为张双瑞之姊，继娶张氏，为张玉贵之女。子一，曰从善。民国二十四年旧历三月二十二日卒，年六十八岁。闻伊生性执拗，拙于理财，享盛名数十年，而家无余资，死后其妻子无以为生，乃在钱金福家附食，其苦况亦殊堪悯也。

武旦

彩福禄

彩福禄者，京师人；以演武旦著，外号狗豆子，住家兴隆街南瓜园，与许福英号山羊者，并属同治时名辈，又俱在小福胜坐科。该科成于同治初，三年《都门纪略》，即载其号而不名，所主演者曰"泗州城"龙母，"青石山"狐狸，"八蜡庙"张桂兰。时福禄坐科不过一二载，而年亦仅十四岁耳；而《纪略》即遽为收入与诸名伶如程长庚、王九龄等，相提并论，则知其智慧过人，而艺术由于天纵也。既出科后，尝任胜春奎班教习，光绪初改搭永胜奎班。九年四月初三日，以武行挑选入署，所演多群戏，不易指出。其赏，则六月十四日在漱芳斋得银四两，十五日三两，二十五日演戏"万寿祥开"得二两，七月初七日同，十四日三两，十五日，八月初一日、十四日俱同，九月初一日四两，初六日八两，初九日三两，十五日同，十月初六日四两，十三日十二两，十五日四两，十一月十五日十两，十二月初一日五两，后悉仿此数。以光绪十八年卒，年四十二岁。

许福英

　　许福英者，亦小福胜学生，与弟福雄，俱住家前内旧帘子胡同；演武旦，有山羊之号。光绪九年四月初三日，挑选入署，所教多武行之群戏。六月十五日，在漱芳斋得赏银三两，七月初一日二两，初七日同，十四日三两，十五日，八月一日俱同，十四日四两，九月初一日五两，初六日十两，初九日四两，十五日同，十月初六日六两，十三日二十两，十五日六两，十一月十五日十二两，十二月初一日六两，后来多准此数。光绪二十五年十二月初九日卒，年五十一岁。

李燕云

　　燕云号曰小不点，住家前外山涧地方，系与其叔父同居者。幼习武旦，始入全福班，后则在胜春奎搭班学艺。及胜春奎散，即赴沪上，又师事黄月山。回京后，搭四喜班，所有武戏，悉属与李连仲合演；旋又同时加入瑞胜和，十三年《都门纪略》尝用小不点之名，列于书内。光绪十二年二月十五日，与李连仲、孙菊仙、时小福同时挑选入署，每承应，所得赏赐，皆超出前所选诸人之上，计二月十六日在漱芳斋，得赏银十二两（与李连仲演"打焦""朝金顶"见后），二十三日十二两（演"画春园"），三月初九日十二两（演"金山寺"），二十七日同，四月初四日二十两，初八日十二两，十六日同，五月初六日十二两，十五日十二两，六月初一日、初五日、十五日俱同，二十一日三两，七月初一日二十两，初七日十二两，十五日，八月初一日俱同，十六日二十两，九月初一日十二两，十五日三十六两，十月初一日十二两，十四日四十两，二十日二十两，十一月初一日十二两，十五日同，二十八日二十两，十二月初一日十二两，十五日二十两，十三年后亦多仿此；所演戏目，另录如下：

二月十六日　　漱芳斋

打 焦 _{李连仲}

朝金顶 _同

二十二日　　同

泗州城

二十三日　　同

画春园

三月初九日　同

金山寺

十五日　　丽景轩

红桃山

四月初四日　漱芳斋

青峰岭

初五日　　同

朝金顶 _{李连仲}

十六日　　同

打 焦 _{李连仲}

五月初五日　同

女三战

二十日　　同

泗州城

六月初一日　同

红桃山

二十六日　宁寿宫

朝金顶 _{李连仲}

九月初一日　同

朝金顶 _{李连仲}

九月初一日　同

朝金顶 <small>李连仲</small>
　　　　　十一日　　　同
　　　　　泗州城
　　　　　十三日　　　丽景轩
　　快活林 <small>李连仲</small>
　　　　　十一月二十八日　长春宫
　　　　　青峰岭
　　　　　二十四年正月初十日　颐年殿
　　　　　泗州城 <small>张长保</small>

　　是岁八月十九日，燕云卒，年仅三十六岁。无子。至今论武旦者，每多称其技，以为后来罕见其为嗣也。

杨永元

　　永元直隶河间人，生于同治二年癸亥。父名德林，以经商至京。及年十岁，即令入全福坐科，不久全福散，于十二岁甲戌，改入胜春奎班，习武旦，是为二科学生。二科系排长字者，如王长林、钱长永、牛长宝等，皆出其中。该班为造办处总管太监黄三所立，班址设于南府口外迤北，教师有张三福父子及于双寿、小锣张等。头科学生用连字排名，则有陆连桂、李连仲等，而黄润甫、崔禄春、杨德芝等，又皆未以科名行者。三年该班又散，是为光绪丁丑，永元年十五岁，随赴京东，串野班露演，不一年返京。以前学艺未成，在梨园中更乏知交，欲谋生活而不得，因更拜夏得成为师。夏时在瑞胜和出演，经其提拔，方得入崇祝成。数年后，艺既大进，声誉亦显，遂于光绪十二年十月二十九日，与张桂香同以教习入署；每演皆得厚赏，有时且出孙菊仙诸人之上，计十三年正月初四日，在长春宫得银三十两，二十四日二十两，二月初二日十二两，十六日同，二十四日同，三月初三日二十两，十八日十五两，四月初四日十两，初八日三十两，十九日二十两，闰四月初一日十二两，十五日同，五月初七日十六两，十五日十二两，六月初一日、十六日同，七月初八日、十八日十二两，八月初四日、十二日二十两，十六日二十两，九月初一日十二两，初九日、十五日同，十月十一日三十两，十五日十二两，十一月初一日、初八日、十五日及十二月初一日、十五日俱同。观其平时赏赐，常至二三十两，在前人则无此也。至所演戏，多与李燕云同，于案档中能查得时地者仅三次，如下：

二十五年四月初八日　　纯一斋
　　朝金顶　<small>李连仲</small>
　　　　十五日　　同
　　泗州城
　　十月十一日　　颐年殿
　　朝金顶　<small>李连仲</small>

初永元于挑差后，尚依旧出演于崇祝。某日唱"四杰村"，鲍金花一角，旧为杨所饰者；但谭嘉祥倚父势，非强代不可，永元弗允，怒而与该班脱离，改搭春台。十四年又搭小鸿奎，十七年在四喜，二十二年小长庆，二十三年春和，二十四年天福，各该班花名册，悉见著列。其所配演净色为方德恒，系小和春学生，尝住赵锥子胡同香厂等处，与永元交情最契，早已亡故。永元挑选时，居家琉璃厂东南园，今则住南横街堂子胡同八号，余尝数次往访，尚健于谈，述胜春奎科班事，颇娓娓动听也。

朱四十

朱四十者，正名文英，江苏苏州人。父小喜，为咸同间名武旦，隶四喜部，同治二年，该班花名，曾见著列。娶刘氏，为兆奎之长姊。文英生于咸丰十年四月十七日，幼师咏秀主人朱吉仙，亦习武旦。出师后，不甚得志，继乃潜心揣摩，仿龚翠兰打出手之绝技，而加以奇险之花样；又将"取金陵""夺太仓"等剧，改为踩跷，取姿态可以增窈窕也；用是其名乃大著。光绪初搭四喜，见九年花名册内，旋又搭三庆，见十三年《都门纪略》。十九年入小丹桂，尝随入宫承应，二十二年与王楞仙等共组三庆班自为班主。二十六年与李七、李子山、陈嘉樑并被选入署，每赏最大，少者十二两，多者辄至五十两；所演之戏，有如下列：

二十六年正月初九日	颐年殿
泗州城 李七	
初十日	同
蟠桃会	
二月初一日	同
朝金顶 李连仲	
初八日	同
青峰岭 李七	
十五日	同
罗家洼 李七	
四月十一日	颐乐殿
泗州城	
十六日	同
朝金顶 李连仲	
二十八年正月十九日	宁寿宫
娘子军 李七	
二月初一日	同
蔡家庄 张长保	

三月初三日	同
青峰岭	
二十三日	同
朝金顶 _{李七}	
四月初八日	仲
泗州城 _{张长保}	
十五日	同
朝金顶 _{李七}	
七月十五日	同
十字坡 _{张长保}	
十月十四日	颐乐殿
快活林 _{张长保}	
十二月初一日	宁寿宫
打瓜园 _{李七}	
二十九年四月初一日	纯一斋
朝金顶 _{李七}	
初八日	颐乐殿
泗州城 _{李七}	
十八日	同
朝金顶 _{李七}	
十二月三十日	宁寿宫
朝金顶 _{李七}	

文英于外，则自三庆之散，即于三十年入洪奎班，三十四年在新天仙班，宣统元年在双庆，三年入喜庆，民国后仍不时露演。当其在宫内承差时，住家在李铁拐斜街，后则移居宣外小椿树胡同。有二子，长湘泉，习武生；次桂芳，传父衣钵。民国十七年旧历十二月三十日卒，年六十九岁。

朱裕康

裕康艺名桂芳，为朱四十之次子；光绪十七年六月初二日生。幼入陆华云所立之长春班坐科，习武旦，克继父业。光绪三十三年《都门纪略》录其戏，曰"泗州城""娘子军""摇钱树""金山寺"。宣统元年，改搭双庆班。三年正月十八日。与李六、范福泰等，同被选入署；外学戏目，列所能戏及演唱时刻如下：

取金陵	四刻	战蒲关	二刻五
蟠桃会	三刻五	泗州城	二刻十
娘子军	三刻	摇钱树	二刻
蔡家庄	二刻	打金枝	三刻十
八蜡庙	三刻	法门寺	五刻
夺太仓	五刻	十字坡	二刻五
三岔口	二刻十	卖艺	二刻
打焦	二刻十		

是年值国变，随众退出。民国后，享名愈盛，中以搭梅兰芳之班为最久。有侄盛富，富连成坐科，亦习武旦，可谓能世其家者矣。朱盛富为朱桂芳之兄朱湘泉之子。

净

袁大奎 昆

大奎小名大秃子，皖人也。习昆净兼唱乱弹，同治末，与弟世奎同在春台班出演，十一年花名册，具著姓名，光绪初亦然，至光绪九年，始改搭三庆。年逾花甲，犹娶后妻，系张长保为执柯者，同辈多非笑之，不顾也。当其入三庆之年，即挑选差事，为于四月三日由内务府交进，充任教习，用授艺太监。每遇演戏，虽非亲自扮演，而赏赐皆颁及焉。所食钱粮，仍与咸丰时无异，为月银二两，白米十口，公费制钱一串。大奎自入署后，仅六月十二日在漱芳斋与姚阿奔、王阿巧合演"教歌"一次，自是未见登台。至所得赏赐，则六月十四日在漱芳斋得赏银四两，十六日二两，七月一日同，初七日同，十四日三两，十五日同，八月初一日、十四日俱同，九月一日四两，六日六两，初九日三两，十五日四两，十一月十五日六两，十二月初一日四两；后来赏赐，多准此例，在三两至十余两之间，遇万寿有至三十两者。光绪十二年二月初四日，卒于南府官舍，年六十六岁。

穆长寿

长寿一名凤山，号曰小穆，京师人，住家东华门大街。幼年玩票，习正净，下海时系拜于大奎官之门下者。光绪六年本《都门纪略》永胜奎班中之小慕，与十三年本，四喜班中之小慕，及九年嵩祝成花名册内之穆凤山，悉属指长寿而言。长寿性好诙谐，语能解颐，使演"沙陀国"实出诸前辈之上。其唱渐杂鼻音，流俗好新腔，长寿用遂负盛名；"牧虎关""阳平关"之改老生调，即小穆作角耳。又喜台下报以彩声，故常由馈赠之途以求，梨园中人，或鄙视之，但亦极称赞其艺不置。光绪十一年四月初一日，与贾成祥、阎定同时挑选入署，每演赏赐，多在五六两之间，庆寿大典，则增至十余两，所演之戏如下：

十一年三月二十一日　　漱芳斋（按此在挑差前预演）
霸王庄

	二进宫
二十二日	同
	白良关
	取洛阳
四月初二日	同
	牧虎关
	四杰村
初三日	同
	御果园
	打　焦
初八日	同
	锁五龙
	天水关
十五日	同
	断密涧
	沙陀国
五月初九日	同
	铡　美
六月十五日	同
	白良关
十六日	同
	打龙袍
七月初一日	同
	铡包勉
十二年十月初一日	长春宫
	打龙袍
初九日	同

牧虎关		
十六日	同	
捉放	孙菊仙	
十一月初一日	同	
天齐庙		

至十九年夏，不悉何故，他逸。六月初四日，总管为具奏云："奴才何庆喜谨奏，六月初一日承应戏，民籍学生穆长寿未到，奴才失察。初二日，奴才着人传唤，并无踪迹。奴才不敢耽延，恐误差事，穆长寿实系无故逃走，应交内务府派番役拿获，谨此奏闻。"时长寿年已五十有四矣，后乃卒于沪上。

刘永春

永春字建衡，顺天府宛平县人，生于同治元年壬戌。祖丙昆，父进才，俱业影戏，永春幼时，亦颇用此知名，其习净也，始师刘万义，而为刘明久所赏拔，亦录为弟子，勤加教诲；后又受沈春奎指示，艺愈大进。光绪九年，搭永胜奎班出演，《纪略》中称为刘春，人未之奇也。后应沪上某园主之邀，远赴申江。永春体硕面黑，嗓音雄厚，颇足传何九衣钵，故颇受观者赞许。及归京，改入陈寿峰所承办之春台班中，一跃而占净行首选，则其在梨园之声价，固可想知，时光绪十四年也。十七年入四喜，每与孙菊仙合演；十八年入三庆，十九年再回四喜，二十二年搭喜庆。其挑差事，则为在四喜，系于十七年六月二十一日，与王福寿、于庄儿等，同被选入署者；每赏多在二两至六两之间，所承应戏则如下列：

十九年七月初一日	纯一斋	
断密涧	孙菊仙	

二十四年正月二十日　　颐年殿
　　　　天水关 孙菊仙
　　二十五年四月初八日　　纯一帝
　　　　天水关 孙菊仙
　　　　　五月初六日　　同
　　　　捉　放 孙菊仙
　　　　十二月十五日　　颐年殿
　　　　取荥阳 孙菊仙
　　　　　二十一日　　同
　　　　天水关 孙菊仙
　　二十六年二月初一日　　同
　　　　　白良关
　　　　　初八日　　同
　　　　　天水关
　　　　三月初二日　　同
　　　　断密涧 孙菊仙
　　　　　初九日　　颐乐殿
　　　　天水关 谭金培
　　　　四月十六日　　同
　　　　捉　放 谭金培

　　是岁，遭"拳匪"之乱，奔亡外出，历上海、山东、大连等地，迄未返署。民国改元后，俞振亭立双庆社，厚聘邀回，演两月余，旋又南下。民国十五年，殁于沪上，年六十五岁。永春善星术，能书画，而性好赌博；有传永春在海参崴时，积资万余，不十日，即输负一空，同辈多为惋惜，惟永春坦然不以介意，亦可谓豪爽者流。有子二，长不知名；次小衡，唱老生，喉音洪亮，作工亦佳，久居海上，近已不闻其消息矣。

穆长久

　　长久又名春山，号曰麻穆子，京师人，家在崇外法华寺居住。初贩私酒，暇辄习唱，为正净，经孙菊仙之一手提掖，得入四喜，更令从沈小金受业，艺乃大进。其名尝见光绪十七年该班底册，十九年，随全班入宫内演唱。二十一年十二月初二日，挑选入署，赏银多为四五两之数；所承应戏如下列：

二十四年正月初四日	颐年殿
穆柯寨 <small>李永泉</small>	
二十七年十二月二十九日	宁寿宫
牧虎关	
二十五年二月十六日	颐寿宫
黄金台 <small>王福寿</small>	
十五日	同
捉　放 <small>李顺亭</small>	
四月初八日	同
取洛阳	
十月初十日	颐年殿
双包案 <small>郎得山</small>	

　　长久于入署后，搭演四喜如故。庚子之变，该班解散，二十八年搭入同庆，光绪三十三年《都门纪略》以穆春山之名入选。宣统元年，四喜复出，仍邀其加入。长久以票友下海，内行中人，每轻视之，谓其根基不厚，用一两出戏，博得虚名，故终难久存；入民国后，迹遂潦倒，每在天桥出演。民国十四年，卒于烟台，年六十一岁。

郎得山

郎得山者，京师人，清真教之徒。幼习正净，为金秀山弟子，光绪十七年搭春台班出演。十九年，与其师同入四喜，尝随全班入宫承应。二十三年入春和，二十四年入天福，庚子乱后，复回四喜。二十八年六月十一日，与汪桂芬、杨得福等同被选入署，每赏如汪杨之数，所承应戏，有如下：

| | 二十八年六月十五日 | 宁寿宫 |

天水关 汪桂芬

牧虎关

十九日　同

捉　放 谭金培

二十日　同

二进宫 谭金培 陈得林

二十六日　同

风云会 汪桂芬

七月初七日　同

断密涧 李顺亭

十五日　同

战北原 汪桂芬

回　朝

二十六日　纯一斋

二进宫 汪桂芬 陈得林

八月十三日　颐乐殿

天水关 汪桂芬

十六日　同

捉　放 谭金培

九月初九日　　同
　　牧虎关
　　草桥关
十月初二日　　颐年殿
风云会 汪桂芬
　　初十日　　颐乐殿
双包案 穆长久
十一月十七日　　颐年殿
天水关 汪桂芬
十二月十五日　　宁寿宫
战北原 汪桂芬
　　二十三日　　同
　　断密涧
二十九年正月初八日　　同
　　牧虎关
风云会 汪桂芬
　　初十日　　同
二进宫 汪桂芬 孙怡云
　　二月十六日　　颐乐殿
捉　放 汪桂芬
　　四月初七日　　同
取帅印 汪桂芬
　　十三日　　宁寿宫
　　草桥关
　　五月初四日　　颐乐殿
捉　放 汪桂芬
闰五月十五日　　同

捉　放	汪桂芬	
十六日	同	
二进宫	汪桂芬　陈得林	
六月十五日	同	
捉　放	汪桂芬	
七月初七日	同	
战北原	汪桂芬	
十九日	同	
牧虎关		
天水关		
十月初九日	同	
风云会	汪桂芬	

三十年太后万寿，赏加一两五钱钱粮。于外，则自四喜之散，改入宝胜和演唱，实为该班净行之冠。三十三年《都门纪略》所录，亦为"牧虎关""天水关""断密涧""黄金台"诸剧。按得山虽晚出，而其艺与名，悉可与其师及刘永春等相并；又现在署内，历与谭汪合演"天水关""二进宫""捉放""战北原""风云会"等戏，则知得山在当日之声价，自是净角第一流人物，而论者不察，每多贬抑，是亦郎之不幸也。民国六年旧历二月初二日卒，年五十一岁。

金秀山

秀山北京旗籍人，生于咸丰五年乙卯。幼嗜歌曲，十余岁时，即常在魏公府蒋养坊各票房消遣，习为正净。其喉音天赋，悲壮沉着，比于黄钟大吕，理无或差。未几，拜何桂山门下，实行出台；光绪丁丑，搭阜成班及长春和班，悉列名净行之首。时穆长寿、刘永春皆已出演，而名则不及秀山之为著也。自后于光绪九年入嵩祝，十三年入同春，十九年入四喜，其声誉遂较前益显。二十五年，又与周春奎、杨桂云、德珺如等，共组同庆班，与谭金培父子，合演颇久，庚子之乱，中散。明年事定，各班次第成立，秀山乃改入宝胜和班。光绪三十年二月二十九日，与陆华云、瑞得宝等，同时被选入署；外学戏目，所录擅长之作如下：

忠孝全	四刻	打嵩	三刻
法门寺	五刻	双包案	二刻
五花洞	三刻	双天师	一刻五
锁五龙	一刻	捉放	四刻
牧虎关	三刻	穆柯寨	三刻十
取帅印	四刻	回朝	一刻十
白良关	三刻	忠保国	三刻
天水关	三刻	草桥关	四刻
五台山	一刻五	百寿图	二刻
铡美案	一刻十	战北原	三刻五
阳平关	四刻十	黄鹤楼	三刻五
骂曹操	三刻	渭水河	二刻五
群英会	五刻	鱼肠剑	三刻五
四进士	十六刻	二进宫	二刻五
断密涧	二刻十	逼宫	三刻
御果园	一刻五	铡包勉	二刻

斯际秀山，虽年已五旬，而健壮如恒，其艺术之为世所重，亦不因之稍衰。光绪三十三年《都门纪略》，尚极推重，列于同庆前茅，录其戏曰"草桥关"姚期，"法门寺"刘瑾，"穆柯寨"孟良。政变以后，则常外出。民国四年四月十四日卒，年六十一岁。有子二，长少山亦习净，次仲杯习老生。少山今在沪上享盛名，为能世其业矣。

裘荔荣

荔荣一名桂仙，京师人，生于光绪四年戊寅。幼入朱霞芬之云和堂为弟子。初师何桂山习正净，后又从张凤台学艺。年十二在小鸿奎出台（据其自述，为小鸿奎学生，即缘此而发），以"探阴山""铡判官""断密涧"等，蜚声日下。十六岁改入小天仙部，《情天外史》称为俊品，载擅长之作，曰"鱼肠剑""御果园""白良关""草桥关""打龙袍"等戏；尤妙者与绮云、吉祥演"二进宫"，宛如鸾凤和鸣，洋洋盈耳，是盖当时公论，而非溢美之辞也。十九岁复搭喜庆、小长庆等两班，光绪二十二年各该班花名，并见著列。迨后因嗓败，遂改习胡琴，庚子以后，在同庆班充随手。光绪三十年二月二十一日，以裘荔荣名入署效力。是岁值慈禧万寿，十月十三日，由太后下谕旨，将荔荣及唐春明、鲍桂山等七人，并令赏食正项钱粮。三十三年三月初二日，复传旨云："随手裘荔荣，着上场唱戏，以为正净。"但此乃宫内之事耳，若在外，则直至民国初元，经俞振亭、王凤卿之敦请，方重行露演，首在吉祥园与陈得林、王凤卿合唱"二进宫"一剧。自是以往，便不再事操弦。民八在金鱼胡同那家花园内，与刘鸿升合演"双包案"，裘饰真包，刘饰假包，一时叹为绝构焉。民十二演于新明戏院，历与余叔岩配唱"捉放曹""失街亭""琼林宴""群臣宴"诸戏。至今推为铜锤花脸第一名手，虽曰人材难得，而其艺，固自不同于凡响也。荔荣有子二，长子习胡琴，次子从其父学，又尝坐科富连成，艺名盛戎，尚称为能承家传之隽秀。民国二十二年冬月，荔荣卒于兴胜寺五号寓内，年五十六岁。自裘之殁，而梨园正净，已有无人之叹；彼高谈乱弹剧在今日为盛者，不知其究何说欤。

武净

李永泉

李永泉者，京师人，幼习武净，坐科双奎，与杨隆寿、赵二平、陈克元等同学，就中与杨尤称相得。科期既满，即与隆寿同搭入阜成班出演，列于武行，系同治二年事，至十二年，则改搭春台，与俞菊笙配演者最久，光绪三年、九年、十四年、十五年等该班花名册，皆著姓氏，其挑差事，亦为偕杨以武行入选者，初多演群戏，不易检出；其赏，则六月十四日四两，十五日五两，七月初一日得银二两，初七日二两，十四日五两，十五日六两，八月初一日五两，十四日同，九月初一日八两，初六日十两，初九日五两，十五日四两，十月初六日八两，十三日十五两，十五日六两，十一月十五日十二两，十二月初一日六两，后来即多仿此数。十九年冬，为勾引太监盗银赌博事发，革退钱粮，令在署效力，至明年八月，即又赏还。丁酉之后，常演正戏，计则有下列各出：

  二十三年十一月二十八日 颐年殿
    盘河战 <small>谭金培</small>

  二十四年正月初四日 同
    穆柯寨 <small>穆长久</small>

    十七日 同
  昊天关 <small>张长保</small>

    八月十五日 纯一斋
    下河东 <small>龙长胜</small>

  二十五年十月初九日 颐年殿
    淮安府 <small>张长保</small>

    十五日 同
    打　嵩 <small>谭金培</small>
    宇宙锋 <small>孙怡云</small>

    十二月十一日 同
    霸王庄

  二十六年二月十五日 同
    罗四虎

二十八年正月十九日　　宁寿宫
　　罗四虎 张长保
　　　二十五日　　　同
　　四杰村 张长保

　　光绪三十年，慈禧七旬万寿，赏加二两钱粮，以示恩异，迨清社既屋，始被废退。初永泉于挑差后，在外则搭春台如故，迄春台报散，方罢。住家彰仪门外小井地方，距门脸约八里之远。有差进城，差毕即返，与梨园行之来往渐少。至所以不搭他班者，闻亦自有原因在。据传永泉为人稍阴戾，喜弄机巧，又每好临场推诿事故而去，是有李溜子之号。某日春台班轮在广和楼转，大轴为俞菊笙之"恶虎村"，永泉为饰武天虬者。因演前，与管事人稍有龃龉，意滋不惬；管事者亦深恐其他去，用常随左右；及见永泉已取粉墨于眼窝上，以为可无事矣，孰料李竟藉后院小解之便，将眼窝拭净，又复逸出，及"恶虎村"将上场际，遍觅武天虬，已踪影皆无。管事者窘迫万状，几致呕血，不获已，百般央求于唱二路花脸曰郝大个者之前，乃抢场而出，敷衍了事。而永泉反因之迁怒于郝，不应动其所擅长之戏，即思有以报之。郝以"殷家堡"饰秃子于亮为拿手，每上场，必跣足，在帘内一喊开船，观众即好声鹊起。永泉则俟其临出台时，暗撒白蒺藜末于上场门所。郝赤足为蒺藜所刺，颠侧而行，不敢履地，顾客见状，乃大哄然；自是后台管事辈相戒，无人敢用。在春台以旧人故则可，他班则悉敬而远之矣。民国三年七月初二日卒，年六十二岁。有二子，皆不肖，常窃家中什物出卖。永泉死，家遂中落，今更不知伊于胡底矣。

李连仲

　　李连仲者，京师人，住家崇外法华寺南岗子。幼入胜春奎为头科学生，习武净，有狗熊之号。光绪八九年之顷，搭四喜班出演，该班花名册，尝见著列。

其后，又加入梆子班瑞胜和之内，与侯俊山、田际云、李燕云等，同台演唱，事见光绪十三年的《都门纪略》；自是即常与梆子班中人物，时相提掖。其挑差事，为在四喜之日，系偕孙菊仙、时小福、李燕云三人，并时被选者，既入署后，每演皆受上赏，其数与李燕云同，兹不录，录其戏目如下：

  十二年二月十六日 漱芳斋
    打 焦 _{李燕云}
    朝金顶 _{李燕云}
  四月初五日 同
    朝金顶 _{李燕云}
    十六日 同
    打 焦 _{李燕云}
  六月二十六日 宁寿宫
    朝金顶 _{李燕云}
  九月初一日 同
    朝金顶 _{李燕云}
    十三日 丽景轩
    快活林 _{李燕云}
  二十五年四月初八日 纯一斋
    朝金顶 _{杨永元}
    十月十一日 颐年殿
    朝金顶 _{杨永元}
  二十六年正月十九日 同
    淮安府 _{张长保}
    二月初一日 同
    朝金顶 _{朱四十}
    四月初一日 颐乐殿
    朝金顶

十五日　　同
朝金顶　朱四十

　　以上所述,悉为其在宫内之事;若在外边,则于光绪十九年曾入小丹桂班,出演数载。至二十五年,乃与何景云出资复组玉成班,同时又与侯双印、李金茂等,立庆春班,皆属冶皮黄梆子于一炉之内,而露演者,是为连仲一生之最盛时代,得意门生瑞德宝、刘玉宝两人,亦为在此际从受业者。迨玉成散后,则于宣统元年入春庆班,三年入喜庆班。民国以来,演唱如故,又尝随李吉瑞出外多年,京外之拜师者,几达数百人之谱。以民国八年十二月初五日卒,年五十八岁。有子曰福久,在朱幼芬所组福清社科班坐科,亦习武净,今常见于各戏园中,但其名微矣。

李七

　　李七名寿山,又名镜林,字仲华,为寿峰之弟。原籍安徽祁门人,后寄籍顺天府之永清县,先世以影戏为业,有影戏李之称。七儿生于同治五年三月初七日,幼时与其兄同入三庆二科习艺,与张淇林、陈得林等同门,初为老生,后改武净。满科后仍在本班出演。及程章圃、杨月楼相继亡逝,三庆乃散,光绪十七年,搭入春台班中。二十二年朱文英、王楞仙等,复组三庆,将李邀回,所有戏多与文英合演。二十六年正月初六日与朱及李、陈嘉樑三人,同时被选入署;与朱文英并受特赏,如二十八年正月十九日,在宁寿宫演"泗州城"得赏银三十两,三月初一日得十二两,十五日及三月初三日、二十三日,四月初四日俱同,初八日十五两,五月初六日四十两,十七日二十两,六月初一日、十五日俱同,二十七日五十两(德宗万寿承应),后来之数,亦多准此。至所演则如下列:

二十六年正月初九日　　颐年殿

泗州城　朱四十
　　二月初八日　　同
青峰岭　朱四十
　　　十五日　　同
罗家洼　朱四十
二十八年正月十九日　　宁寿宫
娘子军　朱四十
　　二月十五日　　同
　　绿林坡
　　三月初三日　　同
青峰岭　朱四十
　　　二十三日　　同
朝金顶　朱四十
　　四月十五日　　同
朝金顶　朱四十
十一月二十五日　　同
　　红桃山
十二月初一日　　同
打瓜园　朱四十
二十九年四月初一日　　纯一斋
朝金顶　朱四十
　　初七日　　颐乐殿
　　罗四虎
　　初八日　　同
泗州城　朱四十
　　十八日　　同
朝金顶　朱四十
十二月三十日　　宁寿宫
朝金顶　朱四十

三十年以后，除在内承应外，在外则搭长春班，三十三年《都门纪略》录其戏为"八蜡庙""罗四虎"，宣统元年则搭双庆，入民国后，尝随梅兰芳出演，以"风筝误"之丑小姐称，实则此乃其末小之技耳。民国二十一年旧历九月初八日卒，年六十七岁。女一，嫁尚小云，已亡故。子曰荣升，谱名凤翔，唱老生，名不逮其父之著矣。

高得禄

高得禄者，安徽人，生于咸丰七年丁巳。幼习武净，年十余时，又在小和春搭班学艺，同治十一年该班花名，曾见著列。光绪初改入长春和班，与金秀山同演。九年又入春台，十年五月初六日，在三庆园转，与俞菊笙合演"水帘洞"，八月十六日在广德楼转，演"赵家楼"，光绪十三年《都门纪略》，入选武二花之列，明年改搭春福班。十九年春，复与熊连喜、张胜奎等，共组四喜班，不时入宫承值，庚子之乱中辍。事定后，仍由得禄联合多人，再为成立，更数年方散。二十八年六月十一日，与本班正净郎得山，同被选入署。三十年慈禧万寿，赏加一两五钱钱粮，入民国后，虽年逾耳顺，犹克登场，除"牛头山"兀朮，"阳平关"徐晃等武角外，若"五雷阵"毛贲，"草桥关"马武，"岳家庄"牛皋，"审刺客"刺客等，亦皆称为杰作。民国十二年十一月某日卒，年六十七岁。有子永峰早殁，今惟一孙富远，系富连成学生，闻今在香炉营头条居住云。

沈小金

小金谱名易成，安徽人；为三庆名琴师沈六星培之长子，住家杨毛胡同路北。昆仲四人，次得成，四文成，俱唱武小花脸，三瑞成，未习伶业，小金生，于咸丰二年九月二十六日，幼入某堂为弟子，同门者曰孙小玉，小金习武净，而小玉习武旦，昆乱各戏，俱所擅长，惜小玉早卒，遂罕知者。小金于出师后，即搭四喜出演，同治十二年，光绪三年、九年、十七年、十九年该班花名，悉见著列。在光绪八年时，又与杨隆寿、范福泰等，共起小荣椿科班，自任教习，除坐科学生不计外，其他弟子，尚有朱文英、茹来卿、唐永常、刘来宝、董生等人。二十年以后，则演于福寿班中。光绪三十年三月十一日，与王瑶卿同被选入署，首演"嫁妹"一剧，极博宸赏，其后则以皮黄戏为多，如"曾头市"武松，"挑华车" 兀朮，"贾家楼"来护，"八蜡庙"关泰，"恶虎村"虬武天等，虽非剧中主角，而亦能极有声色。清室既亡，遂辍演家居，时已移住宣外椿树头条。娶妻陈氏，为陈得林次姊。生子二，长曰杰林，字丽川，习武丑，为福寿班学生；次庆林，唱武生，后演于上海未返。小金以民国二年十一月初九日卒，年六十二岁。当其生前，与方秉忠善，秉忠尝令其子宝奎从受业，因荐之于内，两家和好，至今仍无间隔也。

钱金福

金福京师人，生于同治元年正月十八日。年十二，入全福昆腔科班，科中以金字排行，故得此名，系袭维新主人之旧而用者（即钱阿四之兄，钱宝奎之父）。未几，全福散，改入三庆，与张淇林、李成林、陆杏林等同科。其武工把子，为崇富贵所授，昆戏"火判""嫁妹""山门""刘唐""刀会""训子""花荡"等，则得于双寿之传；故对武净之戏，无论昆乱，悉具根柢。出科后，仍搭三庆，光绪九年，曾见著列。十六年三庆散，明年入春台，十八年三庆复出，再回原班，尝随之入宫承应。二十二年，该班改组，仍有金福在内，同年又立小长庆班，自为班主，庚子后，改入玉成出演。三十年三月十一日，挑选入署。于外，则在宣统元年，离玉成而入春庆。民国以来，与杨小楼配演，如"连环套"窦二墩，"落马湖"李佩，"长板坡"张飞之类。誉之者，称为近来第一能手，不知此乃耆旧零落，后死享名；若在清末三十年间，论武净于梨园，又谁能数钱金福其人哉！今住家宣外山西街南头，子二，曰宝森宝隆，宝森亦习武净，但不及乃父远矣。后以民国二十六年八月二十六日卒，年七十六岁。

李顺德

顺德为李顺亭之胞弟，生于同治四年乙丑，自幼坐科胜春奎，与王长林、杨永元等同科，习武净，艺出钱金福上。光绪九年，搭春台为俞菊笙之良配手；十九年，入小丹桂，随班进宫承差。二十二年搭三庆，庚子乱后，改入福寿班。三十年三月二十九日，挑选入署。其在外，则于三十一年，又改搭贾洪林、陈素卿新立之洪奎班内。宣统元年，在四喜，三年入喜庆，民国以后，仍时出演。住家前外燕家胡同。有子五人，长玉臣，习武行，次玉安，曾为余叔岩管事，三三星，为二路武生，四玉广，习小花脸，五玉泰，唱小生。民国三年四月卒，年五十岁。

范福泰

福泰省籍不详，生于道光三十九年九月二十二日。幼入小福胜科班，习武净，本师曰李兴太。据其自述云，小福胜班址在西柳树井赣州会馆，咸丰五年秋七月，在某园正演"断后"一剧时，忽传某皇太妃死，即停演。后移平则门脸长玉轩说白清唱，未几遂散。彼于出科之后，即搭永胜奎班出演，同治十二年该班底册，曾列姓名。光绪八年与杨隆寿、沈小金等，共起小荣椿科班，自任教习。明年入四喜，十七年入春台，二十二年搭福寿，计八九年之久；二十七年又兼搭久和班，与李永泉、沈小金等，同为晚清武净之资望最老者。宣统三年正月十八日，与李六、陆杏林等，并被选入署。承差不久，清室灭亡，遂辍演家居，后自置房产在东椿树胡同，每以教戏为事。民国二十一年旧历六月初二日卒，年八十三岁。子宝亭亦习武净，孙一日少亭，今皆仍执伶业，家境亦尚为优裕云。

丑

姚阿奔 昆

姚阿奔者，正名增寿，为名老生兼武生增禄之兄。父亦梨园耆宿，生二子，即令入小和春坐科（应为与董文同科者）。阿奔习昆丑兼净，生末亦能演之。出科后，与弟俱搭四喜班出演，光绪九年四月初三日，以教习挑选入署，计其承应戏之可知者，有如下列：

		六月十二日	漱芳斋
教	歌 袁大奎 王阿巧		赏银四两
		十三日	同
封	王 殷荣海 鲍福山		
		十五日	同
假	颠 陈寿峰		银一两
		七月初一日	同
起布问探	鲍福山 殷荣海		银四两
		九月初一日	同
疑	谶		
		十年正月初二日	长春宫
		七盘山	银六两
		初十日	同
昭	君 魏成禄（内） 汪十儿（筋斗）		

九月初七日　　　漱芳斋

昭　君 <small>乔蕙兰　汪十儿</small>

十月初二日　　　长春宫

封　王 <small>鲍福山</small>

十一年正月初四日　同

昭　君 <small>乔蕙兰　汪十儿</small>

六月二十五日　　漱芳斋

昭　君 <small>乔蕙兰</small>

　　时阿奔虽已在内当差，而于外仍搭班如旧。是年八月，恭亲王府中堂会，用四喜班底加外串，阿奔与朱素云尝合演，"雅观楼"一出，事见退庵，居士所藏四喜戏单。至二十一年九月十三日阿奔卒，年五十四岁。嗣子今已亡故，门人有徐桂明，系从学打鼓者，旧居则在今樱桃斜街皈子庙云。

罗寿山

　　寿山名树德，字朗臣，小名百岁，江苏长洲人。父巧福，号笑仙，唱昆旦兼青衣，著名咸同两朝，人称之曰嘎嘎旦，尝起醇和堂以教授弟子。寿山生于咸丰九年十月二十三日，幼学老生，后改丑，师事刘赶三。年十三，即登台，演于四喜班中，光绪三年及九年该班花名册，皆见著列。光绪十三年之际，一面仍在四喜，一面则又加入谭金培、周春奎等新起之同春班内。十八年搭三庆，二十二年在三庆兼在喜庆，庚子后入玉成，光绪三十三年《都门纪略》，载列其戏为：

十二红（毕员外）　双沙河（魏小生）　杀皮（乐子其）

　　寿山前在四喜时，多与杨朵仙合演，以"双钉记""也是斋"（即"杀皮"）等，最受欢赏。朵仙以善状淫妇称，必得罗之滑稽生趣，乃愈显其精彩。入同春，则常与田桂凤偕演"红鸾喜"等戏，语默之间，悉能令人绝倒。光绪十六年五月，与谭陈等，并被选入署，每赏亦多相类；所演之戏，则如下列：

二十三年四月初一日　　颐乐殿
　　拾玉镯　于庄儿
二十四年正月初二日　　颐年殿
　　连升三级　王桂花
　　二月初五日　　同
浣花溪　陈菊仙　于庄儿
　　　八月十五日　　纯一斋
状元谱　谭金培　王桂花
　　十二月二十八日　　颐年殿
　　探　亲　陈得林
二十五年四月初八日　　纯一斋
　　群英会　谭金培
　　五月十五日　　同
　　　浣花溪
　　七月初七日　　同
　　拾玉镯　于庄儿
　　十月十一日　　颐年殿
　　　打樱桃
　　　十五日　　同
　荷珠配　于庄儿
　　　三十日　　宁寿宫
　　　连升三级
二十六年二月初八日　　颐年殿
　拾玉镯　于庄儿　王桂花
　　　三月十五日　　颐乐殿

天雷报 谭金培
　　　五月十五日　　　纯一斋
　查　关 于庄儿
二十七年十二月二十九日　　　宁寿宫
　拾玉镯 于庄儿
二十八年正月初一日　　　同
　荷珠配 于庄儿
　　　十二日　　　同
　　连升三级
　　　十六日　　　同
　红鸾喜 于庄儿
　　　十九日　　　同
　　探　亲
　　二月初一日　　　同
　打樱桃 于庄儿
　　三月二十三日　　　同
　拾玉镯 于庄儿
　　四月初八日　　　同
　荷珠配 于庄儿
　　五月初六日　　　同
　打樱桃 于庄儿
　　六月十五日　　　同
　红鸾喜 杨得福
　　拾玉镯 同
　　八月十三日　　　颐乐殿
　打樱桃 杨得福
　　十月十五日　　　同
　探　亲 陈得林

十二月二十三日		宁寿宫
还乡	杨得福	
二十九日		同
连升三级		
二十九年正月初九日		同
入府	于庄儿	
十七日		颐年殿
查关	杨得福	
四月初八日		颐乐殿
荷珠配	于庄儿	
五月初六日		同
打樱桃	杨得福	
六月十五日		同
拾玉镯	侯俊山	
二十五日		同
探亲	陈得林	
十月初十日		同
连升三级	王桂花	
十一日		同
荷珠配	王桂花	

光绪三十年慈禧万寿，赏加双份钱粮，用见宠异。其在宫内，尚有两事可记者，一为在"天雷报"中，以丑角而代老旦。按该剧张老之妻，本用老旦饰之，在三月十五日之演，系熊连喜因故未到，乃由寿山暂代，至今演此剧者，多行效法，不用老旦而用丑矣。一为其岁十月，太后万寿，预先传旨，讳言死字；寿山素有阿芙蓉癖，辄在静处吸食，故未克聆此上谕，即扮卖符之王老道上场，已念至"我有一个徒孙"句（应说"他死啦"），南府太监，方忆及彼乃

不知忌讳事者，遽告之曰忌字，但罗亦不知所忌为何，遂顺口改云，"他打醋掉在沟里头啦"，此句亦久为各伶所遵用不替。鼎革之后，即不尝露演。当其父在日，已为购置房产甚多，悉在石头胡同、杨毛胡同一带。自所居者，则在后河路南。民国元年四月卒，年五十四岁。有子三，余惟识其季子文翰，孙盛公亦习文丑。授徒则以张文斌为较著云。

附外学戏目内寿山演戏时刻表：

绒花记　四刻五　　背凳　二刻十
定计化缘　一刻五　　打沙锅　二刻
卖饼子　一刻十　　嫖院　一刻
送亲演礼　一刻

钱长永

长永谱名文会，安徽人。父喜保，唱老生，隶四喜部，见同治二年该班底册。长永生于咸丰八年戊午，幼入胜春奎二科习艺，为副净，与王长林、牛长宝、董志斌等同门。该班散，即搭四喜出演，光绪九年、十七年各该班花名，悉行著列；十九年改入同春，随全班入宫承应，二十二年又搭福寿，庚子之乱中辍，明年再成立，仍邀长永加入。二十八年六月十一日，以丑角被选入署，六月十五日，在宁寿宫承应，得赏银十两，二十七日二十两，七月初一日十二两，初七日十两，十五日同，二十六日八两，八月初一日同，十五日十四两，九月初一日十两，初九日十二两，十五日十两，十月初四日同，十一日二十两，十五日十二两，十一月初一日十两，初十日十二两，十六日七两，二十四日同，二十六日十两，十二月初一日六两，初四日二两，初八日四两，十五日五两，二十三日六两，后亦多如此数。按长永本工净，丑角之戏，原非所习，故每于演前，先求人指说，即草草登场；然恐慌错误，惴惴不安，终因是致疾，光绪三十年二月初三日卒，年四十七岁。长永初娶张氏，为张双瑞之姊，后娶王氏，为春台名小生王岳山之女。生一子富川，富连成坐科，亦习净。门人则有沈湘泉、许德义、范宝亭、茹锡九等，但存于今者，亦无几矣。

訾得全

訾得全本作慈瑞全，以避讳故改其两字，京师人；光绪八年壬午生。幼从董大志习文丑，大志为胜春奎学生，历搭春台、喜庆等班，而名不甚显著。得全既从受业，经其提拔，得在玉成班出演。光绪三十年三月十一日，与钱金福等，同被选入署，专充配角。光绪末，在外改入同庆，三十三年《都门纪略》录其戏曰"群英会"蒋干，"绒花计"崔八，"贪欢报"张旺。宣统元年又离同庆而入喜庆。民国以后，即以赶班为生活，今住家在北柳巷路西。虽日出演，而迄无展进，终其身亦不过如而是已。后以民国三十年九月十五日卒，年六十岁。

张文斌

文斌小名二琐，前供奉张云亭之孙；光绪十年二月初十日生。幼习老生，师事贾魔川。年十三，在喜庆出台，光绪二十二年该班花名，曾见著列。后因嗓败，乃改从罗寿山习丑，以天性滑稽，乃尽得其传。善以京白为诙谐，中杂新辞，引人发噱，后多效法之者，是亦能自成一风气焉；罗寿山后，群推为丑角第一人物。庚子乱后，则隶福寿班出演，光绪三十三年十月十三日，以老生挑选入署，系用张文斌之名。至宣统三年正月二十八日，又令改丑角，而名亦易为张二琐矣。娶范氏，为范福泰之女。子二，长曰盛余，习老生，次盛孙，习武净。住家在裘家街，民国十一年旧十一月初六日卒，年仅三十九岁。

陆金桂

　　金桂行四，为昌立之胞弟，同治四年四月二十九日生。自幼坐科胜春奎，习昆丑，乱弹亦能演之。虽云不善科诨，词白无余味，面又呆憨，常如木偶然；但其遵守师传，不逾规矩，自不失为昆派之正宗也。以大腹便便，故有陆大肚之号。光绪初，搭四喜，见光绪九年该班花名。十九年入小丹桂，二十八年入同庆，三十四年在新天仙，悉列于丑行前茅。以光绪三十三年十月十三日挑选入署。承差不久，清室即亡，辍演家居，罕复登台。民国十一年旧历六月二十五日卒，年六十一岁。子凤琴，昔称姣好，今则敛迹歌场，形容瘦削，已无复潘卫之风采矣。

刘七儿 梆子

　　七儿正名子云，京师人，家在冰窖场居住。幼习文武丑色，尝坐科胜春奎，该班散乃改学梆子，其艺用能高出梆子班诸丑角之上，用享盛名近二十年，凡诸大堂会，以无刘在内为憾。子云初搭源顺和班，光绪十三年《都门纪略》，用刘七名，选作武丑。光绪十四年义顺和，十八年宝胜和，二十五年太平和，二十八年同庆等班，皆作子云，列丑行第一。又自十五六年之后，即与侯俊山合作，俊山倚之如左右手，每演必俱，十余年常如一日。以光绪十八年十一月二十七日，被选入署，每赏在十两上下；所演之戏，有如下列：

　　　　十九年四月初四日　　漱芳斋
　　　　　　　拾　金
　　　　二十三年十一月二十八日　颐年殿
　　　　　　　双合印 侯俊山
　　　　二十四年正月十九日　　同

双合印 侯俊山	
八月十五日	纯一斋
探 亲 侯俊山	
十二月二十九日	颐年殿
放 牛 侯俊山	
二十七年十二月二十九日	宁寿宫
表 功	
二十八年正月初十日	同
平顶山	
十六日	同
珍珠衫 侯俊山	
三月初三日	同
珍珠衫 侯俊山	

除此，其有时地可考之戏，尚有"逛灯""摇会""血手印""翠屏山""荡湖船"各出，悉为时所共赏者。以光绪三十年正月二十日卒，年四十九岁。

王子实 梆子

王子宝者，直隶固安人，生于同治六年丁卯。幼习文丑，与田际云同科。光绪中叶前后来京，即搭玉成班与田合演。光绪十七年、二十五年该班花名，及二十五年庆春班花名，皆列丑行第一，与刘七儿同为梆子中上选角色。三十三年《都门纪略》，录其戏为"群英会"蒋干，"绒花计"崔八，"双铃计"毛先生。其挑差事，亦为在光绪三十年二月二十九日；在内承差数载，至民国后，始行退出。彼虽在京演戏，而家属则仍居原籍，一人之身，措置甚易，每住于珠市口南狗尾巴胡同福盛店内。民国十二年十一月卒，有子习武行，今仍在平，但名则不甚著矣。

武丑

许福雄

　　福雄小名魔儿,坐科小福胜,习武丑,为韩双盛后不多得之材,同光之际,未有能出其上者。同治十一年搭入胜春奎班,兼为教习,光绪初又改崇祝成班,各该班花名册,具著姓氏。光绪九年四月初三日,选挑入署,为唯一武丑人物;武戏中每有用此项角色时,必待福雄饰之,方愈觉其精彩;故一有承应,辄邀厚赏,计六月十四日,在漱芳斋得银四两,十五日五两,七月初七日四两,十四日、十五日俱同,八月初一日五两,十四日同,九月初一日六两,初六日十两,初九日四两,十五日同,十月初六日六两,十三日二十两,十五日六两,十一月十五日十二两,十二月初一日六两,后亦每照此数。福雄自进署来,在外之露演渐稀,惟十五年曾一度搭入李宝琴所组之金奎班。傅恒泰为其入室弟子。十九年冬,与乔蕙兰、李永泉二人,因勾引太监,偷盗库银,在南城赌博事发,俱被革去钱粮,着仍在署效力。明年五月十二日卒,年三十九岁。未数月,乔、李即行恢复原差,而福雄已不及沾此天恩矣。

王长林

　　王长林者,小名拴子,江苏苏州人。王于苏州为巨族,郊外有王家村,中无他姓,后渐有迁入城内阊门里者,长林之先,即为其一。上世业药商,在都中后门外,设有玉鹤堂药铺。祖松年,始习度曲,为名旦,系朱莲芬之师。父德忠习净,尝隶崇祝成班。长林生于咸丰八年十一月二十一日,年六岁,随其父来京,八岁拜王文隆为师,从习武丑。文隆为同治间名辈,十一年德胜班,列丑行第一,以长林之所成就,犹每语于人曰,忆吾师易箦时,尝唤至榻前,告曰："汝所从学之戏，固为不少，然尚不及吾所能者十分之一，其未传者，惜乎随我埋没于地下矣！"

世皆知其语乃纪实，非故为夸大也。长林既受业，于同治七年，即在广和园登台（园在大栅栏路北，庚子年毁，今为瑞蚨祥鸿记），首演"牧羊圈"，饰宋成。十二三岁，又入胜春奎二科，与钱长永、杨永元、牛长宝、董志斌等为同门。艺成后，即搭三庆、春台等班，光绪九年各该班花名，并见著列。（在春台，系随其师出演者。）后春台班主俞菊笙以负债过巨，一度让长林接办。光绪十四年，仍在陈寿峰所主之春台班；同时又与王福寿、刘吉庆等，共立春福班，唱数年乃散。后入小丹桂班，光绪十九年，曾随班入宫承应。二十一年十二月初二日，挑选入署，每赏在三四两左右。所演之戏，以"胭脂褶""打瓜园""巧连环"等，最邀宸眷。明年又回三庆班，二十五年搭同庆，其为时最久，并曾入资为股东。光绪三十三年《都门纪略》，载列其主演之戏如下：

落马湖（朱光祖）　盗甲（时迁）　巴家寨（胡理）

明年入新天仙班，宣统元年，复与张长保等，复组四喜，十二月为该班代表，参与取消私寓之会议。鼎革以来，仍不时搭班。据长林自述云，六十年间，前后曾赴上海、天津、奉天、汉口及其他诸大埠演唱。其初至沪时，系乘帆船前往，每年戏份仅八十两；但其时海上生涯，亦颇简单，衣食住外，尚可赚二十余两之谱。又当彼初在三庆与谭金培同演日，谭之戏份，亦只取六吊（指京钱而言，实合制钱六百文），与民国后所得，真不啻天渊之别矣！晚年恐绝技失传，曾将"胭脂褶""巧连环""祥梅寺"诸戏，授之叶盛章；而其子福山，亦能传其衣钵，如"琼林宴""五人义""庆顶珠""连环套""虮蜡庙"等，皆有乃父风范。以民国二十年旧历正月十九日，在琉璃厂东北园寓所逝世，年七十四岁。

傅恒泰

恒泰一名小山，京师人。父春圃，系礼王府轿夫头目。小山生于光绪七年辛巳，幼时喜练五虎棍，技艺颇佳。入梨园师事许福雄，从习武丑。福雄亡故早，小山自知用功，私淑于德子杰、王长林处不少，如"大卖艺""偷鸡""盗甲"等，皆所擅长。年二十许，搭入义顺和出演，光绪三十年三月二十九日，挑选入署，赏月银二两，白米十口。其在外，则于宣统三年，改搭喜庆，列丑行第三。民国以后，与杨小楼合演最久。武丑中走矮子一技，夙以张黑为能，次则必数小山，二十年，武丑人物，惟王长林与小山两人而已。民国二十三年七月二十五日即旧历六月十四日卒，年五十四岁。

随手

沈立成 以下鼓　附刘永顺

立成谱名葆钧，小名曰大立，故又称沈大，安徽人，亦世家子也。父如璋，母陈氏，生子二，长即立成；次葆镛，艺名韵秋，习武生，颇著声菊部，后故于外埠。立成幼岁，尝从何瑞林习艺。旋加入安义堂清音桌，随苏籍诸老曲师，学击昆鼓，亦兼治乱弹；同时练习者，有方秉忠、吴永明等。立成天资颖慧，敏于求知，故其艺乃如长江大海，浩瀚无涯涘；不第善于通行昆腔各戏，即宫中所有各大剧，如"征西异传""忠义传""唐传""宋传"等，其演于光绪间者，鼓师一席，悉属立成承之；是原非其所能，而一阅曲调，即可为之点拍，不深明乐理者，乌能至于此乎？故知其蔚为帝师，名高一代，信有由矣。光绪五年六月二十日，与樊三、浦阿四等，一同挑选入署；每有承应，赏赐颇厚，如本年七月十五日，在漱芳斋得银三两，八月二十日二两，九月初九日六两；九年六月十四日得五两，十五日六两，七月初一日为击宋传"膝龙寺"一剧，赏银十两，七日六两，十四日四两，十五日同，八月初一日同，十四日赏五两，九月初一日六两，初六日八两，初九日四两，十五日同，十月初六日同，十三日赏十二两，十五日四两，十一月十五日八两，十二月初一日四两，以后赏银准此数。十五年德宗大婚，后始亲政，万岁之暇，最嗜击鼓，即召立成入内，亲从授业，十余年如一日。尔时帝居瀛台之日多，其东，海墙有门，与升平署通，不时唤诸乐工往，夏用船渡，冬则冰床。皆使彼等，先候于殿内，铺以红毡，半坐跪其上，帝至，即可开始击打。遇进膳，便辄分玉食以饷。而沈有时反故弄狡狯，用冀解馋；一日立成见帝桌上置点心盒一，即用鼓槌，假为度曲击其盖，上亦随之击，沈作恐帝敲盖弗及意，即取盖，放上前，盖去而点心外露，遂分赏众人食之。迨戊戌政变，帝遭幽禁，传差之事乃稀。三十年，慈禧太后，七旬万寿，赏加双份钱粮，恩宠有加。清社既屋，停职家居，身无所系，乃得间赴外江，民国七年，卒于沪上，年六十五岁。有子三人，长洪臣，工武生早卒；次延臣，工花脸，久居申埠；三寿臣，习小锣，以其父故，亦得入署当差，今住潘家河沿路西，仍搭班奏技，并在梨园馆任事。立成弟子有刘永顺、王景福、汪子良、郭德顺、唐宗成、杭子和、尚泽久等十余人，衣钵之传，号为最广，远出郝六、李五之上。又立成，自光绪即搭四喜班，历二十余年之久，日与诸名伶，互相提携，后进耳其盛名，钦慕弥笃，故至今梨园中号为良鼓师者，每多谓出于沈氏云。

刘永顺

永顺亦称刘顺，京师人；为梳头刘四之子，其父在四喜班最久。生子三，长永顺，次刘有，小荣椿学生，习开口跳，三刘生，亦习梳头，后改拉胡琴。永顺自幼入全福二科，艺名成喜，习文丑；倒嗓后，始学场面，经陆昌立之介，拜沈立成门下；但立成无暇，故仍从昌立练习，后遂以武场打鼓著称，昆乱兼长，能戏不下一二百出。初随其师在四喜奏技，名见光绪十七年该班底册，二十五年改同庆，列场面第二，庚子乱后，入福庆，即已改为第一。民国以后，尝为谭金培鼓师。其家在五道庙路西穿堂门居住，民国十一年旧历正月初二日卒，年约五十一二。无子，仅遗一女。门人则有罗二、谭竹坡、方七泰等，中以竹坡较为知名云。

沈永和 附刘加福

永和本作永福，小名赶生，安徽人。其上世不详，父沈三，习场面，五叔景丞，习小生，皆著名咸同间。永和行二，故又称沈二，与胞兄永庆，随其叔父，俱住樱桃斜街皈子庙，系同居而异爨者。幼年尝拜刘兆奎为师，初习大锣，后进于打鼓，昆乱皆极精到，同光之交，与刘佳福齐名；又据升平署旧人之知沈者言，其艺且不在沈大之下。同治三载，永和年才十五，即随其叔父在双奎班搭班助演。十二年改入三庆，列于第三名，仅出程章圃、姚瑞芝下，问其年甫逾弱冠，则知其技，盖自有超越惊人者在也。光绪五年六月二十日，与其叔父及沈大、樊三、浦阿四等，同时挑选入署，系以永和之名入花名档者，至十二年，则易为沈永福矣。沈于挑差之后，每承应所得恩赏，亦多与沈大等，如是岁七月十五日，在漱芳斋得赏银三两，八月二十日二两，九月初二日六两；九年六月十四日得五两，十五日四两，七月初一日与沈大前后接打"滕龙寺"一剧，得赏银十两，初七日六两，十四日四两，十五日同，八月初一日同，十四日得五两，九月初一日六两，六日八两，九日四两，十五日同，十月初六日同，十三日得十二两，十五日四两，十一月十五日八两，十二月初一日四两，后亦多准此数。光绪十六年五月十六日卒，年四十一岁。其缺即由李奎林递补。永福娶孔元福之姊为室，孔氏始嫁孙小玉者，小玉早夭，乃归永福，无所出，乃抱养一子，习艺未成，故于外，今其嗣绝矣。

刘加福

加福盖亦安徽籍，幼习武场，不详所师。在京则搭双奎班奏技，同治三年，张二奎所呈交内府之双奎班底册，曾见著录，列场面第二。迨刘兆奎挑选入署，春台鼓师一席，即聘加福充任，光绪三年及九年，该班花名，悉置等一。俞菊笙素有毛包之称，以其性之急躁也。而对加福，则极为优礼，从来无忤，想亦敬其技之精高耳。加福之于击鼓，外似柔软，内含刚劲，其腕法之佳，能出杨玉福上，同光之交，与杨及沈永福三人，鼎峙歌坛，享名最盛。娶沈氏，即永福之妹，生子一，曰库儿，习文丑，光绪十九年，曾在同春班出演，其住家在百顺胡同后河，与菊笙为邻。收徒二，曰陆长禄、陆长寿，均为陆玉凤之子，亦即其妻之姑表兄弟也。光绪中叶卒，年四十余。其子久外出，已与京中亲友消息不通，或存或否，亦难言矣。

李奎林 附李春泉　韩明儿

奎林本作春林，行五，京师人。其上世以打闹丧鼓为业，至李五昆仲，始入梨园界。其长兄春元，亦称李大，以脸侧有疙疸一，故又曰疙疸李，习打鼓，在四喜部多年，享名已称极盛；至奎林与四兄春泉，其得名犹不让于乃兄。奎林生于咸丰七年丁巳，幼师潘阿巧，亦习打鼓。阿巧乃春和班名鼓师，旧住于总寓之内。潘死，而奎林尚在妙年。艺无所就，其兄春泉乃日日课责，使与路昌立一处用功，迨后二人成立，每谓出乃兄之赐，诚不为无因也。年十六，随其兄同在四喜搭班，同治十一年该班花名，尝见著列；光绪以后仍在该班，初为杨隆寿、姚增禄等打武戏诸场，后乃渐进为鼓师首领，与前辈郝六齐名，光绪至今，言乱弹鼓，未有能出二人之上者。光绪十六年沈永福死，即挑奎林承补，于五月二十五日，由内府交进，赏食月银二两，白米十口；每承应之赐金，多为四五两上下。时郝六年已老迈，又以东宫旧人，承差渐少，举凡谭、孙等所演之戏，概约奎林司鼓。因在宫内相处久，趁节赴拍，动合自然，故诸人皆倚重不浅。光绪二十二年，谭金培加入喜庆之际，即特约奎林充鼓师，自后相随十余年，未尝分携，专用随手之例，盖由此始耳。奎林住家五道庙堂子胡同，有子三人，次者名黑，习净，为福寿班学生；长子玉秀，三子玉亭，皆习武场（即打鼓），故当日在场面中，有"李一窝"之号，则其父子声势之显，于焉可知。所录弟子，则有唐宗成、耿永山等。民国三年四月十三日卒，年五十八岁。

李春泉

春泉行四，为奎林之胞兄，长兄春元及弟奎林，皆以打鼓著称，惟春泉则用文场显。初师沈星培，习胡琴，天资颖慧，着手便妙；后又拜戴锦江门下。锦江江苏金匮人，在京搭四喜颇久，其人不仅以一技鸣，更深于文学，能自制谱填词！但遇事慎密，不轻易收徒，故弟子，亦只春泉一人而已，又视为可教，而始呼孺子以授之也。先是戴与春泉晤谈，诘其何执，并谓汝既习场面，即应能辨四声，否则终生难望其有就也。春泉问何谓四声，曰东董冻笃便是，随拈一字试之，春泉脱口即得，戴喜，因使入门墙，悉心启发，故春泉之艺，得以大进。论胡琴一道虽创用于沈，但沈之技，实未足以造其峰极，故必至春泉，始臻神化，刚处至刚，柔处至柔，而巧处又极尽巧之能事，《旧剧丛谈》谓胡琴得彩，始于李四，即指是言。同光以来，群推第一名手，信不诬也。旧随梅巧玲，后则时小福、余紫云，三人者，皆倚之如左右手，每演必偕。搭四喜班最久，同治十一年、光绪三年四喜花名册，悉著姓字，列于前茅。中年以后，除随班赴各戏园奏演外，又常居家课徒，家在梁家园西夹道，弟子则梅雨田、耿永禄、刘玲子、曹沁泉四人。光绪丁戌间，某月日，随余紫云坐骡车进城，出演堂会，骡惊，坠车下，将左耳轧去，归家中破伤风死，年四十三四。无子，由其弟奎林及诸侄辈，料理丧事，即附于祖茔之次云。

韩明儿

明儿正名明德，私淑沈六而以胡琴著称者；同光之际，与樊三、李四齐名，有一祖三宗之喻，在《旧剧丛谈》中，亦尝有同样记载。其人久搭春台，同治十一年花名册中之场面行，以明德列于第二，首则刘兆奎，光绪三年，亦列第二，首则刘佳福；缘二刘为打鼓之人，例在首选，是韩虽屈亚军，而自是文场之领袖也。斯际樊三在三庆，李四在四喜，与韩鼎足而三，并称高手。惟其人亡故稍早，事迹不传，除《丛谈》外，能举其姓名者罕矣。

唐春明

　　春明为前供奉阿招之孙，而笛师唐宝山之子也；同治十一年，生于银丝沟官舍。年十一，入小荣椿坐科，艺名椿平，从张虎栅习为正净，回家则又从若父及叔父，学鼓；宝山宝海，虽非以此见长，但家传嫡派，自尔不与流俗为伍也。初，升平署总管何庆喜，以曾受潘荣指授艺术之惠，及后见潘死，嗣孙寿山不能自立，又以钱三寿子树琪为其义儿故，思欲提携二人，使之入署。但俸内既无缺额可补，对外又无名义可予，几费筹思，乃规定为效力二字。十九年，德宗万寿之前，持名单至宫内五品首领杨得清处，请其转奏，并述明欲维持二人在内当差之意。清杨（依宫内俗称）旧与宝山契厚，具知其为二总管印刘（刘得印在升平署习艺，后被太后选入宫中，渐擢至二总管之位，时大总管即李莲英）为有金兰之契者；今视该单，并无春明在内，即对何云，唐氏为供奉已两代，自有微劳可念，今何为独遗弃而不录也！何聆言惊骇，答曰，是余忘之矣，乃急将春明名字，列于首位，三人后又取检场阎定子阎福，一并填入。清杨即为持支交印刘，又谓初无春明，现已添补云云。印刘阅毕曰，如此尚佳，若无春明在单，我亦决不为其上奏；现已至此，义无所辞，遂为转禀于慈禧太后，言四人者，皆某某之子，使渠等先在署效力，他日亦好侍奉圣慈。六月二十一日，奉懿旨俞允准挑效力随手三名，打鼓唐春明，手锣钱树琪，大锣潘寿山；走场一名，阎福。署中苏拉陆八得旨，即急往春明家报信，谓宫内有事传汝，时唐正在院内摆弄架上葫芦，即从容语陆曰，我一未犯法，二不欠国家钱粮，何事可传我者。陆八云，汝不要与我为笑谑，汝曾托东边二总管之事，今已妥矣。唐告以未尝有请于内，兹实不详，有何缘故。陆八乃语以刘总管已保荐尔入署效力，此来，即为相唤进宫谢恩。事白，唐乃随之往。二十六日宁寿宫演戏，印刘在后台谓春明曰，此次挑差使，无汝在内，予即不为奏请矣；今后，当黾勉从公，无负提拔之意。春明亦唯唯而已。至光绪三十年，太后七旬大庆，又下谕，赏春明等正式钱粮。民国以后，搭梅兰芳之班，所有昆腔各戏，概用春明节拍。今住家西安门内草岚子，有子锡光，习击大锣，余尝于金鱼胡同票房内识之。其人亦颇称爽直云。

郭得顺

郭得顺为顺天府宛平县人，家在城内八宝山下庄居住。为太监安来顺之外甥，因缘其舅之力，遂得入沈立成门下，从习击鼓，对昆腔乱弹，仅能谓略知门径，未足以言有成也。光绪十九年，曾搭四喜班奏技；又经其舅之请求，遂于二十三年入署效力。三十年，慈禧七旬大庆，赏食正项钱粮。民国以后，聘用者稀，长年懊丧，因之两耳渐聋。鲍桂山以为旧日同僚，乃约入杨小楼班中，打开场鼓。余常在吉祥戏院及庆乐园，细听其击奏之技，认为极属平平，无惑乎其潦倒至今，且穷劳以终也。

鲍桂山

桂山京师人，生于光绪五年己卯。祖喜凤，父永泰，俱业木器行，铺在樱桃斜街路北，与沈立成为邻。立成暇时，辄来铺中闲坐，与桂山父交厚。桂山幼年读书，后因不易上进，遂拜沈为师，从习武场。时立成在宫内供奉，差事繁忙，鲜克分身，乃转荐徐桂明以代，是为桂山启蒙本师。弱冠之后，又由明心刘介绍，更入郝春年门下，行拜师礼于桂山家内，不时向其请益。庚子后二年，补郝玉庆缺，入署效力，替其师为本家打鼓，所常奏者，计有头二本"莲花堂""庆安澜""狮驼领""安天会""贾家楼"诸剧。旧例，每戏皆前后工，前工归鲍代打，后则归侯双印接打。三十年慈禧太后万寿，赏食正额钱粮。一日桂山从前外某戏园经过，见戏报为宝胜和班、小杨猴班演"长板坡"，无意之中，进内一看，观所演知系老俞（俞菊笙）一派，心焉志之。迨后小楼被选入署，时郝六已老，立成则专司昆鼓，李五望重，亦不肯伺候新进之人；不获已，乃公推桂山，为杨司击鼓之责。首日演"长板坡"，桂山以胸有成竹，故趁拍赴节，均到好处。回事常四（名得禄），以桂山称职，即令后者为例可与杨小楼合作。于外，又经张长保、崔禄春为介，四人同饮于掌扇胡同三义轩，以示永好之意；至今垂三十年，而交情乃弥笃焉。桂山今住家南新华街路西，长兄桂亭早亡，次兄桂芬、桂恒、桂林，俱已分爨。桂山子鲍锐，与桂林子鲍锟，亦俱为习打鼓者，锟今为尚和玉鼓师，声名颇著。桂山弟子，习打鼓者，则有乔玉泉（为马连良随手）、白登云（随程艳秋者）、燕五山（尝随金少梅者）、崔又春（为蓉丽绢鼓师）等；习打家伙者，则有靳文清、杜兆培、罗文瑞、谭竹坡、刘喜恩、胡保立、徐竹园、张得林等。桃李之盛，几可与其师沈大，后先相辉映矣。

侯双印_{梆子 鼓}

双印直隶河间人。父侯秃，一名黑子，以梆子鼓知名，曾搭瑞胜和班。双印自幼拜马六明为师，习与父同。光绪三年，在双胜和班随其师出台。迨后，该班散，则于光绪九年改入瑞胜和班。历与侯俊山、相九霄等掌鼓。光绪二十一年，补武奎斌缺，挑选入署，赏食月银二两，白米十口，为署中梆子鼓板之唯一人物。二十二年正月初六日，在长春宫承应，得赏银七两，十六日得四两，十九日三两，二月初一日四两，十六日及三月初一日悉同，十五日得三两，四月初一日同，初八日四两，十五日同，五月初六日六两，十五日三两，六月初一日四两，十五日同，后来之数，亦多准此，不录。二十五年，在外与李连仲共组庆春班出演。三十年，慈禧太后七旬大庆，赏加一两五钱钱粮。双印住家崇外手帕胡同，有三子，长曰长生，次长清，再次长松，亦多习为打鼓，以撕边见长；在晚清梆子班中，必以侯门为第一。当日梨园行中，论武场一道，有前门西者，以李氏门称盛，即李五父子，所击为乱弹鼓；在前门东者，以侯家为最，所击为梆子鼓；遥相对立，各霸一方，迄于今而势不衰。盖尚小云鼓师则侯子长清，而梅兰芳鼓师何斌清，又侯之徒也；虽其所职，悉改二黄，但由此益足见双印之博才多艺耳。以光绪三十四年某月卒，年四十二岁。

何斌清同上

斌清一作斌奎，小名小把，直隶献县人。父四把，正名永宽，人多简称曰何四，从凯先生习艺，以打乱弹鼓著，曾搭庆胜奎、三庆等班，每列场面首选。斌清生于光绪二年八月初七日，年十岁，即拜侯双印为师，随习武场。十四岁己丑，外出，搭京东之公顺和班，中间又尝至哈尔滨、海参崴、营口等处。十八岁癸巳，返都门，搭宝胜和班奏技，时班主为刘小吟、杨祥翠等，总寓在前外大蒋家胡同，八年之间，未尝他就。庚子乱后，始改入玉成班；及小吉祥成立，则又兼搭该班。三十四年，双印卒，即用斌清承补。当梅兰芳学艺之初，即搭小吉祥出演者，例唱开场第二三出之戏。彼以新进少年，人多鄙视，诸名辈每不肯为其执鼓。时斌清亦以甫习打鼓，板眼常误，用为梅兰芳随手，亦不过乱点而已。迨后兰芳之名日盛，而斌清之技，亦日有进步；此亦梅氏贫贱之交也，故迄今二十余年，待之愈厚，赴日赴美，亦皆约同行。惟客岁赴俄，因斌清年迈，不愿前往。遂改用其子代之，斌清有二子，曰增福、增禄，俱拜郭得顺门下。自其上世，即置宅崇外南小市南口路东以居，数十年来，概未迁徙。自兰芳辍演，而斌清亦与舞台之迹绝矣。

樊景泰 以下笛

景泰行三，故人每以樊三称之，其先浙江绍兴人也。父得玉，亦场面耆宿。景泰初唱昆腔小生，因嗓败，改学文场，以工撇笛称；及徽班换用胡琴，而樊亦号能手。自习艺来，即搭三庆徽班，同治二年、十二年及光绪九年等岁，该班花名册，皆著前茅。随梨园行群推尊为程大老板名长庚者年最深，而汪桂芬又出其门下，职是之因，自同光至今，约七八十年，数文场者，必举樊三，此虽云艺术迈众，高名自致，而际会之隆，亦固为人所共羡也。光绪五年六月二十日，与浦阿四并以笛师，被选入署；七月十五日，在漱芳斋承应，得赏银四两，八月二十日三两，九月初九日六两；九年六月十四日四两，十五日同，七月初一日五两；初七日四两，十四日同，十五日三两，八月初一日四两，十四日同，九月初一日六两，初六日十两，十五日四两，十月初六日六两，十三日十二两，十五日四两，十一月十五日十两，十二月初一日四两，以后恩赏，多准此例。十一年三月初十日，卒于大外郎营十号家内，年六十岁整。子一，曰顺福，习老生，在三庆多年。孙金奎，今颇以胡琴，克显祖业。弟子除汪桂芬外，尚有刘玲子、蔡占奎、张七等人。生前常用之胡琴，犹为其孙珍藏，以纪念先泽，亦可谓有心人矣。

浦阿四

阿四正名增寿，为三庆部耆宿浦席文之子，生于道光二十年庚子。幼时在怡德堂清音桌，从苏籍诸老曲师之后，习为撇笛；彼时二黄尚为双笛托腔者，故各班场面，皆以此为重。同治初，搭张二奎之双奎班献技，三年花名，曾见著列，双奎散后，乃于十一年改入三庆。光绪五年六月二十日，与沈大、樊三、杨长庆等，被选入署；九年六月十四日，在漱芳斋承应，得赏银八两，十五日得六两，七月初一日八两，初七日六两，十四日同，十五日五两，八月初一日、十四日俱同，九月初一日八两，初六日十两，十月初六日八两，十三日二十两，十一月十五日十二两，十二月初一日六两，后来亦多仿此，是为随手中赏之最大者。明年，慈禧太后五旬大庆，十月初一日，特下谕旨，赏加一两钱粮，同此殊恩者，仅潘荣、唐保山两人而已。后三年唐死，又三年潘死，自是食高俸与得上赏者，惟浦一人；按其恩幸，亦较前愈深。每承应，他随手无赏，而阿四则有之，档案所记，不一而足；是知其艺，亦必有高出于人者，晚清文场，推为上选，名下固无虚也。光绪三十年，太后七旬万寿，又赏加二两钱粮，共食五两之数，虽谭、陈诸人，视此亦有愧色矣。阿四于挑差之后，即移家银丝沟官房居住，与唐阿招为邻。迨国体变后，房屋被收没，入于中央公园之内，遂徙居景山东三眼井地方。所收弟子，则有邹俊卿、侯成三、梁治安、耿永清、蔡某等。以民国五年八月初五日卒，年七十七岁。有子二，长长林，早殁，次长海，从其父习艺，后亦挑选入署以世其业云。

贾成祥

贾成祥者，即世所称贾三名祥瑞是也，本江苏无锡人。父增寿，字棣香，初学昆腔小生，后改场面。妻氏陈，为陈金雀之长女，与梅巧玲钱、阿四之妻，属姊妹行。生三子，长曰祥麟，字阔亭，娶孙氏，是生洪林；次曰祥凤，字丽川，三即祥瑞。祥瑞字仁山，咸丰四年正月二十六日生，幼师刘兆奎，后则以胡琴著。光绪初，在四喜班，三年、九年花名册，皆曾著列，梅雨田、孙光通、杨秀山等，皆于此时，随贾习艺者。十一年四月初一日，与穆长寿、阎定，同时挑选入署，补樊三之缺也。同时宫禁忌讳瑞字，故改名曰成祥。初三日，在漱芳斋承应，得赏银三两，初八日二两，十五日及五月初九日，六月十五日、十六日俱同，七月初一日四两，十五日二两，八月十五日、十八日同，二十七日三两，九月初一日二两，十月初一日二两，十六日、十七日同，二十四日四两，十二月十六日同，后来赏赐，亦多仿此。光绪十四年四月二十七日，卒于李铁拐斜街寓内，年三十五岁。子二曰德林、文林。德林字毓峰，坐科福寿，习净角，颇知名，已于前岁亡故。文林字柏森，为耿永禄弟子，始习月琴弦子，今亦称胡琴能手，曾搭同庆班奏技，后在富连成、斌庆两科任场面教习。孙亦二人，长孙松春，字孟华，从李庆喜游，业文场，次孙松龄，习丑。今住家在梁家园慎业里路南，余尝晤文林者再，见其面貌敦谨，言谈诚朴，盖犹不失旧家风度也。

钱锦源 附曹沁泉

　　锦源常州无锡人。虽以吹笛显名，而实则六场通彻，靡所不精，系从南方来者，与曹沁泉之舅父，为兄弟行。居京时，即住百顺胡同四箴堂内，搭三庆久，未尝他就，光绪九年花名单，具著姓字，旧与山西太谷人贾树棠甚相得，贾原在都为小京官，后归籍，即邀锦源往晋，主其家，令子弟数人，从之学，贾盖亦有周郎癖者。居三年始返京师，光绪十四年十一月初七日，与杨月楼、王桂花等，并时入署；十二月二十一日，在长春宫，得赏银一两，十五年正月初一日三两，初六日同，十八日四两，二月二十八日六两，三月十七日同，四月初一日二两，初八日三两又一两，十五日二两，五日初一日四两，六月初二日三两，十五日二两，二十六日四两。是年冬某晚，自升平署散学回，值孝顺胡同燕喜堂堂会，当即前往。既至，为时已晚，其门人曹沁泉谓曰，今所演者，惟余"金山寺"一出，有弟子辈执劳，不用再烦我师。钱见事已将终，即返身回寓。既入屋，颇感天气之寒冷，随侧卧榻上，吸芙蓉膏少许，并饮酒数杯，用杏核下之。移时，腹中痛作，不数刻即与世长辞，年正四十。张长保最早得讯，于东方未白，即出门为遍告亲友，并经纪其丧，是为十月十七日事，费用则皆出于四箴堂者。据曹云，其师才艺甚博，能度《长生殿》《牡丹亭》全部之曲，除曹外，梅雨田亦尝从受业云。

曹沁泉

沁泉安徽怀宁籍，为敬善堂主人曹春山之子，生于同治初年。幼习小生，拜陆炳云为师，已授戏四十余出，后因"亭会"一剧，与春山意见相左，遂辞去；沁泉乃更从徐小香学。据其自述云，彼时习戏至难，只走台步，亦必数月工夫，倘一手式一身段有不合时，即不能再授第二式。昆腔小生，旧分数种，又各有其开蒙之戏，如靴子生戏为"亭会""拾画叫画"，官衣戏为"见娘""乔醋"，靠把戏为"对刀步战"，箭衣戏为"回猎"等皆是。后以嗓败改场面，始师钱锦源，锦源卒，又列李四门墙，最以月琴著名。光绪十八年，在三庆班献技，尝随班入宫承应，故对内事亦颇熟习。二十七年，改搭久和班，各该班花名，悉见著列。沁泉承家学，颇谙音律，能拟谱，又尝购得内庭秘本甚多，故益为世所重。近来任职于中国戏曲音乐研究院，院中诸人，皆极尊重，称为长者。有子数人，以二庚习丑为知名。今住家在韩家谭西口路南，即当年敬善堂之旧址云。

路昌立 附沈星培

昌立姓陆氏（署作路，系声音之误），谱名凤山，江苏长洲县七子山陆家寨人。父殿华艺名长林，唱昆腔老生，以同治七年五月初一日卒，年四十有七，生子四，长得山，次凤山，三连桂，四金桂，在梨园中，皆极显著。昌立自幼师沈星培，从学撅笛，与李春泉同门。沈死，春泉命昌立每日到彼家中，使与其胞弟春林，一处用功，课责綦严，并提掖之，使入四喜搭班练习，故二人后来得以成名者，春泉与有力焉。昌立在四喜颇久，光绪三年、九年该班花名，悉见著列。十七年六月二十一日，与王福寿、刘永春等，同被选入署，每赏以二三两时为多。光绪二十六年九月十一日卒，年亦四十七岁。有子数人，长曰三秃，余不详，今皆居上海。门人有傅荣斌、郭子峰等。家藏曲籍颇富，陆死后，已多转售于他人之手矣。

沈星培

星培行六，安徽人。习文场，以撇笛称。徽部所唱二簧及湖北黄腔，本为俱用双笛协奏者；迨后，徽伶多习西皮调，西皮原用胡琴托腔，较之吹笛之费气吃力，而不易见巧，实有许多便利。星培有鉴于此，乃首创为唱二簧、黄腔亦废去双笛，而改用胡琴。着力在腕，运转自如，趁拍赴节，亦泠然善也。又曩时二簧伴奏，除双笛外，尚用弦子；双笛为一正一副，正笛比二簧之胡琴，副笛则若月琴。自星培改正笛为胡琴后，又将副笛改为月琴，时人多此称项新乐为九根弦，以月琴四弦，弦子三弦，胡琴二弦故也。自从场面中思想之新颖者，尽多效法，其守旧不化之人，则徒为愤激，而无可如何，当日有沈六兴胡琴，田兴旺绝双笛之语（田为四喜班笛师，名见同治二年该班底册），是亦变革中，必有之现象也。（其时约以咸丰中为多，因沈田二人，均著录于同治二年报庙底册，其后即不复见。）星培搭三庆徽班最久，同治初尚存，二年七月，班主程椿所上之存案甘结，具著姓名。其人身颀长，脸大而微麻，住家杨毛胡同，占小楼一所，系罗巧福之房。子四，即易成、得成、瑞成、文成。收徒有李春泉、陆昌立等；若樊三、韩明，则皆闻风兴起，均能以胡琴显著者。至今沿用遍中国，而沈六之姓名不传，亦可惜也。

傅荣斌

荣斌行六，京师人，生于同治十年辛未。自幼拜陆昌立为师，从习撇笛，而以弦子为特长。出师后，曾共杨小楼赴通州搭班，为其调嗓；迨小楼成名，仍极见倚重。返京则在四喜班奏技，名著光绪十九年该班底册之内。二十一年，钱三寿卒，经其师之保荐，被选入署，以十一月二十九日，赏下钱粮。但宫内献艺，实较外边为难，傅以未尝学问之故，对于音律声调，不谙门径，除所熟习外，若授以新谱，便无能为役。职是之故，自觉才不胜任，遂于二十三年六月十九日，冒称病死退出。迨昌立之殁，又入方秉忠门下，更求深造。鼎革以还，名颇显著，民国十二三年，卒于永安桥寓所。无子，仅有女数人。卒时，尚有老母在堂，家境寒苦，无以为生，由其师月给数元，以作其养家费用，至长女出嫁，举室乃随其婿去。所藏曲籍，已由迟景荣购得，至今尚视为珍品云。

陈嘉樑

嘉樑为寿峰长子，同治十三年二月十五日生。初习小生，后以嗓败改场面，以吹笛著称，家传昆曲，固不须外求也。弱冠后，即搭同庆班奏技，名见二十五年该班花名。明年正月初六日，挑选入署，得赏在场面中为最大者，如二十八年正月十九日，在宁寿宫得赏银八两，二月初一日二两，十五日三两，三月初三日二两，二十三日同，五月初六日四两，六月十五日三两，二十七日十二两，七月初一日三两，初七日同，八月十五日四两，九月初一日同，十月十一日二十两，十五日十两，十一月初一日六两，初十日四两，十七日、二十四、二十六日俱同，后来亦多准此，不另举例。不久，又赏加双份钱粮，入宫日浅，而擢加甚速，或者宫内有顾旧人之意，存于间耳。庚子之乱，外边各班辍演，其后始次第恢复，嘉樑至是，亦脱离同庆，而改搭久和；宣统元年，则搭双庆；鼎革以来，随梅兰芳出演为多，因有亲戚之谊（梅兰芳为梅巧玲之孙，其祖母即寿峰姊），故特出为臂助也。民国八年夏，又偕赴东瀛，月余方归。民国十四年旧历正月二十六日卒，年五十二岁。有子三人，皆坐科富连成；长富涛，习老生，次富瑞，习文武净，三盛泰，习小生。富瑞与余曾会晤一次，问其往事，略知一二，而不能详矣。且自嘉樑之死，其家境亦遂中落。致将数百年旧藏曲籍，尽转售于梅兰芳、程艳秋之手，迄今照耀一时之国剧陈列馆、戏剧音乐院两处，其所藏十九乃陈氏遗物，而陈嘉樑三字，已无人能知矣。

浦长海

　　长海字松泉，为阿四之次子；幼从其父习吹笛，兼工弦子。自为童子时，即出入署中，以至长成；故所能原不仅在场上诸曲，即中和乐诸承应之乐，于耳濡目染之际，亦可得其仿佛。故其后宫内有事，亦常用浦补缺。初以光绪三十年二月二十一日与裘荔荣同以效力入署。是岁值太后七旬万寿，推恩臣子，遂于十月十三日下谕，令改食正项钱粮。国变以后，罢职家居，每以授徒为事。及门者，则有王文英、孟文禄、李喜福等三人。晚寓南长街吉祥所三条之内，以民国十二年卒，年四十余岁。娶李氏，生一子，曰盛艾，富连成坐科，习老生。自其父亡殁，家中曲籍，现已零落无存矣。

李玉亭以下胡琴

　　玉亭旗籍人，住家在南府口外迤北，票友下海，拜刘锦泉为师，锦泉以弹弦子著，而玉亭则从习胡琴者。尝在胜春奎班司弦，与诸学生调嗓。光绪九年入春台班奏技，十七年改四喜，各该班花名册，具见著列。光绪十四年十一月七日，与钱锦源等，同时选入署内；每承应赏银，亦悉如钱之数。十八年某月日，宫内承差，偶在前台闲立，被某首领，以掌批其颊，所以报素嫌也。归家后，即气愤自缢而死，年四十一岁。

柏如意

　　如意正名长卿，京师人；幼年在怡德堂清音桌习艺，与浦阿四同学。怡德散，而西安义即其旧址，仍教授门人。同治间著名昆腔科班之小学堂，则又继西安义而起者，在此三时期中，所成就之伶人场面极夥而长卿尤为佼佼。其人品质高昇，性情洒落，弗肯以家室自累；十九岁时，或有为议婚者，乃愤而他去。数载方回。同治二年，在广和成，三年在双奎班，历与佘三胜、张二奎等义任随手。其后又与谭金培、何桂山同至京东，搭所谓吴四阎王者之班，常演于马兰峪一带；谭、何于暇日，辄从长卿求教，又尝自组一科班，以教授生徒。光绪八年，应小荣椿之聘，始返都下，翌岁，又在三庆管箱口。光绪十八年十二月初一，补李玉亭缺，挑选入署，每赏如李奎林之数。虽所司为胡琴，而其艺则原不止于此也。盖长卿六场俱谙，文武不挡，实非可以一技名。除皮黄外，梆子昆弋各腔，亦复通晓。又锣鼓之拍奏，向随身段而定，长卿于教鼓板时，更能附带说其身段；王楞仙时号小生杰出，对武工各戏，亦无不虚心来问也。岁戊戌冬月，朔风凛冽，冰雪载途，某日骑蹇驴，赴阜成园为四喜执乐。迨行至顺城街之顷，驴惊而逸，长卿急扯紫缰，缰断，跌冰上，立晕。同业闻之，急往救治，良久始苏，惟胯骨亦伤折甚重。时长卿寓大齐家胡同周福烟馆，即令移回，而疗养实多不便；汪君子良，悯其无依，乃舁归己宅，延名医为调理，年余健康方复。长卿感汪深惠，遂将一生绝技，尽行传授，每逢难以口讲之处，辄执笔书其原戏词句，随即打工尺于字旁，今所存者，计有"定军山""空城计""孝感天""翠屏山""骂曹""卖马"等出。在民元以前，皮黄剧之能定谱者极罕，故兹所余剩之寸简片纸，已为珍品；吾于此，既讶长卿艺之博，复多子良义之高也。庚子之乱，京师骚然，长卿乃改居齐化门大街张老烟馆；安定后始复回汪宅，光绪三十二年十月二十三日卒，年七十八岁。即葬于松柏庵义地中，所有各费，悉由汪君为之筹措云。

孙光通

光通又名佐臣，小名老元，同治元年壬戌生。父孙八，为三庆部之名旦，同治三年《都门纪略》载其所演，曰"因果报""起解""落园""斩窦娥"诸剧。有子二人，长曰双玉，系维新堂钱金福弟子，唱青衣，为孙怡云之本师；

次光通，初唱小生，及嗓败，遂改学胡琴，拜贾祥瑞门下。光绪后，随其师在四喜奏技，名见光绪九年该班底册。光通手音既佳，腕复灵妙，撅出之声，清响而逸；故颇为时人所许，每演博彩声不少。李四之外，以胡琴享盛名者，当推光通为首。光绪十九年八月初四日，由小丹桂班中，挑选入署；十月十六日，在长春宫承应，得赏银六两，十一月初一日三两，十五日二两，十二月初一日三两，十六日同，后来之数，亦多仿此。在孙前以胡琴承差者，虽有柏如意，但其艺实逊光通，故彼仅能拉开场数出，若谭、孙、陈、孙诸人之戏，则悉用光通司弦。谭金培赏其技，乃转请宫中总管太监明心刘、祥王为介，聘为私人随手。二十二年入喜庆之时，所约鼓师为李五，琴师为光通，今名伶之自带琴师，则滥觞于此矣。光绪三十年，太后七旬大庆，赏加一两五钱钱粮，以示优异。民国以后，仍随谭氏为多；金培死，即流落申江，耽海上繁华，乐不思返。常从坤伶潘雪艳出台，雪艳既辍演，遂困苦无告。金少山以其为父执之故，每用操弦，月给数十金；但少山性殊挥霍，时虞匮乏，与孙之资，常常不继。虽有数子，但皆不能养家。闻客岁冬，即棉衣亦不能着体，一代胡琴圣手，竟致贫穷如此，白发龟年，江南乞食，其处境当与此同也。正月间，旧京人士，多传其病殁，是否属实，至今尚无确信。论者谓假令光通北返，此间亲友仍存，即为说戏，亦可得一啖饭之所；而彼乃不出此，究何所留恋于彼邦，则难知矣。

谢双寿 附戴韵芳

双寿字蓉仙，京师人也，生于道光二十九年己酉。幼在某堂为弟子，习皮黄正旦，同治十一年，搭四喜班出演，名见该班底册。光绪初，仍在班中。后以患嗓，遂改习胡琴，九年四喜花名，亦列场面之内。自后，于十四年入春台，十七年复回四喜，十八年入三庆，二十二年入喜庆，悉以操弦之时为多。未几即入禁内，为本家太监授艺，教唱正旦。二十八年六月十九日，为预备德宗万寿，先在宫内演习切末时，太后忽欲听戏，但急遽中，却少拉胡琴者；遂由太监等，举荐其师充任，太后聆之善，当日赏下钱粮，令入署为随手。二十七日，在宁寿宫承差，得赏银三十两，七月一日四两，初七、十五日、二十六日俱同，八月十五日八两，九月初一日同，初九日四两，十五日及十月四日同，十一日二十两，十五日五两，十一月初十日十两，十二日八两，十七日六两，二十四日同，十二月初一日五两，初八日四两，十五日同，二十三日得五两，后来之数，亦多仿此。三十年五月初六日卒，年五十六岁。有子甚娇纵，习艺未就；弟子则以孙怡云、王瑶卿、戴韵芳为最著名云。

戴韵芳

韵芳直隶通州人。父戴四，唱高腔正净，以"刀会""训子""通天犀""惠明下书"等戏著称。韵芳生于咸丰十一年三月六日，八岁入蒋兰香之诒德堂为弟子，唱昆旦兼花旦。初师罗巧福，后改余紫云，艺名凤玲，号曰仪云，同治辛未出台，名即大噪，《菊部群英》录其戏如下：

湖船（张大姐）　花鼓（婆子）　学堂（春香）　烧窑　顶嘴

按此时韵芳年才十有一岁耳。出师后，即搭四喜班出演，光绪九年，该班花名，曾见著录。十四年后改入春台，十九年在小丹桂。未几，即与江春山、阎金福等，被选入宫，为本家太监授艺。江教小生，韵芳教青衣花旦，虽未食正项钱粮，而每演恩赏，则时及之，故在恩赏日记档中，亦可见韵芳及江之名姓。民国以后，则在三乐科班为教习，尚小云即其高足弟子。据戴君自述云，彼于初登台日，尔时唱皮黄诸伶工，尚有仍用双笛托腔者。若沈六、田兴旺诸人，皆及晤面，李四则又与同班甚久。彼自中年以后，即亦从事文场，拜谢双寿为师，改拉胡琴。谓胡琴，若用蟒皮，可支一年，后改蛇皮，发音较好，但仅能使用半年，是皆经验之谈，非于此道三折肱者，不能明了其得失也。娶妻沈氏，为沈福胞兄玉庆之女，而沈五景丞之侄孙女也，生一子，学戏未就，改入公安界，今在秦皇岛为巡长。韵芳今年七十有六，而身体仍为健康，日至坤伶王玉蓉所，教其度曲。按《菊部群英》所记人物，现时亦惟君一人存在，是殆可谓梨园之人瑞也。

梅雨田

雨田名启勋，小名大锁，景和主人梅巧玲之长子也。巧玲字慧仙，江苏泰州人，曾掌四喜班事，在咸同间，有义伶之号，名士李莼客、许善长等，对慧仙均称赞不置。娶陈氏，为陈金雀次女。生二子，长雨田，次竹芬。雨田生于同治八年己巳，幼习文场，从其姨兄贾祥瑞学吹笛，光绪八九年之际，随贾在四喜献技，名见该班底册。祥瑞死，又师李春泉，乃专致力于胡琴，光绪十八年，又改搭三庆。谭金培初本用光通为随手者，迨后与孙龃龉，遂改雨田接充。谭金培承余三胜、程长庚之后，其唱腔，推陈出新，变化莫测，虽杂青衣，而实能别饶韵味。雨田为司司弦应付泰如，抑扬合叩；时司鼓者为李五，二人于谭，如左辅右弼，缺一不可，当日称双绝焉。陈彦衡《旧剧丛读》有论梅氏云："雨田胡琴，则健而未尝失之粗豪，绵密而不流于纤巧，音节谐适，格局谨严，有时偶用花点，不必矜奇立异，自然大雅不群，其随腔垫字，与唱者嗓音气口，针芥相投，妙在游行自如，浑含一气，如天孙云锦，无迹可寻，洵可称胡琴圣手。"又谓："雨田能吹昆曲不下三百余出，唢呐曲牌，无不能之。即胡琴，指法章法，与曲牌之源流，派别之异同，莫不分门别类，考据精详，非仅以一二过门花点，博得彩声，便为名手也。"其所论，乃至理名言，非徒为阿谀者可比，故吾有所取焉。光绪三十二年十月十二日，补柏如意缺，与沈福顺同时被选入署；承差数载，清室既亡。国变后，仍随谭氏搭班，所收弟子有张富贵、陈桐仙、陈寿昌、茹来卿、董凤年等。以民国三年四月初三日卒，年四十六岁。雨田娶妻胡氏，为名青衣胡喜禄之女，无子，惟一侄现存，即梅兰芳是。其弟竹芬早卒，兰芳即为雨田所抚养者。尝遍游欧美，海外知名，亦足为梅氏光矣。

耿永清_{弦子}　附耿永山

永清原籍山东，先世业冥衣行，遂占籍于京师。昆仲八人，长永福，坐科三庆，艺名祥林，习武旦，与陈得林、张淇林等为师兄弟，满科后，即仍搭原班，未尝他就。次兄永禄，从李春泉习胡琴，在晚清之际，声誉最著，常列各班场面首选。四永寿，习打锣，五永山，打鼓，永山别有传在，兹不详述。永清行八，生于光绪十五年己丑，幼入浦阿四门下，从习弦子。宣统三年正月十八日，与陈祥瑞、罗文翰等，同被选入署。是年秋，共和成立，内职遂停。民国以后，改操胡琴，历搭各班鬻技。前者曾在高庆奎班中，今则为杨小楼之随手，因系署中旧人故也。子侄辈，亦多习场面，在梨园中，为颇著声望云。

耿永山

永山字峻峰，行五。幼年入全福二科，艺名迎喜，初习旦角，能"春香闹学""游园惊梦""佳期拷红"等戏，后改文丑，从周阿长学。全福总寓，初在八角琉璃井，后移樱桃斜街，又移李铁拐斜街，最后移玉皇庙乃散。科中教习，有张福元、叶忠定、王阿巧、谢以寿诸人。永山于科满后，尝搭陈寿峰之春台班出演，见光绪十四年该班花名。十九年改入小天仙，随班入宫承差。旋以昆曲式微，知音渐少，乃改习场面。始拜刘兆奎为师，兆奎年老，不能授徒，遂又拜李五（永山时年二十五岁），在观音寺衍庆堂行礼，自后即以打鼓闻。庚子后，与其兄永禄、永寿，俱在久和班助演。鼎革以还，曾为汪笑侬掌鼓。家在东椿树胡同北口，有子四人，长少峰，习拉胡琴，次幼峰，习武场，为潘寿山弟子，三四坐科富连成，为世字辈学生。永山出身名班，后又历从诸耆宿游，故对梨园旧事，知闻颇广；余有所不详者，每造访咨询，皆能满意而归，客岁冬，余至其家，见彼面呈不怿色，问之则曰，家中有其兄永寿之师弟徐德禄，患病甚重，现已托梨园馆为预备埋葬之费，以是心中殊忧郁耳。后数日，过南城，有友人告余云，耿永山已无病而卒。骇闻之下，余绝不置信，又数日，见报纸所登讣闻，果以国历一月三日，即旧乙亥腊月初九日卒（应年六十六岁）。欲往吊祭，而为时已晚，乃自撰哀辞一篇，以志悲悼。至今经过其门，尚觉于心有所凄恻也。

沈景丞 以下打家伙

景丞行五，人每称为沈五，道光十六年生，习乱弹小生，在咸同之际，最负盛誉。咸丰中，张二奎立双奎班，一时人物荟萃，迈出三庆、春台、四喜之上，时班中演小生之主要角色者，即为景丞。后值文宗国服，该班解散。同治二年开禁，同时应春台、广和成之约，皆加入其中演唱。明岁，钰胜班出，亦为帮忙。是年，二奎再组双奎，将沈请回，报案花名，列陆双玉上，但不数年又散；故比较言之，以在春台之日为久。至光绪初，始改崇祝成班。沈时年事渐高，已不常登台，惟负指导之责而已。五年六月二十日，以打家伙，挑选入署。是知景丞，不独登台演戏，号为广博，即文武场面，又无不通晓，古伶人才艺，良有不可企及也。既入署，每值承应，亦邀厚赏，如九年六月十四日，在漱芳斋得赏银三两，十五日同，七月初一日二两，初七日同，十四日三两，十五日同，八月初一日、十五日俱同，九月初一日四两，六日六两，九日三两，十五日同，十月初六日八两，十三日十二两，十五日四两，十一月十五日十两，十二月初一日五两，后亦多同此数。此际景丞，除在内当差外，又于前一岁，与杨隆寿、范福泰、沈易成等十人，合资办立小荣椿科班，现存小生方春仙、程继仙等，即为沈所授。二十二年，有人复用双奎字号成班，仍列沈氏姓名。光绪二十九年三月初九日卒，年七十八岁。按景丞当同治初，在广和成、镒胜两班时，俱与余三胜共事；其前又久与张二奎处，则其资望艺能，自居上选。余张二人，得名并在程长庚之先，长庚虽与鼎足，但其盛乃在余张之后。于今世独推与长庚配演之徐小香为晚清小生领袖，并无能及沈氏者。信乎一艺人之成名与否，因亦有命运系于其中，吾于沈氏，不仅三太息焉。

张三远

三远在随手中，主为打家伙者。光绪五年六月二十日，与沈大、普阿四等，同时挑选入署，赏月银二两，白米十口，公费制钱一串。九年七月初一日，在漱芳斋承应，得赏银二两，初七日同。越明年卒，年六十四岁。

张富有

富有小名金柱，系前供奉张三福之子。幼习武净，同治二年在四喜班出演，至十二岁改永胜奎，兼搭春台，及胜春奎科班成立，与其父俱在该班充任教习，名净李连仲、黄润甫，即该科学生。迄光绪初，永胜奎已散，则仍在春台班。五年六月二十日，以打家伙，被选入署，又兼充教习。赏赐则有九年六月十四日，在漱芳斋得银四两，十五日演"假颠"得一两，又赏三两，二十五日在"宝塔凌空"剧内饰神将，得一钱余，七月初一日得二两，初七日四两，又二两，十四日四两，十五日五两，八月初一日四两，十五日五两，九月初一日六两，初六日十两，初九日四两，十五日五两，十月初六日八两，十三日二十两，十五日六两，十一月十五日十两，十二月初一日五两，后即多如此数。十一年四月，因教演"金沙滩"张饰耶律休哥，与七郎对打一场，被木枪刺破额角；饰七郎者为一太监，即付交慎刑司治罪。富有回家后，始得此讯，遂力疾赴署，为之乞宥。太监罪除，而富有乃以中破伤风，竟不起，以十七日，卒于虎坊桥南四圣庙家内，年四十有六。署内外人等，闻此噩耗皆甚表惋惜，亲赴其家吊唁者甚多。有子三人，长淇林，即长保，次淇凤，小荣椿学生，艺名椿斌，三淇山，尚犹健在，今则移韩家潭西口路北之新屋而居，家境亦颇为零落矣。

杨长庆

杨长庆者，顺天宛平人也，居家在西郊之成府村。习击大锣。其人身体肥壮，梨园中群以胖杨称之。光绪五年六月二十日，与沈大、普阿四等，同时挑选入署。七月十五日，在漱芳斋承应，得赏银二两，八月二十日同，九月初九日得赏银四两；九年六月十四日同，十五日三两，二十五日一两，七月初七日三两，十四日、十五日，八月初一日、十四日俱同，九月初一日得银五两，初六日六两，初九日三两，十五日二两，十月初六日三两，十三日八两，十五日三两，十一月十五日六两，十二月初一日四两，以后赏赉，多与此类。十五年，德宗大婚，太后还政于帝。未几，又承慈禧之旨，修建颐和园，以为游宴之所。十九年工竣，自后慈禧在宫之日少。而帝于政事余闲，则辄手自击鼓，以为戏乐。惟击鼓，必须用大小锣为助，方成节奏。长庆击按轻松，声响而逸，帝之打鼓，借此益彰其美，故对长庆尤为宠悦。时清帝，冬则还宫，春夏多驻南海，与升平署仅一水之隔，不日召诸随手，于瀛台殿上承应。相处既久，形迹自略，而于杨为更甚。一日，德宗见牝牡玉雪猧儿，媾于殿角，即呼长庆问之曰，胖杨，汝视二伏于彼，作何事者？长庆目睹其隐，而不能显出于口，乃脆应曰，以摩触为游戏耳。帝闻之大笑，二妃在侧，亦为粲然。迨戊戌政变，帝被幽禁，传差之事遂稀。庚子回銮，德宗处境愈劣，虽欲与随手等接近，而不可得矣。某夏偶遇长庆，不觉旧兴忽发，即戏语云，人尽以胖杨呼汝，观今日汗流浃体，不胜炎暑，实脂膏为累耳！朕意不若改称瘦杨之为愈，杨亦唯唯；自是竟日趋瘦削，光绪二十九年八月初一日，卒于家，年六十岁。其缺即以潘寿山递补。上述两事，皆潘亲口所述者，言际，颇有怀旧不忘之感云。

吴永明

永明安徽籍，为名青衣吴巧福之子。幼习武场，为前供奉唐阿巧之唯一弟子，以击大锣著称。十年余，即搭四喜班奏技，同治十一年该班花名，曾见著列。自后二十余年，未尝他就。光绪十八年，与侯俊山同时膺选，至十二月二十九日，由内务府备文交进，赏月银二两，白米十口；每有赏银，多如李奎林、路昌立之数，兹不另录。永明原住家天桥迤北，自挑差后，即移居五道庙路西，为便与其他供奉之来往也。庚子之乱四喜散，明年乃改入福庆班中。三十年，太后万寿，赏加一两五钱钱粮。国变以后，罢职家居，民国三年卒，年五十五岁。子玉林，孙富琴，俱执伶业。而富琴习青衣，尚稍稍为人所称道云。

钱树琪

树琪为三寿之子，光绪二年，生于银丝沟官舍。自幼习击手锣。光绪十九年六月二十一日，由总管何庆喜转请于太后，令树琪及唐春明、潘寿山、阎福四人，入署效力，升平署之有效力，则由树琪等为之始耳。当差十二载，至三十年慈禧太后七旬大庆，始下谕赏食正项钱粮。不幸于光绪三十一年十一月五日遽卒，年仅三十岁。有一子，早岁过继署中某太监为嗣，少时放纵，故未学艺，鼎革以后，生活维艰，乃入沟工队充当工人，后即不知所终矣。

潘寿山 附何永福

寿山为潘荣嗣孙，同治九年，生于银丝沟官舍之徽征堂。年十余，从方秉忠、浦增寿及内学安来顺等，习吹笛；后因患嗓，不克再学。增寿曰，潘家只此一人，不能令其艺中绝，遂令改拜何永福门下，练习武场，初击小锣，后改大锣，又尝师事内学方福顺，授以昆高锣鼓。光绪十九年六月二十一日，与唐春明、钱树琪等，同被选入署效力。二十九年，杨长庆卒，即由寿山补其缺，时为九月九日，台上唱"九华品菊"下场后，遽得老太后赏与潘寿山钱粮，用即北向，叩头谢恩。明年太后七旬大庆，又赏加一两钱粮米，共食月银三两，年俸白米三十九石九斗（食二两者，年得白米为二十六石六斗）。尝因演"混元盒"剧，其中收白狐李二场，于过会时，须夹太平锣鼓一份；以署内无能者，遂自三里河特聘教师一人来授，以唐春明打鼓，钱树琪小锣，寿山大锣，鲍桂山木鱼板，郭得顺齐钹，在署中传习，一月方成，承应之日，颇得太后欢心，赏赐无算。其在外，则搭同庆班，随谭金培奏技。并时鼓师为李五，琴师为梅雨田，汪子良小锣，浦长海月琴，锡子刚弦子，人物荟萃，称极盛焉。民国后，搭尚小云班最久，近数年，又兼在奎德社助演。自南府官房被收，寿山便徙于南长街口内路西居住，所授弟子，计有唐喜林（打鼓）、高得禄（小锣）、唐锡光（大锣）、赵绍田、李培增（小锣）、罗次昆、耿幼峰（打鼓）、吴永福诸人。余暇日往访，辄为述壮岁时事云：德宗皇帝，最嗜打鼓，日召沈大、郝六、刘兆奎及寿山等，至瀛台授习，皆半跪半坐于红毡之上，以待驾至。每当帝与珍、瑾二妃，游戏既罢之后，即双挽玉手，并肩以入，曰此刻，我等应起打矣。诸人便立执司乐，一齐伴奏，二妃侍立两旁，全无避忌。值帝进膳，则又分玉食赐用。曲中"泣颜回"一支本无大锣，称为清板，而帝意谓改混板较佳，当命沈郝等，研究制谱，加入，付寿山击之。自德宗遭禁后，遂无再到机会。余旧有清宫词云："苑外林边游戏回，玉人相并殿中来。乐工半跪红毡上，不用传呼力士催。曾分玉食近天颜，殿上笙歌兴未阑。一样瀛台供奉地，不堪临望在回銮。"即为咏此事而发者。但寿山老矣，每话天上清歌，辄为嘘唏不置，故余亦秘而未尝以相示也。

何永福

永福小名九儿，故又称何九，安徽人。其祖父尝为和春班主，父名瑞林，唱老旦。子二，长永福；次曰十儿，唱武净，颇有名，后故于海上。永福自幼坐科小福胜科班，以舌长，念唱均不适宜，遂改习场面，以打鼓著称。出科后，初搭四喜，见同治十一年该班花名，光绪三年，则已列场面第三，九年同上。至十四年，加入陈寿峰所组之春台班，列场面首选。光绪十九年入小丹桂，二十二年入福寿，悉与在春台相同。享盛名二十余年，至今言鼓师者，每数何九（见《旧剧丛谈》），亦不为无因也。其住家在梁家园东夹道，子一，曰德禄，福寿坐科，习武净，摔打极佳。弟子则有潘寿山、耿永寿、迟亮儿、张六四等人。光绪十三四年卒，年五十余岁。子德禄，今则附食于永寿弟永山之家内云。

郝玉庆

玉庆本名玉翰，为郝春年第三子；以兄弟排行第九，故又称郝九，光绪四年三月初四日生。幼从其父习武场，善击大锣，光绪十九年冬月，挑其入署效力。一日，德宗在瀛台上击鼓，见玉庆旁跪，乃故为模拟春年之调，而戏问曰，今朕日之鼓点谁似？玉庆曰，似我家父。帝则应声曰是矣。其意盖如乡人戏谑，欲讨便宜于童子，则帝之好与优伶调笑，殆有与唐玄宗为相类者。不幸以光绪二十六年四月初十日，暴病而死，年仅二十三岁。子喜伦，坐科喜连成，亦习场面，今则仍在该社任教习云。

汪福海

福海号子良，先世安徽人。父立中，行大，尚有叔立本，习丑，今在大连居住。立中小名大升，习净，搭四喜班颇久。同治中，曾领取梅巧玲之资，组立小和春科班，所成就极众。光绪以后，仍搭四喜，十三年《都门纪略》，尝见选录。福海以光绪八年十一月二十六日，生于李铁拐斜街。翌年，即移家皈子庙。至福海五岁时，又移于前内前府胡同。光绪十九年，父立中死，年四十七岁。是岁，拜沈立成为师，从习武场，最以小锣擅长。戊戌冬，柏如意伤折其股，经福海舁至于家，为之疗养，如意感汪深惠，乃尽将所学传授。福海虽本习皮黄，但对昆弋梆子各腔锣鼓，亦无不通晓，尝拟编《锣鼓经》一书，邀人记录，惟以事忙，迄今未得成书耳。夫梨园中人，顽固不化者，十居八九。稍有心得，便用居奇，一生秘奥不肯示于人；宁怀绝技以终，绝不愿公布于世，以致艺术之道，日趋黯然，无复光明气象。今福海独思有此创举，事虽未就，顾其志亦可嘉矣。福海初随其师在四喜效力，庚子乱后，入同庆班，为谭金培充随手。光绪二十九年，潘寿山递补杨长庆缺，改食正额钱粮，所遗效力一缺，即用福海承之；而福海又将在同庆所司之职，让于寿山。未几，喜连成科班成立，特聘福海加入。民十二，在广和楼后台，成立场面公房，唐宗成为主任，以李庆喜主教文场，福海教武场，所授弟子，计有张继五、刘富熙、傅少山、叶荫章、方富元等人。二十一年，应国剧学会之请，在虎坊桥会所为授武场音乐。明年，复接戏曲学校聘书，入校为诸生授课。二十三年，又兼在海王村国剧传习所，担任说戏。除公房学学校所授门人不计外，曾经行拜师礼，在家内从受业者，尚有陈文兴、陈文荣、余起荣、孙文秀、张庆云、马玉山、张之清、刘国栋、陈秀林、刘玉如、吕凤山、周子厚、唐文卿等。余初识君，在贾家胡同，今则移寓潘家河沿路东庙内。娶吴氏，为吴喜昆之姊。有子女各二，长文英，旧师浦长海及李庆喜等，习文场，弦子胡琴，各有长技；次文斌，从张德奎及其父习武场。长女已适人，次女尚幼。福海识字能文，家藏曲谱及记掌故之册颇多，余每有疑惑，辄请其说明，盖梨园中最有才识之人也。

沈福顺

福顺谱名寿臣，为沈大立成之三子，生于光绪十二年丙戌。幼随其父习艺，以小锣擅长。光绪三十二年十月十二日，与梅雨田同时被选入署。数年，值国变，内职遂停。民国初，其父又死，时福顺尚无赫赫名，自立殊难，赖诸师兄力，方得维持生计。今则搭尚小云之班奏技，并经汪福海之援，曾在戏曲学校授艺。在场面中近已稍稍为世所重矣。

陈祥瑞 附王景福

祥瑞字子亭，小名宝升；先世为山东人，后占籍直隶武清县，父清泰，小名三福（《都门纪略》作三斧），旧在京东科班坐科，习铜锤花脸（即正净），入京搭三庆春台等班，以"二进宫""沙陀国"等戏擅长，享盛名数十年之久。其住家，在今燕家胡同。有子二，长祥霖，从张七习拉胡琴，客岁新卒，年五十七岁。次祥瑞，生于光绪九年癸未；幼在小天仙科班，从张凤台学为正净，以饰"莲花堂"达摩最佳。后因嗓败，始改场面，拜王景福为师，以精击大锣，故有大锣陈之号。光绪末，在同庆班，随谭金培出台。以宣统三年正月十八日，挑选入署。承差不久，清室灭亡。民初仍搭同庆，后则在富连成任教习。尝与谭小培同科，故其后小培出演，即用祥瑞为鼓师。小培辍演，又改随王又宸，以至于今，现住家东壁营四号院内，余亦尝一至其门云。

王景福

景福京师人，父玉山，住家香厂地方。景福生于同治六年丁卯，自幼师事潘桂明，习武场，又尝列沈立成门下，后遂用打鼓，显著梨园。光绪二十二年，在双奎班奏技，列该班场面第一。双奎班散，改入同庆班，为谭金培鼓师，二十五年，同庆花名，仍居首选。按晚清之际，三庆春台皆解体，其号大班，而为人材之荟萃者，仅余四喜、同庆、福寿等班，即各班场面，亦俱聘上选充任。景福既在同庆班久，故其得名，亦称极盛。子一，曰振纲，亦习打鼓，门人除陈祥瑞外，尚有艾立仁、曹森、梁子恒、魏熙云四人。以民国四年卒于家，年四十九岁。

罗文翰

文翰行三，为罗寿山之幼子，生于光绪十三年丁亥。妙龄时，即拜郝六为师，习击小锣。宣统三年正月十八日，与陈祥瑞、耿永清等，同被选入署，赏食月银二两，白米十口。承差数月，清亡，即随众退出，在外搭班。住家在百顺胡同后河，娶孙氏，为光通兄双玉之女。生一子，曰盛公，富连成坐科，习文丑，已稍稍知名，将来或有能步其祖父后尘之一日也。文翰现搭荀慧生之班出台，亦常随外出，至沪汉各地，颇为所倚重云。

武奎斌 以下梆子 呼呼

奎斌小名曰喜，或作成喜，晚年人称老喜，直隶河间人。幼从王老喜习艺，为晚清梆子呼呼第一名手。同光之交，搭双顺和班，同治十二年、光绪三年、光绪九年，在该班花名册内，悉见著录，迄双顺和散，则改搭义顺和班，又尝于光绪十九年，随班入内承值。至其挑选差事，则远在光绪九年九月初八日，系与杨得山（本作宝山）同单交进，但杨以故未到，遂仅剩奎斌一人。十五日，在漱芳斋承应，得赏银二两，十月初六日同，十三日得六两，十五日四两，十一月十五日六两，十二月初一日四两，以后赏赐，亦多准此。是时奎斌除上场外，又收一内学为徒，后数年艺就，而相九霄、侯俊山相继入署，乃改用奎斌为鼓师，随相侯及刘七儿等奏技。按俊山于至京之初，即尝特约武为拉呼呼；至是旧雨重逢，自可能应节趁拍，无生涩之虑。不幸以光绪二十一年九月二十日遽卒，年四十有八。即用侯双印递补其缺。奎斌以呼呼享名过盛，而打鼓之技，反为所掩，此事遂无人能道及之矣。

王玉海

玉海本作永海，外号铁头，直隶顺义县人，生于同治二年癸亥。幼在本地戏班习艺，后入京师，以梆子呼呼知名，为十三旦、刘七儿之良随手。光绪十九年，宝胜和班花名，列场面第三，又随班入宫承应，计四五年之久。光绪三十三年六月十五日，挑选入署，赏月银二两，白米十口，其住家在南深沟，有子王恒，亦习场面，能继父业。民国以后，梆子腔声势日衰，亦即返回乡里，与京华消息绝矣。

武奎保 以下梆子 笛

奎保为奎斌之弟，以梆子笛著名。叔父某，在宫内为太监，颇有恩宠。光绪十九年冬，因其叔之力，与郝玉庆同入署效力。每承应赏银，初为一两，后则逐渐增至三四两之间。光绪三十年夏，谢双寿卒，即用奎保补缺，改食正额钱粮。十月万寿，更加添一两钱粮米，共食月银三两，年俸白米三十九石九斗。三十二年五月二十四日卒，所四十五岁，即以傅振廷递补其缺。

傅振廷

傅振廷者，河间人，生于光绪十年甲申。乡班出身，习梆子笛。因与宫禁内某武姓太监，有亲戚之谊，召之来京，力为保荐，遂于光绪三十二年十月十五日，补武奎保缺，与杨小楼同时被选入署，赏食月银二两，白米十口。其对外，亦列名于侯双印门下，但在京亦从未搭班。清室灭亡，署内无事，署振廷即返回原籍，力守田园，后事遂不得而详矣。

杜山 以下看管

杜山者，京师人也。习打鼓，为同光间名辈，光绪五年六月二十日，与沈大、沈二、浦阿四等，同被选入署。九年六月十四日，在漱芳斋承应，得赏银四两，十五日得三两，七月初一日二两，初七日三两，十四日四两，十五日及八月初一日、十四日俱同，九月初一日三两，初六日四两，初九日二两，十月初六日同，十三日得六两，十五日四两，十一月十五日六两，十二月初一日五两，后来之数，亦多准此。后以年老故，乃改为看管戏单，光绪十八年卒，年五十四岁。

朱廷贵

朱廷贵者，京师人，幼在梨园行习管箱业，且极有任事才。咸丰中，在双奎班，为张二奎掌管衣箱，最为张所倚重。同治初，即自创办小福胜科班于西柳井大街赣州会馆。聘李兴太等任教习，所录弟子英秀颇多，如彩福禄、许福英、许福雄、王福寿、范福泰等，悉出于此班中，而廷贵彼时，年亦仅二十余岁耳。光绪九年四月初三日，被选入署，令管看单之事。六月十四日，在漱芳斋承应，得赏银三两，十五日二两，十六日同，七月初一日及初七日又同，十四日三两，十五日及八月初一日、十四日俱同，九月初一日四两，初六日六两，九日三两，十五日同，十月初六日六两，十三日十二两，十五日四两，十一月十五日十两，十二月初一日五两，后亦每仿此数。光绪十八年卒，年五十九岁。

阎定 以下检场

阎定谱名玉川，旧为四川籍。五世祖，习吹笛，乾隆中自蜀来京，是盖与魏长生、陈银儿等充随手者。父德魁，执管箱业，住家留学路南高台阶地方。定自幼拜靳姓为师，习走场一科，该科又名剧通科，定例学艺三年，为师帮忙一节，在台上则不准穿短衣服，此其大略也。定于出师后，即在胜春奎班任事，同治十一年花名册，曾见著列。光绪初，改崇祝成，与孙菊仙相傍甚久，名又见九年嵩祝成班花名册。光绪十一年四月初一日，与贾成祥、穆长寿同时挑选入署。初三日在漱芳斋承应，得赏银三两，初八日二两，十五日一两，七月初一日三两，十五日二两，八月十五日、十八日、二十七日，九月初一日俱同，十一月初一日三两，十八日四两，又一两，十一月初一日一两，十六日、十七日同，二十四日二两，十二月十六日同，后来之数，亦多同此。光绪二十四年七月初八日卒，年四十三岁。子阎福，已先挑效力，至是实补。门徒除在内效力之陈万全外，尚有瑞子（曾随田桂凤）、李福（在同春、福寿等班）等，在梨园中论检场一科，自以阎氏为世家矣。

阎福

阎福正名寿春，生于光绪二年丙子。幼从其父习检场。光绪十九年六月十九日，与唐春明、钱树琪、潘寿山等，同时入署效力，食南府银粮，而管本家外学之戏。二十四年，父死，即以寿春，补其缺。三十年，慈禧太后七旬大庆，赏加一两五钱钱粮，共食三两五钱之数。迨杨小楼入署，即常为帮演。及国体变更，内职悉罢，小楼以署中旧人，仍信用不衰，迄今已二十余年矣。寿春现住家前外储子营路南，子汉卿，从父受业。门人则有李子俊、李金宝、樊德昌、白文元等，在剧通科中，称大家焉。

徐生儿 梳水头

徐生儿者，京师人，居家前外大安澜营。幼在梨园习梳头之技，光绪九年搭永胜奎、久和成等班，姓名曾见著列。十七年五月二十一日，与王福寿、刘永春等，同被选入署，时年三十二岁。既入署后，每承应亦必有赏赐，计如本九年正月十九日在长春宫得银四两，二月初五日三两，十七日二两，三月十五日、四月初五日同，初八日一两，五月初五日二两，十五日同，二十日四两，六月初一日三两，十五日、二十一日俱同，二十七日四两，七月十二日二两，十月十六日五两，十一月初一日三两，十五日同，十二月初二日二两，又一两，十六日同，后亦多如此数。民国初年卒，孙永春今在。门人则以杨贵中、马得志为知名云。

张七 以下管箱

张七京师人，本习净色，后乃改业制造切末行头，在梨园则任管盔箱之事。光绪九年四月初三日，与杜四保、刘祥等，同时被选入署，归钱粮处办事，每承应，则为本家及外学人等上装。至内廷所用切末，亦多出张氏之手，至今梨园中人，尚无不知有凤凰张七其人者，则其当年之盛，又可知矣。光绪二十一年十月初八日卒，年四十六岁。子凤岐补父缺，以盔头作名义入档。光绪三十年，慈禧太后七旬大庆，赏加一两五钱钱粮，共食三两五钱之数。宣统三年，因国体变更，内职遂罢，时年四十四岁，其后事今已无闻焉。

杜四

杜四本名四保，直隶武清县人。幼拜刘祥为师，从习掌管盔头箱之事。刘祥京师人，住家左安门外王爷坟地方，搭班以春台为久。此项管理盔头箱，虽属末事，但在梨园，亦自成一行，名曰容帽科，非经验宏富者，亦不易胜任。光绪九年四月初三日，与其师及庆玉、张大、刘禄、张兴、张七、长顺、永福、老儿等，同时被选入署；或为本家管箱，或在钱粮处任事。承差十数载，年五十余岁卒，即由其子杜清补遗缺。杜清为马一清门徒，虽入署，仍用其父名字。在署内与杨小楼交厚，故于鼎革以后，即照旧搭小楼之班，迄今已有二十余年。现住家在粉房琉璃街路东，子一，曰兆培，习武场，为鲍桂山弟子。收徒有孙德隆（随高庆奎管箱）、王文俊（随李盛斌）、乔松山（随吴彦衡）、裕国慎等人。余尝一晤于庆乐园后台，为述其家世如此云。

陈祥

陈祥正名桂岚，为前供奉陈连儿之第四子，昆仲排行第五，故又称陈五，同治三年十二月初二日生。幼习管理衣箱之事，光绪二十年后，挑选入署。其时在内为钱粮处任管箱者，共十人，韩秃儿、史文兴、侯清山（一名九成）、王福及桂岚五人，管理大衣箱二衣箱（即靠箱）；张七、林福（杜四保师弟）、杜和（杜清之兄，为四保弟子）、杜四（即杜清）、文志（姓禹）五人管理盔头箱。按其时署内当差，大难于在梨园做事。因宫内衣靠盔杂，件数名目之繁，较多于普通所用者，岂止千百倍。而上场之人，连内外学计之杜亦不下二三百。若演大戏时（若"九九大庆""罗汉渡海"等），各仙释神将之衣服盔帽，各有专件，何角应先，何角应后，必须了然于胸，方不致有误差。桂岚等以五人而为百余人穿戴行头，克从容应付，条而不紊，是非有干练长才者，又曷可胜此任耶。桂岚自鼎革以后，仍不时搭班。民国十年前后卒。子斌雨唱老生，盖亦斌庆之学生云。

王福

王福为旗籍旧名，其顶替当差者，则靳荣轩也。荣轩京师人，生于同治十二年癸酉。十二岁拜方明祥为师，习管衣箱之事。初在小荣椿搭班，常为程继先、杨长林等扮戏。荣椿散后，又改搭义顺和等班。光绪二十一年六月二十八日挑选入署。时钱粮处首领谓之曰，若用本名，仅支月俸二两，不如冒用旗人名号，则可得双份钱粮，而当差则一耳，是又何乐而不为者。荣轩乃如其言，以王福名入档册。杨小楼之初为供奉，以对署内规矩，多不熟习，遇事诸感困难。荣轩于时，除为帮同扮演外，更多所指导，职是之故，小楼乃聘靳为其管理衣箱，迄今二十余载，未尝一日分离，此亦小楼笃念故旧之义也。荣轩今住家粉房琉璃街中间路东，有子文卿，习武场，为鲍桂山弟子，其自收门徒，则有宋占元、孙玉堂、刘润田、于国栋、王恩霖、赵殿卿、宋保喜、祁得才、张志丰、张守正、冯保林等。梨园公益会去年改组，公推荣轩为剧装科领袖 。是知其人，不独以艺术福，即其才与德，亦有足多者。余尝数与晤谈，故于其事略，尚能稍知一二云。

王芷章先生生平

著名的老一辈戏剧史专家王芷章先生毕生从事中国京剧历史的研究与著述,对中国戏剧史学作出了杰出贡献。他早年撰写出版的《腔调考原》(1934年5月北京双肇楼图书部初版,线装本),对京剧乃至戏曲腔调的考证,取得相当的成绩,是我国最早从事戏曲声腔的研究者之一。他整理编著的《清升平署志略》(国立北平研究院史学研究会1937年初版,商务印书馆印刷发行;上海书店1991年12月再版),也是对清代宫廷演戏及京剧在宫廷活动最早进行研究和史料整理的学者之一。他编撰出版的《清代伶官传》(1936年10月,中华书局出版),为京剧艺人立传,共分三卷:以在乾、嘉、道三朝者为上卷,咸、同两朝所选者为中卷,光、宣两朝所选者为下卷。系统地介绍了近四百位主要伶官的出身家世、从艺经过、艺术生涯、演出剧目、艺术水平、参加戏班以及生活情况等,是我国最早以介绍京剧艺术家生平事迹为内容的专著。芷章先生的后半生仍是着力于研究著述中国京剧史学。1982年先生去世前终于完成了《中国京剧编年史》这一宏伟的巨著。

王芷章先生(1903—1982)字伯生,号二渠,1903年1月29日出生在河北省平山县的一个农民家庭。从少年时代起就不断参加田间劳动,铸就了他一生勤劳、质朴的性格。早年求学于河北省立正定第七中学,1929年毕业于北京孔教大学中文系,同期还师从于著名文学家桐城派学者吴北江先生(吴北江先生之父吴挚甫为晚清桐城派八大文学家方苞等之后最后一家,清同治进士,官冀州知府,京师大学堂总教习,曾任保定莲池书院院长)。当时,同为吴先生的入室弟子者有历史学家谢国桢先生、戏曲史家张次溪先生、戏曲史家周明泰先生等。芷章先生善于诗词和声韵，也是得益于吴先生的教导。

1929年至1933年3月，芷章先生在河北省保定市保定民生中学任语文教员。1933年8月至1942年7月，在国立北平图书馆任馆员，到国立北平图书馆工作是经著名金石学家容庚教授介绍的。从这时开始，他就步入中国戏曲史学的研究生涯。当时，他与孔教大学的同窗好友、戏曲史专家张次溪先生及方问溪先生志同道合，在中国戏曲史学的研究与著述中结成了亲密友谊。他们广泛收集戏曲史料，尤其注意对档案、碑记、照片、唱片等的收集，不辞辛苦各处寻访碑记、遗迹，走访老伶工及其亲属，获得了大量珍贵的第一手材料。当时张次溪先生编写了《清代燕都梨园史料》（该书的正编于1934年，由北平邃雅斋书店排印出版，收入《双肇楼丛书》；续编于1937年，由北平松筠阁书店排印出版），方问溪先生写了《胡琴研究》，这两本书芷章先生都作了序。

1934年5月，芷章先生完成了他的第一部著作《腔调考原》。该书是研究中国戏曲腔调的一部专著，芷章先生在广泛认真收集、考证有关戏曲史料的基础上，勇于破旧立新，提出了自己的学术观点，论定"西皮"本为甘肃调，"黄腔"本为湖广调（又曰楚调），"二簧"本为徽调。该书的出版，在当时学术界产生了很大影响，一些著名学者对芷章先生研究中国戏曲腔调之源流与沿革都给予一定的、客观的评价。许之衡、刘半农分别为《腔调考原》写序，刘半农先生认为此书"可以列于齐（如山）、周（志辅）诸先生著作之林而独树一帜"。得到半农先生的肯定，无疑对青年的芷章先生是莫大的鼓舞和鞭策，或许对他的一生都有很大的影响。可惜半农先生写完这篇序言后就到绥远（今内蒙古）一带调查方言，不幸染上了瘟疫，竟英年早逝。为了纪念半农先生，林语堂先生在他主编的《人间世》（半月刊杂志）1934年第九期上，选《腔调考原》的序言为第一篇纪念文章（为此序言的首次发表）。

1937年芷章先生编著出版了《清升平署志略》。当时芷章先生在国立北平图书馆做编目工作，有一次国立北平图书馆举办了一期戏曲音乐展示会，展品中有相当一部分是清升平署档案及曲本，会后不少有识之士认为升平署档案资料非常重要，这些极珍贵而又有价值的戏曲史料，引起了芷章先生的极大兴趣和关注。因而，自己决心继前人之伟业，奋力研究整理清升平署档案资料，而仅用了两年时间，就把升平署档案梳理井然，先是撰写了《北平图书馆藏升平署曲本目录》，继后又编著完成了《清升平署志略》这部传世之巨著。清升平署档案资料原是由浙江海盐朱希祖，约在民国十几年时由宣武门大街汇文书局购到升平署档案及钞本戏曲总共有千余册，尝自撰有《整理升平署档案记》，后出让于北平图书馆的。《清升平署志略》以"引论"、"沿革"、"升平署之成立"、"分制"、"职官太监年表"、"署址"等内容，全面、系统地阐述了清升平署的成立及管理制度以及演变过程；既反映出清朝宫廷演戏及京剧在宫廷的活动情况，也阐明了王先生在戏剧史学研究中的鲜明的学术观点——立足于民间的戏剧史观。他认为，元代戏曲属民间之乐。之后出现的是文人所制的"雅士之乐"，到清代乱弹，又是"民间之乐"的勃兴。正因为清代的"乱弹"是属于民众的"民间之乐"、"民间文学"，又别于前代文人创作的"雅士之乐"，有着可占"民风之变"、可观"民俗风情之色彩"的重要价值。这正是该书的精辟之论，卓越之见。

其后，芷章先生曾在南京中央大学任教授，讲授中国戏剧学及古诗词等。1943 年 3 月至 1945 年 2 月，在河南省安阳中学、河北中学、国立一中学等学校任语文教员。1945 年 3 月至 1946 年 6 月，在陕西省城固国立一中学任语文教员。1946 年 7 月至 1947 年 6 月，在西安市的河北职业学校任中文教员。从事教育工作在他的一生中也占重要位置。在抗日战争时期，芷章先生偕夫人张松影、女儿王维丽跟随这些内地学校由河南向西北大后方陕西省转移时，一路翻越伏牛山区，不顾逃难途中的劳苦险阻，每到一处，都是调查当地民情习俗，由感于国家的兴亡，人民的疾苦，不断奋笔写诗，抒发忧国忧民的情怀，抒写歌颂祖国的大好河山，表现了芷章先生热爱祖国、热爱生活的崇高品德，如 1945 年阴历三月二十七日，芷章先生跟随国立一中学，由河南省上集（今河南省淅川县）转往河南省西平县，据学校得到消息，日本侵略者快攻打到此地，在离开上集时心情沉重地写了一首《别上集》："柳绿桃红别淅川，数声炮火已遥传。连岗高处莫回首，此去应无再到缘。"（芷章先生日记本上记录）1945 年 8 月 10 日（阴历七月三日），芷章先生偕家人在陕西省城固县国立一中学任教时，夜闻日本鬼子投降，立草诗一首云："捷报忽传降日本，惊闻失喜欲成狂。手携小女披衣出，遍看街头爆竹光。"（芷章先生日记本记录）更为难能可贵的是，在逃难途中的艰苦情形下，芷章先生始终不忘对地方戏曲的演出活动情况的调查研究。例如1946年阴历五月，在陕西省城固县时，在他的日记本上就记有当地的地方戏剧情况："当地的二黄戏在汉水流域，以安康为中心分界，以下（下游）为汉二黄；以上（上游）为川二黄。城固南关有一戏班为川二黄。据伶工们（演员）讲：他们演出戏中念白为中州白，所唱为四平腔。演员多为城固南孙家坪一带的乡民组成，演出流动于川陕之间。"演出的剧目非常丰富，据芷章先生的记录不下一二百出。如《取洛阳》后接《白蟒台》（老戏名为《云台观》），与其他省份的"地方小戏"不尽雷同。他还记载了生旦净丑各种角色分类，琴师调定高低调门的方式，所用的各种乐器；剧目注重整本大套，每一首尾完具，情事井然，深合普通百姓观众的心理；名伶唱作特色以及化妆行头，戏班班主的领导及管理，演出的营业情况，演出团体的沿革，由流动性"唱高台"到固定的建戏园等等。十数本记事字字句句都渗透着作者的心血和汗水，由此不难看到芷章先生，献身于中国戏曲史研究事业的执着、顽强、孜孜不倦的工作精神。尤其重视身体力行深入第一线，以亲身体验把广大艺人用血和泪创造出来的无穷艺术瑰宝，深刻地挖掘出来，加以去粗取精，精心撰述。这正是芷章先生的科研特色。

1948年2月至1952年8月，芷章先生在西安西北大学任教授，教授中文、中国戏曲史等，芷章先生在西北大学授课之余，积极参加与当地的戏剧活动并发表大量的学术文章。西安刚刚解放（1949年5月西安解放），芷章先生应邀出席了1950年9月召开的西北五省文艺工作者代表大会。他在会上聆听了彭德怀同志的讲话，接触到了文艺部门的领导干部，如柯仲平、马健翎、苏一萍等同志，深感党和政府对文艺工作的重视和关怀，并被选为西安戏剧电影工作者协会的委员。当时虽然西安的戏剧种类和戏园子个数比不上北京，但西安的剧坛还是呈现出一派十分活跃的景象。当时西安的剧社据统计有十一个：秦腔有五家（易俗社、晓钟剧社、秦声剧社、三意社、同友社），河南梆子有两家（狮吼剧社、常香玉演出于中正堂），京剧两家（正音社、某海派戏班），山西梆子一家（晋风社），河北评戏一家。当时西安各种剧院有二十家，从业人员共有一千四五百人，各剧院每天都要演出一至二场，估计观众约有一万至二万人。仅新排《红娘子》一戏，当时就有六家剧院演出，共演出一百三十六场，观众要达十三万余人。当时西安的剧坛上有封至模、樊粹庭先生等一些戏剧活动家、剧作家，芷章先生与他们都有交往，与他们一起参加了豫剧、秦腔等音乐、表演和舞台美术及戏剧评论方面的改革活动。芷章先生先后在西北大学学报《黎明日报》（文史双周刊）及《群众日报》上，用"王二渠"的笔名发表了《论元代戏剧发达之原因》、《留秦剧谈录》（连载若干期）、《紫柏山留侯祠志》、《王宝钏庙及其故事来源考》、《游杜公祠记》等。其中《留秦剧谈录》介绍了西北地区（特别是西安市）的几个实力雄厚的秦腔剧团（如易俗社、三意社）、豫剧团（如狮吼剧团）与山西的晋剧团、河北的评剧团的演出活动情况。1950年8月他写了《旧剧改革问题》一文登在了西安《群众日报》上。该文是芷章先生在新中国刚刚成立之时，在他认真学习马列主义、毛泽东思想之后，大胆谈出了自己对旧剧改革的认识与观点。在文章中鲜明地表示旧剧很有改革的必要，对旧剧改革这一问题也是要以辩证的观点来理解认识，并谈了改革计划和步骤，还谈了他对戏剧、戏曲艺术、艺人的含义的认识。他认为："戏剧即是最完善的综合艺术；中国戏剧即是中国民族艺术的重要遗产；中国戏剧即也应当是广大人民群众的大众艺术了。"在这篇文章发表后，在一次群众日报社组织的戏曲工作座谈会上他谈到自己当时的想法，他说："西安是一座古城，所以一切文化包括着旧戏剧在内，都是含有封建性的意味最深最重。要讲改革非从这里下手不可。我那篇文字所讲述到的地方实在太狭隘；我之所以敢拿出来交《群众日报》发表有二种作用在内：一是自解放军入城后，我的思想首先得到解放，听到几位高级首长的演讲，看到由延安带来的新书，觉得他们所说的话，句句都是真理，马上我就五体投地地想把马列主义、毛泽东思想、新民主主义等接受过来，因为我是好谈戏剧的，所以就把这点意思表达在戏剧改革方面。为的是叫一般尚没接受新思想的人不要再观望再徘徊了。要赶快起来，跟着毛主席走，跟着共产党走！……"芷章先生为一个从旧社会走过来的知识分子，虽然漂泊半生，一旦获得解放见到光明，他就勇往直前投向真理，投向进步！足见他对党对新社会的热爱之情。在西北大学任教期间，1951年5月至1952年5月，芷章先生到中国人民革命大学（中央党校的前身）进修学习马克思列宁主义、毛泽东思想。

1952年8月，芷章先生因身体有病，而且对西北气候环境不习惯，即偕家人从西安回到北京。1952年秋至1956年春，他先后在北京女十四中、北京二十三中学任教，教授语文。1956年春调到中国戏曲研究院，从事戏剧研究工作。其实，当时芷章先生也有两个机会供他选择，有朋友推荐他到文学研究所担任图书馆馆长，芷章先生考虑到自己并不善于搞行政工作，同时早已开始《中国京剧编年史》的撰写工作，最终他还是选择了戏曲研究院的研究工作。在中国戏曲研究工作的近十年里，他孜孜不倦地、默默无闻地编写《中国京剧编年史》，芷章先生平时生活俭朴，谦虚待人，他的人品和学问是极受尊敬的。中国艺术研究院戏曲研究所原所长余从先生讲道："当时，我和王老同在戏曲史研究室，虽不在一个房间工作却时常可以见面，王老生活俭朴，待人和蔼，工作勤奋，平时说话也比较少。但当你向他请教时，谈起来滔滔不绝，尽其所知地告诉你。对切磋、探讨学问，尤为笃挚。"直到1965年秋，因年龄超限，组织安排他正式退休。退休后，把全部精力集中在撰写《中国京剧编年史》的工作上。其后不久，史无前例的那场浩劫就开始了。尤其文化艺术界受到的摧残更为严重，京剧事业几乎全被否定，仅存的只有几台"样板戏"；昔日的亲朋故交、老同事、老领导，不是被关进"牛棚"，就是被流放到"干校"；书不能看，资料无处查，甚至连老戏的话都不能提起，许多老学者、老艺人都相继去了，把许多宝贵的艺术财富也随之带走了……很多很多重要的工作都停滞了，甚至被彻底破坏了。芷章先生虽然没有直接受到大的冲击，但当时的生活状况、政治环境都比较困难，当时芷章先生一家六口人，夫人张松影女士有病在家，同女儿王维丽、女婿李庆元、外孙女李林蔚、外孙子李林臻，仅住两间小平房。虽然女儿女婿工作，但经济收入是不富裕的。是对事业的执着追求，芷章先生坚持每日早晨五点前起床，一早工作两至三个小时，同时还照顾老伴。芷章先生就是这样日日夜夜地奋斗着。面对当时冷酷的景象，芷章先生还是矢志不渝，坚信党、坚信人民、坚信历史、坚信正义一定能够战胜邪恶，京剧艺术一定会迎来它灿烂的春天。就这样，他毅然不顾年老虚弱多病的身体，顶着随时可能发生的灾难，天天坚持写作，最后于1981年初完成了《中国京剧编年史》这部巨作。芷章先生于1982年2月9日与世长辞了，在他生命的最后几年，同时还完成了《中国戏曲声腔丛考》和《京剧名艺人传略集》两部新作，这两部新作都是对他早年出版的《腔调考原》和《清代伶官传》提出新的补充和发展，实际上就是它的续集。

老骥伏枥，志在千里。按芷章先生原来的宏大志愿，不仅要完成以上计划，还编制了更加宏大的计划，他已理出思路，准备资料，列出纲目，还要撰写一部字数篇幅比《京剧编年史》更宏大的《中国戏曲演出史》和一部《中国梨园史》。如果这个计划能够完成，那这两部书又将填补戏曲研究在这两个方面的空白。我们相信如果"上帝"把他的生命再延长几年，他一定可以完成自己的宏愿。

在1982年4月北京昆曲研习社为同期逝世的王芷章、许宝驯（俞平伯的夫人）、张伯驹、侯永奎诸先生举行的纪念会上，芷章先生的同窗好友、明史专家谢国桢教授为他撰写了一首悼诗《悼王芷章学长》：

小草向荣君似我，太液同砚整篇章。
勤奋写成升平志，万人入海一身藏。

王维丽　李庆元
2001年5月5日